学前教育教研工作指导丛书 / 丛书主编：高丙成

ZHONGGUO XUEQIAN JIAOYU
JIAOYAN ZHUANGKUANG DIAOCHA BAOGAO

中国学前教育教研状况调查报告

高丙成 / 著

北京师范大学出版集团
BEIJING NORMAL UNIVERSITY PUBLISHING GROUP
北京师范大学出版社

图书在版编目（CIP）数据

中国学前教育教研状况调查报告 / 高丙成著. —北京：北京师范大学出版社，2023.5

（学前教育教研工作指导丛书）

ISBN 978-7-303-28937-0

Ⅰ.①中… Ⅱ.①高… Ⅲ.①学前教育－教育工作－调查报告－中国 Ⅳ.①G61

中国国家版本馆 CIP 数据核字（2023）第 008788 号

图书意见反馈：gaozhifk@bnupg.com　010-58805079
营销中心电话：010-58802755　58800035

出版发行：北京师范大学出版社　www.bnup.com
　　　　　北京市西城区新街口外大街 12-3 号
　　　　　邮政编码：100088
印　　刷：北京溢漾印刷有限公司
经　　销：全国新华书店
开　　本：710 mm×1000 mm　1/16
印　　张：16.5
字　　数：260 千字
版　　次：2023 年 5 月第 1 版
印　　次：2023 年 5 月第 1 次印刷
定　　价：59.80 元

策划编辑：罗佩珍　　　　　责任编辑：赵鑫钰
美术编辑：焦　丽　　　　　装帧设计：焦　丽
责任校对：陈　民　　　　　责任印制：陈　涛

丛书编委会

丛书主编：高丙成

丛书副主编：（按姓氏拼音排序）

李　佳　卢筱红　苏　婧　汪秋萍
线亚威　徐　宇　虞莉莉　周丛笑

丛书编委：（按姓氏拼音排序）

毕　嵘　陈　丹　程风玉　春　亮
邓湘萍　高丙成　何桂香　李　佳
李　英　李志宇　林媛媛　卢筱红
罗佩珍　罗英智　孟繁慧　苏　婧
万磊俊　汪秋萍　吴海虹　武敬洁
伍香平　线亚威　徐　宇　徐则民
杨先好　杨雅清　叶小红　虞莉莉
曾丽琼　张　洁　周丛笑

专家推荐序

长期以来，学前教育教研工作是幼儿园发展和质量提升的重要推动力量，是教师深入探究保育教育规律、不断实现专业发展的重要途径。随着教育事业的发展和学前教育组织管理与业务指导机构的改革，许多地方的学前教育教研机构和人员进行了合并及改组，教研力量有所削弱。近年来，学前教育实现了跨越式发展，改革发展的新形势和立德树人的新任务对教研工作提出了新要求，教研员的角色定位以及教研工作的重点、内容和方式也必须随之转型升级。

为适应时代变迁对学前教育教研工作的新要求，我的同事、年轻的学者高丙成副研究员协同全国多地具有坚实理论基础和丰富实践经验的教研员，编写了这套"学前教育教研工作指导丛书"（以下简称"教研丛书"），试图客观描述学前教育教研工作的现状，找到教研工作中的问题，明确新时代教研工作的需求及主要任务，并给出切实可行、有针对性的工作路径与实践方法。应该说，这套丛书的设计思路和具体内容，对教研员工作质量的提升和教研工作效益的提高有很大帮助。

由于各部著作还在陆续完成之中，而写序的时间要求在先，所以，我没有看到"教研丛书"的全部书稿。但在前期针对这套丛书与高老师和部分作者交流讨论的过程中，我深感作者们经验丰富，对教研工作有着极强的责任心和使命感。从各部著作的框架和内容设想及部分书稿中，我也感受到内容具有的针对性和时效性。总体来说，"教研丛书"有着十分鲜明的特点。

第一，适应学前教育教研工作的新变化，突破了传统教研的单一内容与模式。

在二三十年前，学前教育的教研主要是指对幼儿园教学活动的研究，以教师的教学活动设计和组织实施为主要研究内容，重点关注教师教育实践行为的问题与改进，研课较多，如"一课三研""一课多研"等。教研的主要负责人和组织者是市级及以上教研员，通过不同层次和不同形式的教研活动，提高广大教师的教学能力和水平，"以评代研、以赛促研"的不同规模的评课、赛课活动也成为常见的教研活动形式。

1

随着学前教育的改革发展，特别是 2001 年《幼儿园教育指导纲要（试行）》颁布以来，"上课"不再是幼儿园教育教学的主要形式，环境成为幼儿园重要的教育资源，师幼互动被视为促进幼儿发展的重要因素，游戏成为幼儿的主要活动，幼儿园教育日益重视幼儿生活的教育价值，关注教育的随机渗透；幼儿被认为是主动的学习者，教师要成为幼儿学习的支持者、引导者和合作者。这一系列新的教育理念、学习观和教育观的确立，对教研工作提出了全新的要求。教研的内容扩展了，教研的重心也变化了，对幼儿的观察与研究、对幼儿游戏和幼儿园一日生活的研究等也成为教研的主要内容，教研员的研究工作既包括研究教师的教，也包括研究幼儿的学。

2006 年，教育部基础教育司委托教育部基础教育课程教材发展中心组织开展了"以园为本的教研制度建设"项目，在全国广泛开展了对园本教研的理论研究和实践探索，极大地推动了幼儿园层面的教研工作。幼儿园成为教研工作的基本单位，教师成为教研的主体和主要力量，有一定规模的幼儿园纷纷设立教研室或安排专职和兼职人员，积极组织教师开展基于幼儿园保育教育实践的问题导向的教研活动，以促进幼儿良好发展为目标，内容涵盖幼儿园一日生活的各个环节和各种活动。园本教研强调教师的自我反思、同伴互助和专业引领，有效地助推了教师的专业成长。

随着园本教研探索的深入，特别是专家的介入引领，以及 2012 年《幼儿园教师专业标准（试行）》的颁布，让教师成为自身实践的研究者、让研究助推教师的专业发展等理念成为基本共识和实践策略。区县教研机构和幼儿园开展的研究课题大幅度增多。在幼儿园层面，教研活动与以课题研究为依托的科研活动进一步整合为教科研活动，也有很多幼儿园的教研组（室）改为教科组（室），幼儿园的"教研"和"科研"基本上不再分家，无论是幼儿园的教研还是科研，都成为内涵比较清楚的包含日常教研和课题研究的融合性活动。很多地方的学前教研室与教科所合并、工作整合，也有的地方将教研机构和培训机构合并、工作整合，凸显研训一体化。从此，学前教育的教研、科研和培训有了更多的交集，具有了融合性和互促性。

"教研丛书"的内容既包含了对教育活动的观摩与研讨，又包含了对幼儿园区域游戏活动、户外游戏活动、生活活动、家园共育活动等各种形式活动的诊断分析与对策建议，因此这套丛书有很强的普遍适用性和针对性。针对当前幼儿园以游戏为基本活动的迫切需求，丛书包含了幼儿游戏观察与研讨的指导内容。相信这些内容，将扩展和深化各层面学前教育教研工作的内容，促进当前幼儿园教育一系列新理念、新思想的落地，为教师保育教育能力的提升和幼儿园教育质量的提升提供有力支持。

第二，适应当前对学前教育教研员角色转变的新要求，给出了切实可行的教研工作思路与方法实例。

早在 2014 年，《教育部 国家发展改革委 财政部关于实施第二期学前教育三年行动计划的意见》（教基二〔2014〕9 号）就提出："加强幼儿园保育教育指导。根据幼儿园数量和布局，划分学前教育教研指导责任区，安排专职教研员，定期对幼儿园进行业务指导。"2018 年，《中共中央 国务院关于学前教育深化改革规范发展的若干意见》提出："完善学前教育教研体系。健全各级学前教育教研机构，充实教研队伍，落实教研指导责任区制度，加强园本教研、区域教研，及时解决幼儿园教师在教育实践过程中的困惑和问题。"此外，随着"国务院领导、省市统筹、以县为主"的学前教育管理体制的确立，区县级教研部门必将成为学前教育教研的责任主体。

综合分析当前国家层面出台的相关政策文件，我们可以看到，在新时代，学前教育教研员有了新任务、新定位。当前，各层面学前教育教研员被赋予了更多更重要的任务，特别是要具体负责指导幼儿园和教师的教育实践。教研员的自身角色必须从以往的以组织管理为重向以专业指导为主转变，各层级教研机构的教研员和幼儿园负责业务工作的管理者都必须成为学前教育专业的行家里手，引领教师发展，指导幼儿园实践，有效促进幼儿园教师专业水平提升、幼儿园内涵发展和质量提高。

"教研丛书"正是基于教研员角色定位、工作职责的新变化和新要求，将"教研活动"和"教研工作"作为重点内容，对学前教育教研活动的设计与组织、学前教育教研工作常见问题及对策进行了专门的论述阐释，突出重点，聚焦问题，给出对策建议；不仅如此，该丛书还精选了不同层面、不同类型的教研案例，进行了详细介绍与深度分析。相信这些挖掘和汇集各地学前教育教研工作成功经验的典型案例，将为各地更好地开展教研工作提供有益参考和借鉴，有助于教研员专业水平的不断提升，促进学前教育教研工作的专业化发展。

第三，基于实证调查客观反映学前教育教研工作的现状和问题，为未来教研工作的转型升级提供参考。

"教研丛书"还包括一本专门的现状调查报告，对我国学前教育教研在服务决策、指导实践、科学研究、引导舆论等方面发挥的作用进行了调查；对教研员的工作状况、专业发展状况、保障机制、满意度等也进行了调研；在此基础上，全面客观地描述和分析了当前我国学前教育教研取得的主要成绩和重要成就、存在的突出问题和未来需求，并试图提出有针对性的对策和建议。这种聚焦于教研员及其工作的系统调查研究很少，因此，相关的数据资料十分珍贵和有意义。相信这些内容可以为未来学前教育教研工作转型升级、做好基本定位、寻求适宜路径及制定相关政策提供客观依据和有益参考。

最后，关于未来学前教育教研的工作内容和重点，除上述已经谈及的内容外，还应注意两个方面的问题。一是以促进幼儿良好发展为根本目的，重视改进教育实践。2014年，教育部组织进行中小学幼儿园教师培训课程标准研制申报工作，提出幼儿园教师培训课程标准应包括师德修养、幼儿研究与支持、幼儿保育与教育、学习与发展四个模块的内容；在幼儿研究与支持方面，要特别重视幼儿行为观察、幼儿个体差异研究与支持、幼儿学习研究与支持、幼儿发展评价与激励等。这些要求也为学前教育的教研、科研和培训工作提供了关注的重点和内容参考。教研工作要从以往的较多研究教学策略转向观察和研究幼儿行为，发现并尊重幼儿的差异，支持幼儿多样化的学习与发展。二是将师德提升作为教研内容，实现师德与能力同步提升。促进教师的专业发展进而提升幼儿园的保教质量，一直是教研工作的核心任务和重点目标，但长期以来，重视教师的专业能力发展、忽视师德培养的现象普遍存在。未来的教研工作，应该将新时代对幼儿园教师的师德要求自觉地渗透在日常教研指导工作中，特别是将2018年教育部印发的《新时代幼儿园教师职业行为十项准则》的各项要求落实贯穿在教研活动中，引导广大教师努力成为有理想信念、有道德情操、有扎实学识、有仁爱之心的"四有"好老师，树立"教师是人类灵魂的工程师，是人类文明的传承者"的角色定位和职业形象，做幼儿成长的启蒙者和引路人。

需要表达的是，由于时间和水平有限，加之"教研丛书"还在陆续完稿和出版过程中，因此，我个人的理解、观点和表述必定具有局限性，恳请各位作者和广大读者谅解。衷心期望高丙成老师主编的这套丛书能够在研究方法、教研工作思路和策略等多个方面给学前教育同行以启发和参考，也热切期望能有更多的学前教育同行参与到对学前教育教研工作的研究、探索和创新行列中，共同为教研队伍的专业化和教研工作的科学化做出贡献。

刘占兰

2019年10月于北京

丛书前言

教研制度是一项具有中国特色的制度。中华人民共和国成立以来，《国家教委关于改进和加强教学研究室工作的若干意见》《全国省级教研室主任会议纪要》《教育部关于加强和改进新时代基础教育教研工作的意见》等政策文件先后出台，引领教研工作开展。各地高度重视教研工作，加大力度完善国家—省—市—县—校教研体系，健全区域教研、校本教研、网络教研、综合教研制度，改善教研保障条件，建立专兼结合的教研队伍，优化教研工作机制，改进教研内容和方式。教研工作在深化教育教学改革、推进教育质量提升、引领教师专业发展、服务教育行政决策等方面发挥了不可替代的作用，成为我国教育质量保障体系的重要组成部分。

学前教育教研是幼儿园发展和质量提升的重要推动力量。近年来，我国学前教育实现了跨越式发展，具有中国特色的教研制度和优良传统在学前教育改革发展中的作用愈加凸显，我国学前教育教研工作也取得了显著成绩。为全面总结我国学前教育教研工作的先进经验和优秀成果，分析探讨学前教育教研工作的路径方式和方法策略，广泛汇集专家学者对学前教育教研工作的新思路和新探索，助推我国学前教育教研工作的开展，我们和北京师范大学出版社策划了这套"学前教育教研工作指导丛书"（以下简称"教研丛书"）。

一、丛书出版的背景及价值

出版"教研丛书"，不仅是服务学前教育教研政策制定的需要，而且是加强对学前教育教研的研究的需要，更是指导学前教育教研实践的需要。

（一）服务学前教育教研政策制定

党中央、国务院把学前教育教研工作作为学前教育改革发展的一项重要任务，出台了一系列重要政策文件，引领学前教育教研工作方向。《国务院关于当前发展学前教育的若干意见》提出"健全学前教育教研指导网络"；《教育部 国家发展改革委 财政部关于实施第二期学前教育三年行动计划的意见》提出"划分学前教育教研指导责任区，安排专职教研员，定期对幼儿园进行业务指导"；《教育部等四部门关于实施第三期学前教育行动计划的意见》强调"加强学前教育教研力量，健全教研指导网络"；《中共中央 国务院关于学前教育深

1

化改革规范发展的若干意见》强调"完善学前教育教研体系。健全各级学前教育教研机构，充实教研队伍，落实教研指导责任区制度，加强园本教研、区域教研"；《教育部关于加强和改进新时代基础教育教研工作的意见》强调要完善教研工作体系，深化教研工作改革，加强教研队伍建设，完善保障机制。这些政策措施的出台进一步明确了学前教育教研工作的发展目标，提出了学前教育教研工作的基本要求，规定了学前教育教研工作的重点任务，完善了学前教育教研工作的体制机制。

按照党中央、国务院的决策部署，各地围绕学前教育教研队伍建设、教研管理体制、教研投入体制、教研工作机制等方面进行了全方位的探索与实践，涌现出了许多学前教育教研工作的先进做法、成功经验、典型案例。但是，由于目前我国学前教育教研工作沟通交流机制不完善，许多地方的先进做法、成功经验等往往难以被其他地区学习、参考和借鉴。在策划编写"教研丛书"的过程中，我们不仅吸收全国各地的教研员担任丛书编委，而且注重总结提炼各地学前教育教研工作的先进经验，分析梳理各地学前教育教研工作的成功做法，挖掘汇集各地学前教育教研工作的典型案例，以期为学前教育教研工作提供可资借鉴的优秀成果，为学前教育教研政策制定提供实践依据。

（二）加强对学前教育教研的研究

近年来，随着我国学前教育事业的快速发展，学前教育教研工作也越来越受到关注和重视，学前教育教研工作的理论研究不断深入，相关研究成果不断增多，相关理论逐渐丰富，学术成果水平也不断提高。中国教育科学研究院十分重视对学前教育教研的研究，近年来进行了中国教育科学研究院基本科研业务费专项资金项目"我国幼儿园教研员队伍状况调查研究"、教育部-联合国儿童基金会"学前教育教研员国培方案研制"、教育部民族教育发展中心"民族地区学前教育教研工作满意度调查"等课题研究工作。在研究过程中，我们对学前教育教研员的工作状况、学前教育教研员的培训状况、学前教育教研工作满意度等进行了深入研究，对学前教育教研工作有了更全面的了解。

随着研究的推进，我们发现，目前不论是对教研员素养结构、专业发展阶段等理论性问题，对教研工作职责、工作保障等实践性问题，还是对教研工作机制、政策保障体系等政策性问题的研究都还不够丰富，难以满足服务政策制定及指导实践的需要。在编写"教研丛书"的过程中，我们立足我国学前教育教研工作实际，对教研员素养结构、教研工作职责、政策保障体系等问题进行了研究探讨，以期进一步丰富具有中国特色、中国风格、中国气派的学前教育教研工作研究成果，向世界充分彰显中国教研特色、中国教研精神和中国教研力量，不断丰富学前教育教研理论，充分发挥教研理论的引领作用，更好地促进我国学前教育教研工作的推进。

（三）指导学前教育教研实践

近年来，各级政府高度重视学前教育教研工作，坚持立德树人的基本导向，遵循幼儿身心发展规律，以深化教育教学改革为中心，以提高育人水平为目标，着力发挥研究、指导和服务的专业作用，学前教育教研机构逐渐健全，教研队伍不断扩大，教研员素养稳步提升，教研经费持续增加，教研成果不断涌现，我国学前教育教研工作迈上新台阶。但是，由于学前教育教研工作底子薄、欠账多，学前教育教研工作仍然面临着许多问题、困难和挑战。学前教育教研工作还不受重视，教研工作重点还不清晰，教研工作机制不够与时俱进，教研员配备数量不足，教研员虽亟待提升素养但缺乏学习机会……这些困难和问题直接影响着新时代学前教育教研工作的质量，对此必须给予高度重视，切实加以解决。

各地学前教育教研员们围绕学前教育改革的重点、难点和热点问题，不断加强学习和研究，在引领教师专业发展、指导幼儿园实践、促进幼儿园内涵发展等方面发挥着越来越重要的作用。面对当前学前教育普及普惠安全优质发展的新方向，以及落实立德树人根本任务的新形势、新任务、新要求，未来学前教育教研工作也必须转型升级。在丛书编写过程中，我们通过分析和审视学前教育教研工作的定位、内容、形式等，从以往的较多研究教学策略转向加大对幼儿行为的观察、支持和研究，积极倡导发现并尊重幼儿的差异，注重研究和掌握幼儿的学习特点，支持幼儿多样化的学习与发展，以期能够更好地解决学前教育中的新问题，更好地指导学前教育教研实践。

二、丛书的主要内容

"教研丛书"围绕学前教育教研工作的现状、问题、需求及主要任务展开，旨在发现问题、找准需求、分解任务、提供对策，促进学前教育教研工作的改善和质量提升。"教研丛书"目前主要包括"前沿报告""教研创新""典型经验"三个系列，各系列既相互独立又相互联系。

（一）前沿报告系列

围绕学前教育教研工作的热点、难点问题，着眼于基础性、长远性、前瞻性的问题，调研了解学前教育教研现状，开展学前教育教研政策研究，探索总结教研工作规律，积极探讨促进教研工作科学化、专业化、规范化发展的新理念、新思想、新路径，更好地引领学前教育教研工作。

（二）教研创新系列

以促进儿童德智体美劳全面协调发展为核心，遵循儿童身心发展规律，适应新时代教研工作的新变化和对学前教育教研员角色转变的新要求，聚焦于学前教育教研工作重点和核心问题，加强关键环节研究，创新教研工作方式，提升教研工作的针对性、有效性和吸引力、创造力，以期更好地指导学前教育教研工作。

（三）典型经验系列

总结我国学前教育教研工作的基本经验和成功模式，精选提炼不同层面、不同类型的教研工作经验做法和典型案例，梳理和总结切实可行的思路、对策和方法，运用相关理论进行把脉分析，为各地更好地开展学前教育教研工作提供借鉴和参考。

"教研丛书"的选题以开放性为原则，成熟一本出版一本、成熟一批出版一批，以期逐渐丰富和完善丛书体系。根据计划，第一批拟出版八册，各分册主要内容如下。

《中国学前教育教研状况调查报告》：本书在对国内外相关研究进行述评的基础上，对我国教研政策进行了梳理分析，通过对学前教育教研员、幼儿园园长和教师等不同利益相关方的工作状况、专业发展状况、保障机制、满意度等的现状调查，客观描述了我国学前教育教研取得的主要成绩和重要成就，梳理挖掘了各地的成功经验和典型做法，分析探讨了存在的突出问题和未来需求，并参考借鉴了国外相关经验和研究成果，提出了有针对性的对策和建议，进行了前景展望。

《学前教育教研活动设计与组织》：本书主要围绕教研活动的策划、组织与实施、评价及文化塑造展开。全书以故事的形式将大量教研员和幼儿园的典型、鲜活、有代表性的教研活动案例串联起来，不仅深入浅出地阐释了相关理论，而且紧密结合实践提供了区域教研和园本教研活动设计、组织、实施、评价的策略，让读者在故事阅读中亲近教研、了解教研、懂得教研，掌握切实可行的教研活动设计与组织的方法。

《幼儿园主题教研的设计与实施》：本书在对主题教研活动理论进行探讨的基础上，重点对幼儿园主题教研的设计、实施、总结、评价及成果等进行了较为系统的梳理，较为全面地介绍了主题教研的特征、价值及主要流程，并呈现了部分优秀幼儿园开展主题教研的典型案例，为学前教育教研方式创新提供了新的视角。

《学前教研工作坊的探索与实践》：本书全面梳理、系统总结了我国学前教研工作坊的理论与实践体系，探索形成了辐射带动、课题切入、协同研究、同研异构、送教下乡、结对帮扶、问题诊断、蹲点指导、依研培训、教科研融合、教研训结合、岗位研修、共同体联盟、主题活动、互助研讨、现场体验、多元整合、跨园混合、"互联网＋"线上和交互网络式教研5大类共20种各具特色的、有推广和应用价值的学前教研工作坊教研组织形式，为学前教研工作开展提供了参考模板和实践指南。

《学前教育教研案例精选》：本书基于学前教育教研实践，以教研案例的方式，生动阐释了学前教育教研工作在价值取向、内容更迭、策略创新、文化探寻四个方面的切实的转变与升级；每个教研案例都从问题出发，详细介绍了教研的背景、教研的历程、研修举措和意义；书中既有区域层面的教研项目方案，又有幼儿园层面的教研案例，无论是区县级教研员还是幼儿园的教研组长，都能从中找到值得借鉴的经验和做法。

《幼儿园教育活动观摩与研讨》：本书以实践为基础，以问题为中心，以案例为载体，以引领为导向，探讨了幼儿园教育活动观摩与研讨的概念、特点、功能、依据和路径；从公开活动观摩与研讨、常规活动观摩与研讨等方面阐述了幼儿园教育活动观摩与研讨的方案设计与组织策略；同时，提出了幼儿园教育活动观摩与研讨中叙述、观摩及评价教育活动的基本框架、内容、策略。

《幼儿园一日活动的诊断与对策》：本书基于幼儿园教育活动实践，立足幼儿园现场，围绕幼儿园一日生活活动、区域游戏活动、集体教学活动、户外体育活动、家园共育等方面的典型问题，精选生动案例，聚焦实践问题，运用相关理论进行分析和把脉，提供实用的对策、方法及建议。

《幼儿游戏行为观察与研讨》：本书以幼儿园各类游戏为案例，以合作式教研、对比式教研等形式多样的园本教研为载体，运用心理学、教育学理论知识，帮助教师学会对幼儿游戏行为进行观察、记录、分析与评价，并提出了具有可行性的指导策略；书中选用了一些具有实用性、鲜活性、可读性的案例，呈现了教师在幼儿游戏行为观察过程中的困惑、学习及尝试，真实地展现了教师在观察实践中的成长历程，具有较强的学习借鉴价值和实操性。

三、丛书的主要特点

"教研丛书"力求凸显以下几个主要特点。

（一）坚持政策、理论与实践相结合

"教研丛书"在对学前教育教研政策文本进行系统梳理的基础上，对国内外最新研究成果进行分析总结，对学前教育教研员状况进行全面调查，对全国各地学前教育教研工作中的先进经验、成功做法、典型案例、实用策略等进行归纳总结，对国际先进教科研经验进行比较分析，力争做到政策分析与实践挖掘并重、理论分析与全面调查兼有；确保政策分析具有权威性，理论研究具有前沿性，现状调查具有全面性，典型案例具有代表性，经验做法具有广泛适用性，对策建议具有可行性。

（二）重视全面性与代表性相结合

"教研丛书"不仅注重区域教研的组织与实施，而且关注园本教研的探索与实践，力争做到区域教研与园本教研并重，涵盖学前教育教研工作的主要内容。"教研丛书"不仅包括能够反映我国学前教育教研工作状况的调查报告，而且涵盖幼儿游戏行为观察与研讨、幼儿园一日活动的诊断与对策、幼儿园教育活动观摩与研讨等学前教育教研的主要工作内容，还包括学前教育教研活动设计与组织、学前教育教研工作常见问题及对策等实用内容。丛书分册主编由中国教育科学研究院的研究人员和省级学前教育教研员担任，同时吸收各地学前教育教研员广泛参与，确保学前教育教研工作经验、典型案例的覆盖性和代表性。

（三）注重实用性与可读性相结合

"教研丛书"围绕学前教育教研存在的突出问题、教研员的学习需求和主要工作任务等展开，注重总结先进经验，梳理成功做法，挖掘典型案例，旨在解决学前教育教研工作中的困惑和问题，为学前教育教研工作提供借鉴参考。"教研丛书"在写作上坚持理论阐述与案例分析相结合，坚持理论知识够用、重实际操作应用的原则，注重理论通俗化、经验具体化、案例故事化、策略操作化，个别分册还尝试文本、音视频并用的方式，以增强可读性、可借鉴性。

感谢刘占兰研究员的悉心指导和专业引领，感谢各分册主编和合作者的认真准备和辛勤付出，感谢全国各地学前教育教研员的鼎力相助和大力支持，感谢中国教育科学研究院领导、同事对学前教育教研工作的无私帮助和热情支持，感谢北京师范大学出版社相关编辑的支持和编校。由于研究时间、精力和水平有限，疏漏在所难免，敬请各位批评指正。

高丙成

2019 年国庆

前　言

学前教育教研是幼儿园质量提升的重要支撑。我国一直高度重视学前教育教研工作，出台的一系列政策文件中对教研工作提出了明确要求，各地也采取了一系列措施积极推进学前教育教研工作的开展。学前教育教研在指导幼儿园教育实践、促进教师专业发展、服务教育管理决策等方面发挥着不可替代的作用，促进了具有中国特色的学前教育教研制度的形成，已成为我国学前教育质量保障体系中的重要组成部分。进入新时代，面对学前教育高质量发展和内涵发展的新形势、新任务、新要求，学前教育教研工作中存在着的机构体系不完善、教研方式不科学、教研队伍不健全、条件保障不到位等问题急需加以解决。《中共中央　国务院关于学前教育深化改革规范发展的若干意见》提出要"完善学前教育教研体系"，对学前教育教研工作进行了顶层设计；《教育部关于加强和改进新时代基础教育教研工作的意见》提出要"完善教研工作体系""深化教研工作改革""加强教研队伍建设""完善保障机制"，对基础教育教研工作做出了系统部署；《"十四五"学前教育发展提升行动计划》提出要"推动学前教育教研改革"，对学前教育教研提出了新要求。这些政策的出台为我国学前教育教研工作提供了根本遵循。

为了更好地贯彻落实国家相关文件精神，切实加强学前教育教研工作，把握学前教育教研的新进展，全面分析我国学前教育教研工作现状，总结我国学前教育教研工作的先进经验，系统梳理我国学前教育教研工作中存在的突出问题，深入探讨学前教育教研工作的路径方法，提出完善学前教育教研的有针对性的对策和建议，本研究对我国学前教育教研状况进行了调查。

一、研究的价值和意义

学前教育教研是幼儿园发展和质量提升的重要推动力量，促进了教师的专业发展，保障了国家教育方针政策的落实。对我国学前教育教研状况进行调查研究具有重要的价值和意义。

（一）满足了服务学前教育教研决策的需要

我国高度重视学前教育教研工作，出台了一系列重要政策文件，引领着学

1

前教育教研工作的方向。《国务院关于当前发展学前教育的若干意见》提出"健全学前教育教研指导网络";《中共中央　国务院关于学前教育深化改革规范发展的若干意见》强调"完善学前教育教研体系";《"十四五"学前教育发展提升行动计划》提出要"推动学前教育教研改革"。这些政策文件确定了学前教育教研工作的发展目标和任务,提出了学前教育教研工作的机制和方式,明确了加强学前教育教研队伍建设的思路和举措,为学前教育教研工作提供了根本遵循和方向指引。但是,我国尚未出台专门的学前教育教研政策,已有的学前教育教研政策中还存在一定的薄弱环节,难以适应学前教育改革发展的需要,我国的学前教育政策在系统性、深入性上都有一定的完善空间。通过进行中国学前教育教研状况调查研究,我们能够更好地了解我国学前教育教研实践中取得的成绩、积累的经验、存在的问题等,为制定和完善学前教育政策提供借鉴和参考。

（二）满足了深化学前教育教研空间的需要

近年来,学前教育教研受到越来越多研究者的关注和重视。研究者从不同学科背景和理论视角出发,采用多种研究方法,对教研制度、机构设置、人员配备、工作机制、教研员专业发展、工作保障机制等进行了多方面的研究工作,相关研究成果不断增多,成果水平也不断提高。但已有的研究仍存在进一步深化的空间。一方面,目前有关教研方面的研究主要采用经验总结、理论思辨的方法进行,单纯地总结经验或简单地演绎理论的成果较多,实证性研究相对来说还不够丰富;另一方面,目前有关学前教育方面的研究往往是对教研员、教师、园长中的某一群体进行单一视角的研究,并且往往比较注重对实践性问题的研究,对教研的基本理论的研究还有待加强。进行中国学前教育教研状况调查研究,不仅能够加强对学前教育教研的实证调查研究,而且能够加强对学前教育教研不同利益相关方的多视角分析,也能够加强对学前教育教研的全面系统研究,有利于更好地把握学前教育教研的内涵本质、现状特点、发展规律等,提高学前教育教研的科学性、系统性、创新性,有利于形成具有中国特色的学前教育教研经验。

（三）满足了指导学前教育教研实践的需要

我国学前教育教研工作迈上了新台阶,许多学前教育教研工作的先进做法、成功经验、典型案例都涌现出来。但是,由于学前教育教研工作点多、线长、面广、量大,学前教育教研工作仍然面临着许多问题、困难和挑战。比如,教研工作重点内容还不清晰,教研工作机制很难与时俱进,教研员配备数量不足,教研员素养亟待提升但缺乏学习机会……面对当前学前教育普及普惠安全优质发展的新方向以及落实立德树人根本任务的新形势、新任务、新要求，学前教育教研工作也面临着新挑战，未来学前教育教研工作也必须转型升级。进行中国学前教育教研状况调查研究，能够更全面地总结我国学前教育教研工作的先进经验，探讨学前教育教研工作的路径方法，汇集学前教育教研工作的典型案例，分析学前教育教研工作面临的突出问题，有利于学习经验、汲取教训，通过梳理切实可行的思路、方法、对策，聚焦学前教育教研工作的重点和核心问题，加强关键环节研究，创新教研工作方式，提高教研工作的针对性、有效性和吸引力、创造力，更好地改进和加强学前教育教研工作。

二、研究的主要发现

本研究以系统化与生态化相结合为原则，研究方法注重定量研究与定性研究相结合，研究过程注重全面调查与典型分析相结合，力争使研究更具科学性和系统性。在对国内外相关文献进行分析及对相关政策进行解读的基础上，首先对我国 1472 名学前教育教研员、241 名教研机构负责人、1569 名中小学教研员、4141 名幼儿园园长、40168 名幼儿园教师进行了问卷调查，接着对 228 名相关人员进行了访谈，重点对学前教育教研的工作体系、工作机制、队伍建设、保障机制等进行了研究，最后对我国学前教育教研进行了回顾与展望，并提出了对策和建议。研究的主要发现如下。

（一）工作体系不断完善，指导网络尚不健全

完善教研工作体系是保障学前教育教研工作可持续发展的基石。《国务院关于当前发展学前教育的若干意见》强调"健全学前教育教研指导网络"，《中共中央　国务院关于学前教育深化改革规范发展的若干意见》强调"健全各级学前教育教研机构""加强园本教研、区域教研"。近年来，各地将健全学前教育教研指导网络作为学前教育改革发展的重要任务，省、市、县、校各级教研工作体系不断完善，北京、天津、山东等地独立设置了学前教育教研部门。50.0％的学前教育教研员感觉工作环境较好，61.9％的学前教育教研员感觉工作职责比较清晰，大部分幼儿园设置了专门的教研组（室），提供了计算机、教研资料等，76.1％的幼儿园教师感觉教研氛围较好。我国学前教育教研工作体系不断完善。

我国还没有独立的国家级学前教育教研机构，也没有明确的国家级学前教育教研部门，大部分地区尚没有设置专门的学前教育教研部门，国家相关政策对各级学前教育教研机构或部门的工作职责尚未明确，学前教育教研部门与上下级教研部门、幼儿园、高等学校、科研院所等的协作还不够顺畅，尚未形成上下联动、运行高效的学前教育教研工作体系，也难以形成以教育行政部门为

主导、以教研机构为主体、以幼儿园为基地、相关单位通力协作的学前教育教研工作格局。调研发现，"三区三州"地区① 241个教研机构中只有10个有专门的学前教育教研部门，31.1%的园长反映没有设置专门的教研室（组）。我国学前教育教研指导网络建设仍然任重而道远。

（二）工作机制不断创新，工作方式尚待完善

创新教研工作机制是促进学前教育教研工作科学发展的核心。《中共中央 国务院关于学前教育深化改革规范发展的若干意见》强调"充分发挥城镇优质幼儿园和农村乡镇中心园的辐射带动作用，加强对薄弱园的专业引领和实践指导"。《教育部关于加强和改进新时代基础教育教研工作的意见》强调要"深化教研工作改革""突出全面育人研究""加强关键环节研究""创新教研工作方式"。各地积极创新学前教育教研工作机制。例如，江苏省明确了学前教育教研工作的主要内容和实施策略，贵州省积极推进全省学前教育教研指导责任区工作，北京市建立了全覆盖学前教研体系。66.6%的幼儿园教师比较清楚教研工作指导思想，75.7%的幼儿园教师认为教研内容符合园所实际，73.7%的幼儿园教师认为教研方式比较适宜。

国家相关政策虽然对学前教育教研工作机制提出了原则与要求，但是由于尚未明确提出学前教育教研的重点任务、工作内容等，我国学前教育教研工作的重点任务、工作内容等仍有待聚焦。虽然综合教研、主题教研等常规教研活动开展得较多，但利用移动互联网、大数据、云计算、人工智能等现代技术开展网络教研活动的能力仍然有待提高。城镇幼儿园支持乡村幼儿园、优质园扶持薄弱园、教研员联系乡村薄弱园的体制机制尚不健全。

（三）队伍建设不断加强，专职人员尚未配齐

加强教研队伍建设是促进学前教育教研工作高质量发展的关键。《中共中央 国务院关于学前教育深化改革规范发展的若干意见》强调"充实教研队伍"。《教育部关于加强和改进新时代基础教育教研工作的意见》强调"加强教研队伍建设""严格专业标准""认真遴选配备""促进专业发展"。《"十四五"学前教育发展提升行动计划》提出"遴选优秀园长和教师充实教研岗位，每个区县至少配备一名学前教育专职教研员，形成一支专兼结合的高素质专业化学前教研队伍"。各级政府把加强教研队伍建设作为促进学前教育质量提升的重

---

① "三区"指西藏自治区，青海、四川、甘肃、云南四省藏区，新疆维吾尔自治区的和田地区、阿克苏地区、喀什地区、克孜勒苏柯尔克孜自治州四地区；"三州"指四川凉山彝族自治州、云南怒江傈僳族自治州、甘肃临夏回族自治州。

要工作，严格教研员准入制度，认真遴选配备，加强教研员培训，依法依规保障教研员工资待遇，深化教研员职称和考核评价制度改革，学前教育教研队伍建设取得了显著成就。调研发现，71.5％的教研员感觉自身专业素养较好，64.4％的园长反映所在区县配备了专职学前教育教研员。

由于编制的限制以及部分地区对学前教育教研工作的重视度不够，学前教育教研员尤其是区县级教研员配备数量不足，各地区的配备情况差异也较大。北京、上海等地专职学前教育教研员配备情况相对较好，但是中西部地区配备数量明显不足。调研发现，学前教育教研员对人员配备满意度的得分最低（2.55分），广西、青海等地尚没有配备省级专职学前教育教研员，"三区三州"地区只有14.9％的教研机构有专职学前教育教研员，专职学前教育教研员只占专职教研员的4.3％。

（四）保障机制不断健全，经费投入尚需提高

健全教研保障机制是促进学前教育教研工作健康发展的基础。《教育部关于加强和改进新时代基础教育教研工作的意见》强调要"完善保障机制""加强组织领导""加大经费投入""强化督导评估"。近年来，各地把学前教育教研工作摆在了更加突出的位置，将服务教研作为学前教育行政管理中的日常工作，将教研工作所需经费纳入本级财政年度预算安排，将学前教育教研工作纳入学前教育工作或作为地方人民政府履行教育职责的重要内容加强督导检查，加大对教研工作典型经验的宣传推广力度，学前教育教研保障机制不断健全。调研发现，67.6％的幼儿园教师觉得领导重视学前教育教研工作，83.1％的学前教育教研员表示家人支持其工作。

受各种因素的影响，许多地区对学前教育教研工作还不够重视，教研经费投入不足。调研发现，38.9％的幼儿园园长表示有专门教研经费，只有29.2％的幼儿园园长认为教研经费充足；只有20.8％的教研员感觉政府重视学前教育教研员的工作，89.4％的教研员希望政府能够更加重视教研工作。

三、研究的创新之处

本研究力争在以下方面有所创新和突破。

（一）使用了多种方法，对全国学前教育教研状况进行了全面调查

目前有关学前教育教研方面的研究主要采用经验总结、理论思辨的方法进行，实证性研究相对较少。方法的科学化、多元化在一定程度上可以保证研究的科学性，从而提升研究的质量和水平。虽然使用问卷调查法、访谈法、文献分析法等方法都可以获得学前教育教研方面的信息，但任何单一方法都不足以获取全部信息。不同的研究方法在功能上具有互补性，如果将不同的研究方法综合使用，就有可能最大限度地获取关于我国学前教育教研发展状况的研究资料。目前，对北京、上海、江苏、浙江等东部地区学前教育教研发展状况的研究相对较多，但对中西部地区的研究相对比较薄弱。为了更好地贯彻落实共同富裕和乡村振兴战略，有必要加强对"三区三州"地区学前教育教研发展状况的研究。不同地区学前教育教研发展状况有所差异，对某一地区的研究结果难以代表全国的发展状况。本研究不仅使用问卷调查法对我国学前教育教研的发展特点进行了量化分析，而且使用访谈法对学前教育教研的过程与方法、经验与问题等进行了质性分析；不仅对我国 31 个省（区、市）学前教育教研的发展状况进行了全面性调查，而且对"三区三州"地区学前教育教研的发展特点进行了典型性调查。

（二）对教研员、园长、教师等利益相关方进行了多视角分析

同一研究内容，由于视角不同，也可能会呈现出不同的结果。目前有关学前教育教研的研究大部分是从教研员或幼儿园园长、教师的视角出发进行的研究。对不同主体的研究能够帮助我们更好地了解学前教育教研的发展状况，但不同利益相关方对学前教育教研的认识有所差异，任何一种主体提供的资料都有一定的片面性和局限性。如果对学前教育教研的不同利益相关方进行多视角分析，就有可能最大限度地获取我国学前教育教研发展状况的相关信息。本研究对学前教育教研员、幼儿园园长和教师、教研机构负责人等不同利益相关方进行了调查，希望能够更加全面、深入地了解我国学前教育教研的发展特点。

（三）注重政策分析、学术研究与实践探讨三位一体整体推进

创新理论、服务决策、指导实践是教育科学研究的重要功能。近年来，研究者对学前教育教研进行了多方面的研究和探索，相关成果日渐丰富，学术水平也不断提高，这些研究进一步丰富了学前教育教研的相关研究成果，加深了人们的认识和了解。但是，无论是对教研本质内涵、教研员专业素养结构等学术性问题，对工作职责、重点任务、工作方式等实践性问题，还是对组织领导、经费投入等政策性问题的研究都还不够丰富和深入，难以满足创新理论、服务决策、指导实践的需要。本研究在研究过程中，始终坚持创新理论、服务决策、指导实践三位一体的整体推进思路，不仅注重对我国教研政策进行系统分析，而且注重对国内外相关研究进行系统梳理分析，也注重对我国学前教育教研的路径方法、成功经验、突出问题等实践工作进行调查分析，力争能够进一步丰富具有中国特色、中国风格、中国气派的学前教育教研相关研究成果，为国家和地方制定学前教育教研相关政策提供借鉴和参考，为改进和加强学前教育教研工作提供学术支持。

（四）对教研工作机制、队伍建设、保障机制等进行了系统研究

任何系统都是一个有机的整体，系统中各要素不是孤立地存在着的，每个要素之间相互关联，构成了一个不可分割的整体。系统论强调必须将个体置于现实生活的大背景下和开放的系统中进行研究，并注意个体相互作用的过程。目前，国内对园本教研的研究相对较多，而对学前教育区域教研的关注相对较少；研究者对教研机构建设、教研工作方式、教研任务、教研员素养、教研员专业发展等方面进行了一定的研究，但是已有研究往往是对某一方面的研究，研究的系统性有待进一步提高。本研究不仅对教研工作体系、工作机制、队伍建设、保障机制等方面进行了全面研究，而且对彼此的关系进行了一定的分析；不仅注重对园本教研的研究，而且重点对区域教研进行了研究，研究更加全面、系统。

前言

目　录

第一章 学前教育教研研究概述

具有中国特色的教研制度和优良传统是我国教育质量保障体系中的重要组成部分。对我国学前教育教研发展状况进行调查研究不仅是服务决策的需要，而且是深化研究的需要，也是指导实践的需要。本章在对国内外相关研究进行文献分析的基础上，对我国的教研政策进行了分析与解读，并介绍了本研究的研究思路、研究主要内容、研究对象与样本、研究工具、研究方法，最后介绍了研究过程。

一、国内外相关研究述评

具有中国特色的教研工作作为我国教育事业的重要组成部分，在教育改革中扮演着非常重要的角色，为促进我国教育质量的提高发挥了不可替代的作用。近年来，随着我国教育事业的快速发展，教研工作也越来越受到重视，引起了广泛的关注，研究者们进行了多方面的研究和探索。

（一）核心概念的界定

1. 教研

目前学术界关于"教研"这一概念并没有统一的定义，大致上有广义与狭义之分。

广义的教研一般指"教育研究"。其中的教，大致含义有教育、教学、教师、教材、教程、教法等。对教的解释，《说文解字》和《中庸》中表述为"上所施下所效也""修道之谓教""自明诚，谓之教"。以系统论的观点分析，这里的教专指在整个社会大系统中，承担知识传授、知识生产、技艺演示、人格培育、社会化情境创生等任务的特定系统，或者其中的某一特定部分。其中的研，即研究、研发、研制、研磨等。古代的研也作砚，本义为细磨、碾，引申为深入地探求。连在一起使用，"教研"是以教育为对象或以教育为目标的研究[1]，是"针对教育领域的各种现象、问题、规律、技术、策略及教学全过程的调查、观察、实验、系统思辨，以及比较分析等"[2]，也就是说，"凡针对教

---

① 黄迪皋：《从外推走向内生——新中国中小学教研制度研究》，博士学位论文，湖南师范大学，2011。

② 聂劲松：《中国百年教育研究制度审视》，博士学位论文，湖南师范大学，2009。

1

育领域的所有研究，统称为教研"①。教育研究既包括教育科学研究（教育科研），即"采用科学而系统的方法，对教育现象和教育实践的事实，进行了解、收集、整理、分析，从而发现和认识教育现象的本质和客观规律的创造性实践活动"②；也包括教学研究。

狭义的教研一般指"教学研究"。不同学者对教学研究的定义略有差异。黄迪皋认为，"狭义的教研即教学研究或课程教学研究，是专门为教学而进行的研究"③；陶秀伟认为，教研主要是指各省、自治区、直辖市及所属各市、县（区）的教研机构和中小学教研组的教学研究工作④；而吴义昌认为，狭义的教研是指教师对教学工作的研究，广义的教研是指教师对包括教学活动在内的所有教育实践的研究⑤。可见，狭义的教研侧重的是教学实践层面，以教学过程中的各种现象和问题为研究对象，"教学研究的对象是各个学科的现实教学问题"⑥。

《中华人民共和国学前教育法草案（征求意见稿）》第十一条（鼓励教研）中提出，"国家鼓励和支持学前教育、儿童发展方面的科学研究，宣传、推广科学的教育理念和方法"。借鉴其中的论述，本研究中的教研指的是广义的教研，即以教育为对象或者以教育为目标的研究。

2. 教研员

教研员是我国特有的一个约定俗成的称谓，但是对教研员的具体概念，不同学者尚未形成统一的认识。钟启泉认为，教研员是为一线教师提供专业支持的专家，同教师一道，用教育理性透视教育实践，用教育理论解读教师的教育实践，教研员应该成为"反思性教学"的研究者⑦；刘业俭认为，教研员就是教学研究人员的简称，是把教学和研究融为一体的人员⑧；陈伟认为，教研员特指省、市、区三级教学研究机构中从事课程、教材、教学、考试、评价等研究的专业人员⑨；卢立涛、梁威、沈茜认为，教研员即教学研究人员，特指在我

————————

① 聂劲松：《浅析新中国特色教研制度的历史成就与基本经验》，载《当代教育论坛》，2009(9)。

② 王守恒：《教育科学研究方法基础》，1页，合肥，安徽大学出版社，2002。

③ 黄迪皋：《从外推走向内生——新中国中小学教研制度研究》，博士学位论文，湖南师范大学，2011。

④ 陶秀伟：《教研工作的理论与实践》，1页，北京，人民出版社，2011。

⑤ 吴义昌：《科研、教研与中小学教师》，载《当代教育论坛》，2004(8)。

⑥ 李森：《现代教学论纲要》，16页，北京，人民教育出版社，2005。

⑦ 钟启泉：《中国课程改革：挑战与反思》，载《比较教育研究》，2005(12)。

⑧ 刘业俭：《"教研员"新解》，载《中国教师报》，2007-05-16。

⑨ 陈伟：《新课程背景下郊区教研员素养提高的实践研究》，硕士学位论文，华东师范大学，2009。

国各级、各地教研组织中任职的，专职承担教研工作的教学研究人员[①]；刘旭东、花文凤认为，教研员是省级及省级以下教育行政部门管辖的教科研机构中专门从事基础教育科学研究和教育教学研究工作，发挥教学研究、指导、服务和教育咨询等职能作用的专业技术人员[②]。可见，研究者大多数都认为教研员是"融教育与研究于一体的专业人员"。本研究认为教研员即教育教学研究人员，是在各地教研机构中从事教育研究的人员。

3. 区域教研

区域教研又称为"联片教研"，目前为止尚没有准确的定义。谢树华认为，区域教研是在一定区域内，整合各学校的教研资源，校际开展教学交流、协作、互助，达到共同提高的目的的一种教研模式[③]；汪卫平认为，区域教研是指在教育行政部门的领导下，以教学研究部门为依托，以教研员为引领，以片内学校为平台，以共同推进课程改革、促进教师专业发展、提高教学质量、推动学校均衡发展为宗旨，以资源的集聚、共享、融合为抓手，从而实现"资源共享、优势互补、合作交流、共同提高"的教研形式[④]；王文青认为，区域教研就是按照学校、教师实力强弱搭配的原则，为整合学科资源、教师资源，将一定区域内的学校教师划归一片，在区（县）教研室的指导下，定期组织开展以理论学习、备课、上课、评课、反思等形式为主要内容的教学研讨活动，以满足学校、教师的需求，促进片区内学校、教师之间的交流共享的一种教学研讨活动[⑤]；吕高文认为，区域教研是指以研究者所在的行政县（或区）为单位，由教研部门策划组织，将教学问题作为核心研究问题，以促进教师专业化发展为目的的教学研究活动[⑥]；金红梅、赫秀辉、李海丽认为，区域教研指的是在一定的区域内，整合区域内学校的教育教学资源开展教学研究，并在校际进行研究交流、分享与协作，从而达到共同提高教学质量与教学水平，促进教师专业发展的目的的教研模式[⑦]；侯丽娜认为，区域教研是指在以国家行政部门划分

① 卢立涛、梁威、沈茜：《我国中小学教研员研究的基本态势分析》，载《教师教育研究》，2013(6)。

② 刘旭东、花文凤：《迈向承认：教研员的行动旨归》，载《西北师大学报(社会科学版)》，2017(4)。

③ 谢树华：《关于联片教研的几点思考》，载《科技资讯》，2007(18)。

④ 汪卫平：《联片教研：一个教师群体发展的框架》，载《新课程》，2008(8)。

⑤ 王文青：《关于开展联片教研活动的探讨》，载《青海师专学报(教育科学)》，2009(3)。

⑥ 吕高文：《校本教研制度下中学数学区域有效教研的策略研究》，硕士学位论文，四川师范大学，2014。

⑦ 金红梅、赫秀辉、李海丽：《区域教研与教师专业发展》，17 页，北京，中国青年出版社，2015。

的以县或区为单位的范围内，由教育部门组织的教研活动，是主要依托一定区域内学校的现有资源或优势，为解决本地区教师在教学发展过程中的问题而开展的研究①；董秀玉认为，区域教研是指在一个特定的区域范围内，在教研员的专业引领下，校和校之间开展的一种教学研究②；郭钰峰认为，区域教研强调以各种方式和途径整合区域内的优质教研资源，形成全方位共同参与的合作共同体，通过总体规划和区域联动，整体推进区域内教育均衡发展③；周欢认为，区域教研将教师从本校内相对有限的环境中引领到一个整体性的开放区域中来，教师面对的不再是自上而下的单线的教研形式，而是在区域空间内的立体式的教研结构④。

本研究认为，区域教研是指以教研员为引领，以片内幼儿园为平台，以促进幼儿全面发展和教师专业发展、提高教育教学质量、推动幼儿园内涵发展为宗旨，以资源的集聚、共享、融合为抓手，从而实现"资源共享、优势互补、合作交流、共同提高"的教研形式。

4. 园本教研

园本教研由"校本教研"演化而来。目前，对于园本教研，不同学者也有不同的理解。朱家雄、王峥认为，园本教研就是基于本园的实际情况，基于具体的幼儿园教学情境，研究教师在自己的教学情境中存在和遇到的问题，以及教师力所能及的解决问题的策略和方法，教师在这样的过程中获取经验，扩充属于自己的理论，形成缄默性知识，从而在态度、知识与技能上均发生变化⑤；刘占兰提出，园本教研要以《幼儿园教育指导纲要（试行）》为准，立足教学实践，关注本身问题，达到促进幼儿和教师发展的目的⑥；陈伙平认为，园本教研是以幼儿园为研究基地，以办园质量的全面提高为目标，以解决幼儿园实际问题为起点，选择切实可行的研究方法进行的教育科研实践活动⑦；赵志毅提出，园本教研的对象是教学中的具体问题，研究主体是幼儿园教师，目的是促

---

① 侯丽娜：《基于学习元平台的教师区域协同教研实践研究》，硕士学位论文，东北师范大学，2015。

② 董秀玉：《区域教研训一体化促进教师专业成长的实践与创新》，载《福建教育研究》，2017（5）。

③ 郭钰峰：《促初任教师专业发展的区域教研策略研究——以李沧区小学英语教研为例》，硕士学位论文，山东师范大学，2018。

④ 周欢：《信息技术支持下区域教研实践与改进策略研究》，硕士学位论文，湖南理工学院，2020。

⑤ 朱家雄、王峥：《提倡以幼儿园为本位的教学研究》，载《学前教育研究》，2005（3）。

⑥ 刘占兰：《园本教研的基本特征》，载《学前教育》，2005（5）。

⑦ 陈伙平：《论园本教育研究的基本原则》，载《学前教育研究》，2005（7—8）。

进幼儿健康、充分发展，促进教师专业成长[1]；任瑛提出，园本教研是根据幼儿园的实际情况和教师的具体教学情境，分析、探讨和研究教师在教学实践中存在和遇到的问题，并且制定出能够切实解决幼儿园教师问题的方法，不断提高幼儿园教师的教学能力的过程[2]；赖映红认为，园本教研是在幼儿园内部开展的，以幼儿园教师为研究主体，通过解决教师在教学实践中遇到的真实问题，提升教育教学质量，促进幼儿园、教师和幼儿三者共同发展的教学研究[3]；王自强认为，园本教研是以幼儿园保教人员参与为主、幼教专家和其他人员参与为辅，以解决保教工作中的实际问题、促进教师专业发展、提高保教工作质量为目的的各种研究活动的总和[4]；梁翠翠认为，园本教研是以幼儿园为研究基地，以幼儿教师为研究主体，以教师在教育教学中遇到的真实问题为研究对象，以多种研究方式和方法为教研手段，以提高教师的专业素养和幼儿园的保教质量为最终目的的园所内所有教研活动的总和[5]；单苗苗认为，园本教研是立足于幼儿园存在的实际问题，以幼儿园教师为教研主体，发现自身和其他教师在教学实践中的问题，并且通过教师与教师之间、教师与专家之间的思维碰撞、互相交流、相互研讨，制定恰当、切实的方案，解决教师在教学实践中的问题，进而促进幼儿园教师不断改善自身行为的反思性实践和专业成长的过程[6]。

本研究认为，园本教研是以幼儿园为研究基地，以幼儿教师为研究主体，以教师在教育教学中遇到的真实问题为研究对象，以多种研究方式和方法为教研手段，以提升教师的专业素养和幼儿园的保教质量为目的的教研活动的总和。

（二）我国教研研究的现状分析

教研是保障教育质量的重要支撑。随着教研在教育改革发展中的作用日益凸显，国家对教研工作更加重视，教研也越来越受到研究者的关注，逐渐成为

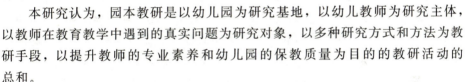

---

① 赵志毅：《大力提倡幼儿教师自己的教育科研——兼谈"园本研究"的内容特征与操作机制》，载《学前教育研究》，2005(7－8)。

② 任瑛：《构建以园为本的教学研究制度》，载《学前教育研究》，2005(2)。

③ 赖映红：《幼儿园园本教研的特点及存在问题研究》，硕士学位论文，东北师范大学，2007。

④ 王自强：《上海市幼儿园教研现状与问题研究——基于上海市教委教研室教学协作联盟学校的调查》，硕士学位论文，上海师范大学，2016。

⑤ 梁翠翠：《幼儿园园本教研活动开展的行动研究——以瑞吉欧方案课程的教研为例》，硕士学位论文，山西大学，2020。

⑥ 单苗苗：《园本教研促进幼儿园教师专业发展的研究——以S幼儿园绘本主题教研为例》，硕士学位论文，河北大学，2020。

我国教育改革发展过程中的研究热点。研究者从不同学科背景和理论视角出发，采用多种研究方法，对教研制度、机构设置、人员配备、工作机制、教研员专业发展、工作保障机制等进行了多方面的研究工作。相关研究成果不断增多，概括起来主要集中在以下方面。

1. 教研制度体系研究

我国教研制度是为了适应我国中小学教育发展需求，借鉴苏联经验，在不断深入研究、指导我国中小学教育教学的过程中创立和发展起来的，是中国特色社会主义教学管理制度的重要组成部分。[①] 完善的教研制度和工作体系是保障教研工作可持续发展的基石。相关研究成果主要集中在以下方面。

一是教研制度的历史变迁研究。研究者对我国教研制度的历史发展与演化进行了分析探讨。例如，尹桂荣从教研政策出台、教研机构设立、教研活动开展等方面，梳理了中国基础教育教研制度的演变历程[②]；赵亚梅对中华人民共和国成立以来湖南省基础教育教研制度六个阶段的历史沿革进行了研究，从教育学的角度对教研制度发展的历史脉络进行了梳理[③]；聂劲松认为，中国教研制度经历了两千多年的萌芽期，发端于 20 世纪初，一百多年来经过雏形、拓展型、正规化、政府主导型、规范化和竞争型六种形态的相继演变，总体上与政治经济制度特别是教育制度相伴随行[④]；梁威、卢立涛、黄冬芳认为，中国特色基础教育教学研究制度的发展经历了初创期、发展期、挫折期、恢复期、规范期和完善期[⑤]；黄迪皋分析了中华人民共和国成立以来我国中小学教研制度的产生、演变与发展，并分析了我国中小学教研制度产生的背景和原因[⑥]；王艳玲、胡惠闵对我国基础教育教研制度建设的进展与问题进行了探讨[⑦]；卢立涛、王泓瑶、沈茜基于历史制度主义的视角，对中华人民共和国成立七十多

---

① 梁威、卢立涛、黄冬芳：《撬动中国基础教育的支点——中国特色教研制度发展研究》，5 页，北京，教育科学出版社，2011。

② 尹桂荣：《新中国基础教育教研制度的历史演变与现实追求》，硕士学位论文，湖南师范大学，2006。

③ 赵亚梅：《建国以来湖南省基础教育教研制度研究》，硕士学位论文，湖南师范大学，2008。

④ 聂劲松：《中国百年教育研究制度审视》，博士学位论文，湖南师范大学，2009。

⑤ 梁威、卢立涛、黄冬芳：《中国特色基础教育教学研究制度的发展》，载《教育研究》，2010(12)。

⑥ 黄迪皋：《从外推走向内生——新中国中小学教研制度研究》，博士学位论文，湖南师范大学，2011。

⑦ 王艳玲、胡惠闵：《我国教研机构的类型与职能：基于全国抽样调查的分析》，载《教育发展研究》，2020(Z2)。

年教研制度的变迁逻辑进行了分析①。可见，虽然研究者对我国教研制度的历史阶段划分并不完全一致，但是可以发现，我国教研制度和工作体系经历了从无到有、从弱到强的过程，国家、省、市、县、校五级教研工作体系初步形成，上下联动、高效运行的教研工作机制得以构建。

二是对教研制度的分析解读与展望。研究者对我国教研制度的特点、取得的成绩、存在的问题等进行了分析，并提出了相应的对策建议。郑占文建议通过营造学校文化，建立主讲教师资格制度，促进教研活动主题引领、指导与交流，推进学校管理机制改革等措施，加强校本教研制度建设，促进教学改革与教师的专业成长②；吕世虎、吴振英建议构建以教师为主体、学校与教研部门为双翼的"一体双翼"教研共同体，构建以学校为"现场"，解决实际问题的教研制度，建立具备科学性和实效性的教研机制③；梁威、李小红、卢立涛认为，我国面临教研制度还未引起广泛关注、教研机构的管理不力、教研员专业发展缺乏制度保障、教研实践仍有提升空间等问题④；梁威、卢立涛认为，我国基础教育教研制度是保证课程教材教学改革、提高教育教学质量、促进教师专业化发展的核心支撑力量⑤；何成刚对《关于加强和改进新时代基础教育教研工作的意见》进行了解读⑥；杨晓萍、王其红借鉴了新制度主义理论，对走向实践共同体的学前教育教研制度进行了分析探讨⑦。通过研究可以发现，我国基础教育教研制度在基础教育改革发展中发挥了重要的作用，但也存在着一些需要解决的突出问题，不同研究者也提出了各自的对策与建议。

三是教研机构设置研究。研究者重点对教研室制度、教研室建设标准、教研室内涵发展、教研室职能、教研室文化等方面进行了研究。例如，董绍才认为，我国基础教育教研室制度的演变经历了孕育与创建期、初步发展与

① 卢立涛、王泓瑶、沈茜：《新中国七十年教研制度的变迁逻辑——基于历史制度主义的视角》，载《教师教育研究》，2020(1)。

② 郑占文：《试论校本教研制度建设》，载《中国劳动关系学院学报》，2008(3)。

③ 吕世虎、吴振英：《新课程背景下普通高中教研制度重建的思考》，载《当代教育与文化》，2015(6)。

④ 梁威、李小红、卢立涛：《新时期我国基础教育教学研究制度：作用、挑战及展望》，载《课程·教材·教法》，2016(2)。

⑤ 梁威、卢立涛：《中国特色基础教育教研制度特点评析》，载《中国民族教育》，2017(6)。

⑥ 何成刚：《坚持、完善和发展中国特色基础教育教研制度——〈关于加强和改进新时代基础教育教研工作的意见〉解读》，载《基础教育课程》，2020(1)。

⑦ 杨晓萍、王其红：《走向实践共同体的学前教育教研制度——基于新制度主义的分析》，载《内蒙古社会科学》，2020(2)。

停滞期、恢复重建与快速发展期、探索与创新期四个阶段①；曲士英、鲁明川从运行模式、资源整合、团队打造等方面对加强教研室的内涵建设进行了探讨②；康天明、贺茂义对县级教研室基础条件、教研队伍、职能发挥等方面提出了建设标准③；陈琅英以山西省太原市小店区教育局教研室为例，提出了加强县级教研室建设的建议④；张秀萍对对话式高校英语教研室文化的建构进行了研究⑤；徐梦杰、曹培英对我国区县教研室职能的持存与流变进行了梳理分析⑥；王艳玲、胡惠闵对我国教研机构的类型与职能进行了调查分析⑦。综合上述研究可以发现，我国教研机构主要有教研室、教科院（所）、教育学院三种建制类型，不同类型、不同层级的教研机构都将教育教学指导作为最重要的工作，但也存在隶属关系复杂多元、教研机构工作职能不明确、教研管理体制有待进一步理顺等问题。

四是教研职责研究。我国不同时期对教研机构的职责有不同的规定，研究者对此进行了多方面的研究。赵有贵认为，教研室的基本定位应为研究教学、指导教改、参与学校管理⑧；郭增才认为，教学研究、教学业务管理、教学指导、教材建设等是各级教研室的共同职责⑨；钱进认为，区级教研室在职能发挥方面存在以考试为中心、教练式指导、重教轻学等问题⑩；李惠、刘芸、林孝成等人认为，教学工作是教研室工作的重点，大学教研室要抓好专业的课程教学，组织好教研工作的开展与师资队伍的建设⑪；徐梦杰、曹培英认为，区

① 董绍才：《我国基础教育教研室制度的历史嬗变》，载《上海教育科研》，2011(1)。

② 曲士英、鲁明川：《高职院校教研室内涵建设刍议》，载《中国职业技术教育》，2011(29)。

③ 康天明、贺茂义：《关于县级教研室建设标准及需要注意的几个问题的思考》，载《教育理论与实践》，2012(8)。

④ 陈琅英：《加强县级教研室建设的实践与思考——以山西省太原市小店区教育局教研室为例》，载《教育理论与实践》，2013(29)。

⑤ 张秀萍：《建构对话式高校英语教研室文化》，载《教育与职业》，2016(19)。

⑥ 徐梦杰、曹培英：《试论我国区县教研室职能的持存与流变》，载《课程·教材·教法》，2017(12)。

⑦ 王艳玲、胡惠闵：《我国教研机构的类型与职能：基于全国抽样调查的分析》，载《教育发展研究》，2020(Z2)。

⑧ 赵有贵：《谈教研室工作的定位与走向》，载《教学与管理》，2000(2)。

⑨ 郭增才：《县级教研室职能定位研究》，硕士毕业论文，山东师范大学，2003。

⑩ 钱进：《区级教研室职能发挥存在的问题与对策——镇江市润州区教研室个案研究》，硕士学位论文，南京师范大学，2005。

⑪ 李惠、刘芸、林孝成等：《教研室职能与运行管理机制的研究》，载《当代经济》，2010(17)。

县教研室面对上级教育行政部门，是教育政策推进、反馈与完善的联结机构；面对基层学校与教师，是教学改进和专业提升的指导机构①。由以上研究可知，研究者基于不同的理论和实践视角，虽然认为教研职责并不一致，但是一般认为其中主要包括教育教学指导、教研活动组织、课题研究、课程教材建设、教师培养培训等方面。②③④⑤⑥

2. 教研工作机制研究

工作机制，是工作程序、规则的有机联系和有效运转，是一个相辅相成的整体，贯穿于工作的各个环节。我国注重通过不断完善各项制度规范和行之有效的教研工作机制，确保教研工作的深入推进。研究者围绕教研工作任务、教研工作方式、教研工作保障机制等进行了多方面的研究工作。

一是教研工作任务研究。不同时代我国教研工作的重点任务有所变化。《国务院关于基础教育改革与发展的决定》提出，教研机构要充分发挥教学研究、指导和服务等作用；《教育部关于加强和改进新时代基础教育教研工作的意见》强调，教研工作的主要任务是服务学校教育教学、服务教师专业成长、服务学生全面发展、服务教育管理决策。研究者对教研工作任务也进行了研究和探讨。张学忠、李森认为，校本教研的内容包括建构新型课堂、加强综合实践活动课程建设、加大对信息技术与学科课程整合的研究力度、加强校本课程开发等⑦；孔凡哲、李利璋认为，校本教研应包括新理念的讨论，教学设计的案例研讨，教学实施策略、方法的研讨，教学反思研究等⑧；李云峰提出，要加强对课程实施的研究和指导、深入开展教学改革研究与实践、深入推动考试评价改革、深化农村基础教育课程改革⑨；平芳认为，教研内容可以划分为研究、

①　徐梦杰、曹培英：《试论我国区县教研室职能的持存与流变》，载《课程·教材·教法》，2017(12)。

②　孙芙蓉、胡红珍、韦婧婧：《新中国成立 70 年来教研员的角色变迁：回顾与反思——以八次基础教育课程改革为背景》，载《课程·教材·教法》，2019(10)。

③　赵虹元：《我国教研员角色的变迁与展望》，载《课程·教材·教法》，2018(10)。

④　宋萑、田士旭：《新时代教研员的角色定位与专业发展路径》，载《人民教育》，2019(21)。

⑤　崔允漷：《论教研室的定位与教研员的专业发展》，载《上海教育科研》，2009(8)。

⑥　毕景刚、韩颖：《教师专业发展背景下教研员的角色与职业素养研究》，载《教学与管理》，2014(18)。

⑦　张学忠、李森：《校本教研：特点、内容与方式》，载《当代教育科学》，2003(15)。

⑧　孔凡哲、李利璋：《中小学校本教研与校本培训的具体内容》，载《中小学教师培训》，2005(12)。

⑨　李云峰：《基础教育教研制度建设研究——以云南省为例》，190～195 页，北京，人民出版社，2017。

指导、服务三大类①；刘丽等人认为，学前教育教研的工作内容包括指导与服务、培养与跟进、研究与改革、管理与评价②。虽然不同研究者对教研工作任务的理解有所差异，但是一般认为教研工作的主要任务是为学校发展服务、为教师成长服务、为学生发展服务、为教育管理政策制定服务。

二是教研工作方式研究。教研工作方式不仅受到研究者的关注，有些地区也进行了多方面的实践经验总结。石利认为，校本教研中教师的研究方式主要有教学反思、教学叙事、问题研究、合作研究四种方式③；胡庆芳、汤立宏、赵勤等人认为，教研活动的形式包括各种探讨、研究、学习、交流活动等④；朱志平认为，教研方式包括学术沙龙、课堂观摩、主题研讨、教学设计比赛、案例分析等⑤；丛立新认为，开展集中教研活动、听课评课、组织公开课等是教研的主要活动形式⑥；山西省太原市杏花岭区教育局构建了以校为本、以组为体、区域推进的教研运行体系⑦；四川省广元市教育科学研究所通过打破学校、学区、县区界限，开展了"学校联姻、以课为媒、教师结对、搭台练功"的区域联片教研⑧；姜晓娟认为，对科研引领、教研培训、名师辐射、大赛促进、读书反思等区域教研方式的改革能够有效优化教师素养⑨。对于教研工作方式，虽然不同学者的表述有所差异，各地经验的侧重点也不同，但是都比较强调教研中要因地制宜，灵活采用区域教研、网络教研、综合教研、主题教研等多种形式以及教学展示、现场指导、项目研究等多种方式。

三是教研工作保障机制研究。保障机制是指由为了实现某种目标而采取的各种保障性措施构成的系统及其相互关系结构。教研工作保障机制包括能够促

① 平芳：《我国教研内容与方式研究——基于教研员的视角》，硕士学位论文，华东师范大学，2018。

② 刘丽等：《学前教育教研员工作指南》，7～8页，北京，北京师范大学出版社，2018。

③ 石利：《新课程下校本教研的研究方式与保障策略》，载《教育探索》，2006(8)。

④ 胡庆芳、汤立宏、赵勤等：《校本教研实践创新》，18～28页，北京，教育科学出版社，2007。

⑤ 朱志平：《教研员何以异化为"考研员"——对教研员工作价值的思考》，载《人民教育》，2008(9)。

⑥ 丛立新：《沉默的权威——中国基础教育教研组织》，6～10页，北京，北京师范大学出版社，2011。

⑦ 牛冬梅、李丽娟：《以校为本 以组为体 区域推进 全面提升教育质量——山西省太原市杏花岭区区域教科研探索与实践》，载《教育理论与实践》，2014(2)。

⑧ 袁仕伦：《创新教研机制 推进学科研修 促进均衡发展》，载《教育科学论坛》，2018(1)。

⑨ 姜晓娟：《提升区域教育教学质量的策略初探——基于区域教研的课堂教学和师生素养视角》，载《教育理论与实践》，2020(32)。

进教研工作发展的各种显性和隐性要素，是影响教研工作的各要素的相互关系和整体作用的总和。石利认为，只有强化校长的课程领导、校外专家的专业引领、向上的评价导向和研究型的学校文化，才能为校本教研提供可持续发展的动力和环境[①]；任登中认为，校本资源、设备设施、师资队伍是校本教研的根本性保障因素[②]。有的研究者对教研工作保障机制中存在的问题进行了研究，并提出了相应的对策与建议。李幽然认为，教研经费短缺是制约教研员有效开展工作的重要因素[③]；夏彩云发现，小学校本教研保障体系存在机构设置不完善、经费投入较少、制度不健全、教师认同度有待提高等问题[④]；顾明远认为，全国教研工作缺乏顶层设计、宏观研究、整体协调和工作评估[⑤]；花文凤认为，加强教研工作不仅需要加强教育行政部门的领导，给予政策、制度和经费支持外，而且应该注重教研文化的建设及加强教研员队伍的自身建设[⑥]；黄汝倩提出，要着力构建集随班就读教师职后培训制度建设、特教学校巡回教学实施途径、随班就读联合教研机制建设"三位一体"的新型随班就读教研支持保障体系[⑦]。可见，教研工作需要领导重视、经费支持、制度保障、专家引领等多种保障机制，但目前还存在领导重视度不够、经费不足、制度不完善等问题，未来仍需要多措并举，以完善教研工作保障机制。

3. 教研队伍建设研究

教研员是我国教研工作中的核心力量。作为"教师的教师"，教研员在保证基础教育质量、提升教师专业发展水平、为教育行政部门做决策提供服务等方面发挥着举足轻重的作用，是推动基础教育高质量发展的重要专业力量。加强教研队伍建设是新时代基础教育高质量发展的必然要求。教研制度在我国已存在 70 多年，但国内对教研队伍建设的研究相对较晚，大多集中在改革开放以来的 40 多年里。近年来，教研队伍建设的相关研究引起了教育界更多

---

① 石利：《新课程下校本教研的研究方式与保障策略》，载《教育探索》，2006(8)。

② 任登中：《校本培训研究与实践》，127～130 页，重庆，西南师范大学出版社，2007。

③ 李幽然：《教研员专业发展的现状、问题及改进策略研究——基于兰州市 3 个区的调查》，硕士学位论文，西北师范大学，2012。

④ 夏彩云：《小学校本教研保障体系存在的问题与对策研究——以重庆市沙坪坝区 A、B、C 三所小学为例》，硕士学位论文，重庆师范大学，2013。

⑤ 顾明远：《应重视和加强教研队伍建设》，载《中国教育报》，2014-03-05。

⑥ 花文凤：《我国教研员队伍建设研究：现实挑战、基本状况及发展方向》，载《当代教育与文化》，2019(1)。

⑦ 黄汝倩：《构建"三位一体"新型教研支持保障体系，为新时代随班就读质量提升保驾护航》，载《现代特殊教育》，2020(19)。

的关注和重视，研究者进行了很多的研究和探索，概括起来主要包括以下方面。

一是有关教研员的专业素养研究。教研员扮演着教师发展的专业引领者、教育理论和实践的转化者、教师科研的合作者等多重角色①，因此，教研员的专业素养结构历来受到研究者的广泛关注。例如，孙立春、张茂聪和张彩霞指出，教研员应具备崇高的品德修养、广博的文化素养、较高的理论水平、扎实的专业基础知识、旺盛的研究能力和独到的管理与指导艺术②；丁文平认为，教研员的专业素质应划分为专业知识、专业技能、专业心态与专业智慧四个方面③；崔允漷认为，教研员的专业能力包括课程发展能力、专业服务能力及自我发展能力等④；罗滨提出，教研员应具备专业意识、专业情怀、学科专业知识、学科教研知识、教师教育知识、课程知识、课程建设与资源开发能力、教学研究与指导改进能力、质量评价与分析反馈能力、教育教学科研能力十大核心素养⑤；罗生全、孟宪云发现，教研员胜任力是由专业知识、课程建设、教学发展、科学研究、组织领导和专业品质构成的动态交互的六维模型⑥；张贤金、吴新建提出，新时代教研员应该具备深厚的教育情怀和崇高的使命担当、丰富的教学经验和优秀的教学业绩、深刻的学科整体理解和认识、广博的专业知识和扎实的专业能力、强大的学科研究能力和引领能力等⑦。可见，研究者虽然对教研员的素养结构的理解有所差异，但是一般认为其素养结构包括专业理念、专业知识和专业能力等方面。

二是有关教研员的选拔配备研究。截至2020年，在各地的教研部门中，承担教研工作的专职教研员有近十万人⑧。《中共中央　国务院关于深化教育教学改革全面提高义务教育质量的意见》提出，"省、市、县三级教研机构应配齐所有学科专职教研员"。但研究发现，我国教研员配备并不理想。黄慧兰、孟繁慧、迟佳鸣发现，部分地区学前教育教研员的配备随意化、无序化、非专

① 唐开福：《论转型变革时期教研员的角色与专业发展路径》，载《教育学术月刊》，2012(9)。

② 孙立春、张茂聪、张彩霞：《基础教育教研工作的若干思考》，载《中国教育学刊》，1999(3)。

③ 丁文平：《教研员专业发展：一个不应忽视的话题》，载《湖南教育》，2009(8)。

④ 崔允漷：《论教研室的定位与教研员的专业发展》，载《上海教育科研》，2009(8)。

⑤ 罗滨：《教研员十大素养促教研升级》，载《人民教育》，2016(20)。

⑥ 罗生全、孟宪云：《教研员胜任力初探》，载《教育研究》，2017(9)。

⑦ 张贤金、吴新建：《新时代教研员应具备五个核心素养》，载《教学与管理》，2020(25)。

⑧ 顾明远：《教研是保障基础教育质量的重要支撑》，载《人民教育》，2020(18)。

业化，兼职教研员、非专业教研员多①；线亚威、高丙成发现，"三区三州"地区基础教育教研员虽配备数量有所增加，但编制仍然不足②。目前，我国教研员的选拔方式还比较单一，通常为行政任命、考核聘用和基层推荐等，往往以行政任命为主；花文凤认为，对教研员的选拔大概分为全国选拔、内部招聘和熟人推荐等几种方式，其中，内部招聘和熟人推荐最为常见，此外，还存在选拔体制不健全的问题③。评价具有导向和认定作用、诊断和咨询作用，有效的评价是促进教研员专业发展的动力和手段。但是，对教研员进行评价的权力往往由上级教育主管部门和单位领导掌握，评价主体单一，忽视了学校、教师、学生对教研员的评价以及教研员的自我评价④。李幽然建议对教研员工作的绩效考核可以从教研员组织教研活动、参与教研活动、培养青年教师、进行教学试验、推广优秀经验、进校指导教学、进行教育科学研究、参加学习与进修、提供教育决策咨询等多方面进行⑤。因此，要通过完善选拔和评价标准、健全选拔和评价方法等方面提高教研员选拔与评价的科学性。

三是有关教研员的专业发展研究。教研员专业发展是教研员不断获得新知识、不断优化教研策略、不断提高专业能力的过程。花文凤认为，教研员的专业发展经历了行政权威主导、行政赋权履行管理职能、学术职责主导的内涵式专业发展三个阶段⑥。相当一段时间以来，我国存在着把教研员的自我成长视作其专业成长的唯一途径，忽视培训和继续教育的作用等问题。崔允漷认为，教研员的专业发展更多取决于系统内的自觉自为和个人的自主学习⑦；李玲、赵千秋认为，由于国家并没有制定相应的政策来正式规定教研员的专业培训考核标准和专业权利，教研员的专业发展缺乏有效的专业支持、鉴定和制度保障⑧；黄慧兰、孟繁慧、迟佳鸣发现，教研员都非常希望得到同行优秀教研员和学前教育专家的业务指导，希望得到上一级教研部门的大力支持，但由于缺乏专项教研员培训制度，教研员培训远远落后于教师培训，因此无法满足对基

---

① 黄慧兰、孟繁慧、迟佳鸣：《黑龙江省学前教育教研员专业发展需求调研报告》，载《黑龙江教育学院学报》，2016(7)。

② 线亚威、高丙成：《"三区三州"基础教育教研工作现状与对策研究》，载《民族教育研究》，2020(4)。

③ 花文凤：《我国教研员专业发展的思考》，载《课程·教材·教法》，2018(10)。

④ 李玲、赵千秋：《教研员专业发展的困境与对策》，载《教学与管理》，2011(22)。

⑤ 李幽然：《教研员专业发展的现状、问题及改进策略研究——基于兰州市3个区的调查》，硕士学位论文，西北师范大学，2012。

⑥ 花文凤：《我国教研员专业发展的思考》，载《课程·教材·教法》，2018(10)。

⑦ 崔允漷：《论教研室的定位与教研员的专业发展》，载《上海教育科研》，2009(8)。

⑧ 李玲、赵千秋：《教研员专业发展的困境与对策》，载《教学与管理》，2011(22)。

层幼儿教师的指导需求①。针对存在的问题，不少研究者也提出了一些促进教研员专业发展的针对性建议和对策。例如，李和平指出应通过学习文化组织的创建来实现对教研员自身的建设②；蒋道义、周平、梁万渝提出要通过加强研究、注重实践、积极反思、加强交流、强化保障等促进教研员专业发展③。总之，近年来教研员专业发展虽然受到了越来越多的重视，但是由于重视程度不够、培训制度缺失、经费不足等方面的原因，教研员专业发展中仍然存在着一些突出问题亟待解决。除了需要给予政策、制度和经费支持外，还应该注重教研文化建设及加强教研员队伍建设等。

（三）我国教研研究的未来展望

新中国成立以来，具有中国特色的基础教育教学研究取得了举世瞩目的成就。与教研相关的研究成果不断涌现，研究的质量也不断提升。这不仅进一步丰富了具有中国特色的教研理论体系，对指导实践、服务决策也发挥了重要的作用。虽然已有研究取得了显著的成绩，但是由于教研工作的复杂性，有些方面仍有待进一步深化，学前教育教研方面的研究也有待加强。

一是需要加强对学前教育教研的实证调查研究。目前有关教研方面的研究主要采用经验总结、理论思辨的方法进行，单纯地总结经验或者简单地演绎理论的成果较多，实证性研究相对而言还不够丰富。定性研究通过研究者和被研究者之间的互动，对事物进行深入、细致的体验，偏好丰富、翔实的情境细节，形成对事物的"质"的较全面的解释性理解；而定量研究依靠对事物可以量化的部分及其相关关系的测量、计算和分析，达到对事物"本质"的一定把握。不同的研究方法在功能上具有互补性，研究者只有将不同的研究方法综合使用，才能更大限度地获得教研方面的资料。未来，有必要使用多种方法对我国学前教育教研状况进行全面的实证调查研究。

二是需要加强对学前教育教研不同利益相关方的多视角分析。任何研究都有视角，由于视角不同，同一个研究对象可能呈现出不同的风貌。目前国内有关教研方面的研究往往是从教研员、教师、园长的某一视角进行的，研究主体也以教研室（中心）、教师进修学校、教科所（院）的人员为主。例如，有研究发现，62.6%的对教研员的研究都是由一线教研员或教研室行政人员

---

① 黄慧兰、孟繁慧、迟佳鸣：《黑龙江省学前教育教研员专业发展需求调研报告》，载《黑龙江教育学院学报》，2016(7)。

② 李和平：《充分发挥教研室职能　服务基础教育课程改革》，载《国家教育行政学院学报》，2008(8)。

③ 蒋道义、周平、梁万渝：《浅谈教研员专业化发展的内涵、问题及对策》，载《科学咨询（教育科研）》，2012(2)。

承担的。[①] 研究主体既是主要研究者，又是研究对象，这在一定程度上导致无法客观、理性地看待问题，研究视野、研究方法等会受到或多或少的影响。每一种主体都能使我们了解学前教育教研的相关状况，但是，任何一种主体提供的资料都有一定的局限性。未来，如果能够对与学前教育教研有关的教研员、园长、教师、管理者等各利益相关主体进行多视角分析，那么则有利于更全面、系统地了解学前教育教研状况。

三是需要加强对学前教育教研的系统研究。目前对教研的研究虽基本涵盖了该领域比较重要的实践性问题，如教研工作体系、工作职责、教研方式、教研员专业发展、工作保障机制等，但是在对基本理论及决策服务的研究上仍存在一定的局限性。关于基本理论的研究常常是"只知其然，而不知其所以然"，对于"是什么"的本体论探讨多处于浅层次的"描述"层面，或者只是简单的理论演绎；而关于"如何做"的问题，则常常缺乏可行性与可能性分析，提出的多是经验性的、"放之四海而皆准"的"应然性"建议或措施，服务决策的应用性研究失去了其本身应有的意义与价值。未来，关于学前教育教研的研究首先需要进一步聚焦教研工作中的实践问题，注重发现真问题、探讨真问题、解决真问题；其次，要充分借鉴国内外相关研究理论成果，注重把握内涵、了解本质、探索规律；最后，要着眼教研工作改革发展中的重大现实问题，注重加强宏观性、战略性、前瞻性政策研究。

二、我国教研政策的历史变迁与内容分析

（一）我国教研制度的历史变迁

教研制度在中国清末推行新学制时萌芽，在中华民国时期推进新教育的过程中逐渐形成和发展。中华人民共和国成立后，三级教研体系逐渐遍布中国大地。之后，五级教研体系又自上而下地确立起来。这是中国教育人在探寻建立现代教育制度的过程中，从中国国情出发，在学习和借鉴苏联经验的基础上，通过在中国大地上扎实研究教育教学中各种现实问题而创生出来的本土经验和制度设计，带有深厚的中华优秀传统文化的基因。

1. 我国教研制度的形成与发展

清末时期，为推行新学制、设立新学堂，教育有关部门就开始尝试以制度建设、组织设立等方式推行教研，以适应教育革新之需，"教研"的萌芽初

---

① 卢立涛、沈茜、梁威：《我国近三十年教研员研究的元分析》，载《教育学术月刊》，2014(2)。

步显现。① 中华民国时期，教育部为持续推进新教育，提升学校教学质量，通过一系列的组织建设、制度建设，强化对新学校教学领域的辅导、指导，以促教学研究之风，这也为我国教研制度和体系的建立、形成奠定了扎实基础。②

中华人民共和国成立之初，教师的教育教学理念及教学方式普遍比较落后，中小学校办学质量普遍很低。为有效解决这一突出问题，教育部提出要学习苏联教育建设的先进经验。受此影响，各省、市、县级教研室迅速成立，有组织、有计划的教研工作在我国开展起来。③ 我国基础教育教研制度逐步建立和发展起来。

1949 年，教育部召开了第一次全国教育工作会议，其中一个重要抓手就是在教育行政系统内部建立教研机构，具体部署教学工作，主持教学工作的正常开展。④ 这次会议提出了在教育行政系统内部建立教学管理组织这一新措施，奠定了具有中国特色的教研制度确立的基础。

1952 年，教育部颁发了《中学暂行规程(草案)》和《小学暂行规程(草案)》，对在中小学校建立学科教学研究组和学校教学研究会议制度做了明确规定。这是我国有关教研组成立的最早的法规依据，也标志着教研组以国家文件的形式在中小学正式确立。随后，各地中小学纷纷成立了教研组，并在以后的发展中不断规范化和日常化。

1955 年，《人民教育》杂志发表文章——《各省市教育厅局必须加强教学研究工作》，强调要加强教研机构与教研队伍建设，改革教研工作方式，明确教研工作重点，从而推动了省市级区域教研制度的普遍建立。

1957 年，教育部制定了中华人民共和国历史上第一个以教研组为主题的正式文件——《中学教学研究组工作条例(草案)》，进一步明确了学校教学研究组的性质、任务和工作内容，极大地促进了校本教研制度在国内中小学校的普遍建立。

2. 我国教研制度的停滞与恢复

"文化大革命"时期，我国中小学教育几乎陷入停滞状态。正常的教学秩序被打乱，教研组织作为业务部门也受到冲击，教研工作无法正常开展。

随着"文化大革命"的结束，我国开始进行全方位的"拨乱反正"。基于课程

---

① 刘月霞：《追根溯源："教研"源于中国本土实践》，载《华东师范大学学报(教育科学版)》，2021(5)。

② 刘月霞：《追根溯源："教研"源于中国本土实践》，载《华东师范大学学报(教育科学版)》，2021(5)。

③ 何成刚：《坚持、完善和发展中国特色基础教育教研制度——〈关于加强和改进新时代基础教育教研工作的意见〉解读》，载《基础教育课程》，2020(1)。

④ 赵才欣：《有效教研——基础教育教研工作导论》，19 页，上海，上海教育出版社，2008。

改革实施的需要，全国各地的教研组织陆续恢复，专职和兼职的教研员人数持续增加，深入学校的教研网络基本形成。

1990年，《国家教委关于改进和加强教学研究室工作的若干意见》颁布，规定了教研组织的注意方面、基本职责等内容。这是改革开放以来，教育部正式颁布的第一个关于改进和加强教研工作的政策文件，标志着教研制度开始走向制度化和规范化。

1993年，国家教育委员会办公厅印发《全国省级教研室主任会议纪要》，提出了改进教研室工作的意见和建议。

3. 我国教研制度的健全与创新

2001年，《国务院关于基础教育改革与发展的决定》提出，教研机构要充分发挥教学研究、指导和服务等作用。

2001年，教育部颁发《基础教育课程改革纲要（试行）》，强调教研工作要把基础教育课程改革作为中心工作，充分发挥教学研究、指导和服务等作用。教研组织的工作重心开始向推进课程改革转移，不同教研组织的工作重心也各有侧重。

2014年，《教育部关于全面深化课程改革落实立德树人根本任务的意见》强调，要加强教研机构建设，改革教研机制，创新教研方式，充分整合一线教师、教研员、专家学者等力量，开展教育教学实践研究，为学校和教师提供专业服务和指导。

2019年，《中共中央　国务院关于深化教育教学改革全面提高义务教育质量的意见》强调，"发挥教研支撑作用。加强和改进新时代教研工作，理顺教研管理体制，完善国家、省、市、县、校教研体系，有条件的地方应独立设置教研机构。明确教研员工作职责和专业标准，健全教研员准入、退出、考核激励和专业发展机制。建立专兼结合的教研队伍，省、市、县三级教研机构应配齐所有学科专职教研员。完善区域教研、校本教研、网络教研、综合教研制度，建立教研员乡村学校联系点制度。鼓励高等学校、科研机构等参与教育教学研究与改革工作"，对教研制度进行了顶层设计。

2019年，《教育部关于加强和改进新时代基础教育教研工作的意见》明确了主要任务，健全了工作体系，明晰了工作职责，完善了教研方式，提出了教研员专业标准，为今后一个时期加强和改进教研工作指明了方向，提供了依据，是一份新时代加强中国特色基础教育教研制度建设的纲领性文件，对新时代基础教育教研工作具有开创性、全局性和基础性意义。该意见的发布标志着中国特色基础教育教研制度正日益走向成熟。

（二）我国教研政策的内容分析

具有中国特色的教研制度是在教育改革与发展的过程中逐步建立并发展起

来的。目前，我国教研体系不断完善，机制不断健全，队伍不断发展，保障不断强化。回顾我国教研相关政策，可以发现我国教研政策重点强调以下几个方面。

1. 完善教研工作体系

完善教研工作体系是保障教研工作可持续发展的基石。国家出台了一系列文件，要求加强教研机构建设，并对教研机构的职责提出了明确要求。《中学暂行规程（草案）》对学校教研组的设置提出了要求，提出"中学各学科设教学研究组，由各科教员分别组织之，以研究改进教学工作为目的"。《国家教委关于改进和加强教学研究室工作的若干意见》进一步对教研室的设置和基本职责提出了明确要求，提出"省、地（市）、县（区）都要设立教学研究室""各级教研室的机构，可以单独建制，也可同教育科学研究所或教师进修院校联合设置"，教研室的基本职责包括研究教育思想，提出执行教学计划、教学大纲和使用教材的意见，组织编写乡土教材和补充教材，组织教学研究活动，总结、推广教学经验，指导和帮助教师开展学科课外活动，组织对学科教学的检查和质量评估等。《全国省级教研室主任会议纪要》对教研室自身建设提出了要求，提出"各地教研室要进一步加强自身建设"。《中共中央　国务院关于学前教育深化改革规范发展的若干意见》对学前教育教研机构设置提出了要求，强调"健全各级学前教育教研机构"。《中共中央 国务院关于深化教育教学改革全面提高义务教育质量的意见》对教研机构的设置提出了要求，提出"完善国家、省、市、县、校教研体系，有条件的地方应独立设置教研机构"。《教育部关于加强和改进新时代基础教育教研工作的意见》对教研机构的设置和工作职责进行了全面要求，强调"完善国家、省、市、县、校五级教研工作体系，有条件的地方应独立设置教研机构，暂不具备条件的地方应在相对统一的教育事业单位内独立设置，形成上下联动、运行高效的教研工作机制""教育部基础教育课程教材发展中心在部内有关司局指导下，组织开展基础教育教研工作""地方各级教育行政部门要进一步明确教研机构的工作职责"。

2. 创新教研工作机制

创新教研工作机制是促进教研工作科学发展的核心。相关政策对教研工作的指导思想、主要任务、工作方式等进行了规定。《中学教学研究组工作条例（草案）》首次对教研组的任务和工作内容提出了明确要求，提出教研组的任务是"组织教师进行教学研究工作，总结、交流教学经验，提高教师思想、业务水平，以提高教育质量"，教研组的工作内容包括"学习有关中学教育的方针、政策和指示""研究教学大纲、教材和教学方法""结合教学工作钻研教育理论和专业科学知识""总结、交流教学和指导课外活动的经验"。《国家教委关于改进和加强教学研究室工作的若干意见》进一步明确了教研室的指导思想，强调"教研室工作必须坚持四项基本原则，面向现代化，面向世界，面向未来，全面贯彻国家的教育方针，更好地适应中小学教育事业的发展和改革需要""各级教研室都要改进工作作风和工作方法。要深入基层，深入教学第一线，与教师亲密合作，真诚地为基层服务，为教师服务"。《全国省级教研室主任会议纪要》对教研工作的重点提出了要求，强调要"与有关处（科、股、室）认真配合，搞好九年义务教育课程方案的实施工作""配合有关处（科、股、室）积极稳妥地推进普通高中课程与考试两项改革""加强教材研究和教材建设""加强和改进教学评价工作""进行教改实验，总结和推广教学改革经验"。《基础教育课程改革纲要（试行）》强调，"各中小学教研机构要把基础教育课程改革作为中心工作，充分发挥教学研究、指导和服务等作用，并与基础教育课程研究中心建立联系，发挥各自的优势，共同推进基础教育课程改革"。《中共中央 国务院关于深化教育教学改革全面提高义务教育质量的意见》对教研工作方式提出了要求，强调"完善区域教研、校本教研、网络教研、综合教研制度，建立教研员乡村学校联系点制度"。《教育部关于加强和改进新时代基础教育教研工作的意见》对深化教研工作改革提出了系统要求，强调要"突出全面育人研究""加强关键环节研究""创新教研工作方式"。

我国对学前教育教研工作机制也提出了一系列要求。《教育部 国家发展改革委 财政部关于实施第二期学前教育三年行动计划的意见》对学前教育教研方式提出了要求，提出要"完善区域教研和园本教研制度，充分发挥城市优质幼儿园和农村乡镇中心幼儿园的辐射带动作用，及时解决教师在教育实践中的困惑和问题"。《中共中央 国务院关于学前教育深化改革规范发展的若干意见》强调，"加强园本教研、区域教研，及时解决幼儿园教师在教育实践过程中的困惑和问题。充分发挥城镇优质幼儿园和农村乡镇中心园的辐射带动作用，加强对薄弱园的专业引领和实践指导"。《"十四五"学前教育发展提升行动计划》对学前教育教研的主要任务和工作方式提出新的要求，提出"坚持教研为幼儿园教育实践服务，为教师专业发展服务，为教育管理决策服务""完善教研指导责任区、区域教研和园本教研制度，实现各类幼儿园教研指导全覆盖。教研人员要深入幼儿园保教实践，了解教师专业成长需求，分类制定教研计划，确定教研内容，及时研究解决教师保教实践中的困惑和问题。充分发挥城镇优质幼儿园和乡镇中心幼儿园的辐射指导作用，推动区域保教质量整体提升"。

3. 加强教研队伍建设

加强教研队伍建设是促进教研工作高质量发展的关键。国家相关政策对教研员的专业素养、遴选配备、专业发展等方面提出了具体要求和措施。《中学教学研究组工作条例（草案）》对教研组的人员构成提出了要求，提出"同一学科教师在三人以上者成立教研组，不足三人者可联合相近学科教师成立教研组""教研组设组长一人，由校长聘请有经验，并有一定威信的教师担任""教研组长负责组织领导教研组的工作"。《国家教委关于改进和加强教学研究室工作的若干意见》对教研员配备、教研员专业发展以及职务评聘等提出了要求,提出"教研室的教学研究人员原则上应按中小学教学计划规定的课程门类进行配备""教研员要加强学习,不断提高自身的思想政治和业务素质""教研室的教学研究人员可以按中小学教师职务系列评聘职务"。《全国省级教研室主任会议纪要》对教研队伍建设和教研员的专业素养做了规定,强调"要加强教研队伍的建设,对缺少教研员的学科要尽快调配或配齐教研员;已经配齐的要抓紧抓好对骨干的培养,提高他们的思想政治水平、业务水平和组织管理能力等"。《中共中央 国务院关于深化教育教学改革全面提高义务教育质量的意见》对教研队伍建设提出了要求,强调"明确教研员工作职责和专业标准,健全教研员准入、退出、考核激励和专业发展机制。建立专兼结合的教研队伍,省、市、县三级教研机构应配齐所有学科专职教研员"。《教育部关于加强和改进新时代基础教育教研工作的意见》对加强教研队伍建设进行了系统设计,重点对严格专业标准、认真遴选配备、促进专业发展等提出了详细要求,强调要"严格教研员准入制度""严格按照专业标准和准入条件完善教研员遴选配备办法""建立教研员全员培训制度""教研员专业技术职称原则上执行中小学教师职称系列""依法依规保障教研员工资待遇"。

我国对学前教育教研队伍建设也提出了一系列要求。《教育部 国家发展改革委 财政部关于实施第二期学前教育三年行动计划的意见》对教研员配备提出了要求,提出"根据幼儿园数量和布局,划分学前教育教研指导责任区,安排专职教研员,定期对幼儿园进行业务指导"。《教育部等四部门关于实施第三期学前教育行动计划的意见》提出,"加强学前教育教研力量,健全教研指导网络"。《中共中央 国务院关于学前教育深化改革规范发展的若干意见》提出要"充实教研队伍"。《"十四五"学前教育发展提升行动计划》对教研员培训、配备等提出了明确要求,强调"各地制定幼儿园教师和教研员培训规划""遴选优秀园长和教师充实教研岗位,每个区县至少配备一名学前教育专职教研员,形成一支专兼结合的高素质专业化学前教研队伍"。

4. 健全教研保障机制

健全教研保障机制是促进教研工作健康发展的基础。我国相关政策对教研工作保障机制做了明确要求。《国家教委关于改进和加强教学研究室工作的若干意见》对教研经费保障和组织保障提出了要求,提出"各级教育行政部门要提高对教研工作重要性的认识,加强对教研室工作的领导""要从教研室(所)承担任务的实际需要出发,保证教研室的经费"。《全国省级教研室主任会议纪要》对编制、人员待遇、经费落实等提出了要求,强调"要进一步落实1990年国家教委《关于改进和加强教学研究室工作的若干意见》中关于教研室的编制、人员待遇及教研室的活动经费等方面的规定和要求"。《教育部关于加强和改进新时代基础教育教研工作的意见》强调要完善保障机制，并重点对加强组织领导、加大经费投入、强化督导评估等提出了明确要求，提出"各地教育行政部门要高度重视教研工作""要把教研工作经费纳入本级教育事业经费预算，保障教研工作经费随教育事业的发展逐步增加""教研工作要作为地方人民政府履行教育职责的重要内容，各地教育督导部门要将其纳入督导评估体系"。

（三）我国学前教育教研政策的内容分析

我国学前教育教研制度是在基础教育教研制度不断发展和完善的过程中逐步成熟和发展起来的，特别是在 2010 年《国务院关于当前发展学前教育的若干意见》颁布以后，国家越来越重视学前教育教研。

2010 年，《国务院关于当前发展学前教育的若干意见》提出，"健全学前教育教研指导网络"。

2014 年，《教育部 国家发展改革委 财政部关于实施第二期学前教育三年行动计划的意见》提出，"加强幼儿园保育教育指导。根据幼儿园数量和布局，划分学前教育教研指导责任区，安排专职教研员，定期对幼儿园进行业务指导。完善区域教研和园本教研制度，充分发挥城市优质幼儿园和农村乡镇中心幼儿园的辐射带动作用，及时解决教师在教育实践中的困惑和问题"。

2017 年，《教育部等四部门关于实施第三期学前教育行动计划的意见》强调，"加强学前教育教研力量，健全教研指导网络"。

2018 年，《教育部办公厅关于开展幼儿园"小学化"专项治理工作的通知》提出，"要完善区域教研和园本教研制度，确保基层幼儿园园长和教师能够得到经常性的业务指导，切实提高园长教师科学保教能力"。

2018 年，《中共中央 国务院关于学前教育深化改革规范发展的若干意见》提出要"完善学前教育教研体系"，并强调"健全各级学前教育教研机构，充实教研队伍，落实教研指导责任区制度，加强园本教研、区域教研，及时解决幼儿园教师在教育实践过程中的困惑和问题。充分发挥城镇优质幼儿园和农村乡镇中心园的辐射带动作用，加强对薄弱园的专业引领和实践指导"，对学前教育教研工作进行了顶层设计。

2020 年，《中华人民共和国学前教育法草案（征求意见稿）》强调"鼓励教研"，并提出"国家鼓励和支持学前教育、儿童发展方面的科学研究，宣传、推广科学的教育理念和方法"。

2021 年，《教育部关于大力推进幼儿园与小学科学衔接的指导意见》将幼小衔接作为学前教育教研工作的重要内容，并提出了明确要求，提出"建立联合教研制度。各级教研部门要把幼小衔接作为教研工作的重要内容，纳入年度教研计划，推动建立幼小学段互通、内容融合的联合教研制度。教研人员要深入幼儿园和小学，根据实践需要确定研究专题，指导区域教研和园（校）本教研活动，总结推广好做法好经验。鼓励学区内小学和幼儿园建立学习共同体，加强教师在儿童发展、课程、教学、管理等方面的研究交流，及时解决入学准备和入学适应实践中的突出问题"。

2021年，《"十四五"学前教育发展提升行动计划》提出将推动学前教育教研改革作为我国"十四五"学前教育改革发展的十大政策措施之一，并提出要"坚持教研为幼儿园教育实践服务，为教师专业发展服务，为教育管理决策服务。加强学前教育教研工作，遴选优秀园长和教师充实教研岗位，每个区县至少配备一名学前教育专职教研员，形成一支专兼结合的高素质专业化学前教研队伍。完善教研指导责任区、区域教研和园本教研制度，实现各类幼儿园教研指导全覆盖。教研人员要深入幼儿园保教实践，了解教师专业成长需求，分类制定教研计划，确定教研内容，及时研究解决教师保教实践中的困惑和问题。充分发挥城镇优质幼儿园和乡镇中心幼儿园的辐射指导作用，推动区域保教质量整体提升"，对新时代推动学前教育教研改革做出了部署。

（四）对我国学前教育教研政策的反思

已有相关政策为教研工作进行了较好的顶层设计和全面规划，构建了较为完整的基础教育教研政策体系。为进一步完善我国学前教育政策，未来应重点在以下方面下功夫。

1. 尽快出台加强学前教育教研工作的意见

近年来，我国学前教育取得了跨越式发展。2020年，我国在园儿童达到4818.3万人，学前三年毛入园率达到85.2%，幼儿园教职工达到519.8万人。与此同时，学前教育的快速发展对学前教育教研工作提出了更高的要求。虽然已有相关政策对学前教育教研工作体系、工作机制、队伍建设等提出了一系列要求，但是国家层面尚未出台针对学前教育教研的专门性政策，这严重制约着学前教育教研工作的优化和完善。因此，国家层面要尽快出台加强学前教育教研工作的意见，进一步对学前教育教研工作进行顶层设计和系统部署，提出学前教育教研工作的目标和任务，明确学前教育教研工作的具体职责和方式，指明加强学前教育教研队伍建设的思路，完善学前教育教研工作的各项保障机制。

2. 进一步完善学前教育教研政策体系

随着我国教研政策的不断完善，学前教育教研政策体系也在不断健全中。不能回避的是，我国学前教育教研政策体系还不够完善，难以适应学前教育改革与快速发展的需要。例如，我国学前教育已经实现了基本普及目标，开始迈入全面提高质量的新阶段。"十四五"期间，学前教育改革发展的主要任务是在补齐普惠性资源短板的同时，把工作重心转移到提高学前教育质量上来。因此，学前教育教研工作的主要任务、重点内容和工作方式等都需要不断完善，亟待转型升级。但是，由于目前我国国家层面对学前教育教研工作的重点内容尚没有明确规定，因此，幼儿园在教研实践过程中不能很好地把握教研的重点内容，难以适应学前教育高质量发展的现实需求。再如，随着科学技术的发展，网络教研的作用日益凸显，但我国尚未制定如何利用移动互联网、大数据、云计算、人工智能等现代技术，着力推动教研主体融合、教研内容创新、教研路径优化、教研方法升级等政策，导致在学前教育教研实践中网络教研的作用难以更好地发挥。因此，未来需要对学前教育教研的机构设置、主要任务、工作重点、教研方式、人员配备、培养培训、经费投入等方面做出更加全面、系统的规定，构建更加完善的学前教育教研政策体系。

3. 抓好学前教育教研工作中的薄弱环节

近年来，党和政府把健全学前教育教研指导网络作为学前教育改革发展中的一项重要任务，我国学前教育教研工作在工作机制、保障机制等多方面取得了显著成绩。但是，由于我国学前教育教研工作点多、线长、面广、量大，基础差、底子薄、欠账多，一些薄弱环节仍然存在，需要制定适宜的政策措施。例如，由于学前教育不是义务教育，各地对学前教育教研的重视程度还不够，经费投入也较少。因此，要制定加大经费投入的相关政策，规定各地将学前教育教研工作经费纳入本级教育事业经费预算，并对教研工作经费的占比及增长提出明确要求，确保学前教育教研工作正常、有效开展。再如，针对学前教育教研员培训机会少的问题，要制定加强学前教育教研员培训的政策，实行全员培训制度，将对学前教育教研员的培训纳入各级政府教师队伍继续教育规划，确保学前教育教研员能够享受到培训与学习的机会，为学前教育教研员参加专业培训提供制度保障。

三、研究设计

(一)研究思路

本研究以系统化与生态化相结合为原则，研究方法注重定量研究与定性研究相结合，研究过程注重全面调查与典型分析相结合，力争使研究更具科学性和系统性。

1. 系统化与生态化相结合

系统化强调必须将个体置于现实生活的大背景下和开放的系统中进行研究，并注意个体相互作用的过程。我们在研究中，从研究内容、研究设计到研究方法，都比较注意系统性原则。在研究内容上，对教研工作体系、教研工作机制、教研队伍建设、教研保障机制各方面进行全面研究；在研究设计上，始终坚持"服务决策""指导实践""创新理论"三位一体的整体推进思路，对我国教研政策进行全面分析，对国内外相关研究进行系统梳理和分析，对我国学前教育教研实践状况进行调查分析；在研究方法上，以多元聚合方法为指导，综合运用问卷调查法、访谈法等多种方法，以取得更为科学和准确的研究结果。生态化强调个体是在真实的自然、社会环境中成长起来的，因此，应在现实生活中、自然条件下研究个体的心理和行为，以揭示其发展与变化的规律。我们在研究中尽可能到现实的教研实践中进行访谈、调查等，以期获得有关我国学前教育教研发展状况的更客观、真实的信息，提高研究的科学性、有效性，使研究结果在实践中具有更大的推广价值。

2. 定性研究与定量研究相结合

使用问卷调查法、访谈法、观察法等任何一种研究方法都可以获得有关学前教育教研的资料，但都不足以获取关于学前教育教研的全部信息。本研究不仅对学前教育教研的本质、内涵等进行学理分析，而且通过访谈法等对教研员教研的过程表现与典型特点等进行定性研究，也运用问卷调查法等对学前教育教研的特点进行定量研究。本研究不仅是定性研究与定量研究的结合，也是多元方法聚合式使用的体现。使用多种方法共同探讨同一问题的不同方面，能够使研究结果互相补充和印证，更充分地说明所要研究的内容。

3. 全面调查与典型分析相结合

不同利益相关方因立场不同，会对学前教育教研有不同的需求、认识、了解。从不同的视角对学前教育教研进行研究，有助于保障评价主体的多元性，保障研究的科学性、全面性和公正性。本研究对学前教育教研员、幼儿园园长和教师、教研机构负责人等不同利益相关方进行全面调查，以探究不同利益相关方对学前教育教研的需求、认知和态度等；不仅对我国 31 个省（区、市）的学前教育教研发展状况进行全面性的调查，而且对"三区三州"地区的学前教育教研发展状况进行典型性的调查。

（二）研究主要内容

本研究以我国学前教育教研状况为主线展开。首先，对学前教育教研的相关研究和政策进行概述；其次，重点对我国学前教育教研的工作体系、工作机制、队伍建设、保障机制进行研究；最后，对我国学前教育教研进行回顾与展望，并提出对策与建议。研究总体框架如图 1-1 所示。

1. 学前教育教研研究概述

具有中国特色的教研制度和优良传统是我国学前教育质量保障体系中的重要组成部分。对我国学前教育教研发展状况进行调查研究不仅是服务决策的需要，而且是深化研究的需要，也是指导实践的需要。第一章在对国内外相关研究进行文献分析的基础上，对我国的教研政策进行了分析与解读，并介绍了本研究的研究思路、研究主要内容、研究对象与样本、研究工具、研究方法，最后介绍了研究过程。

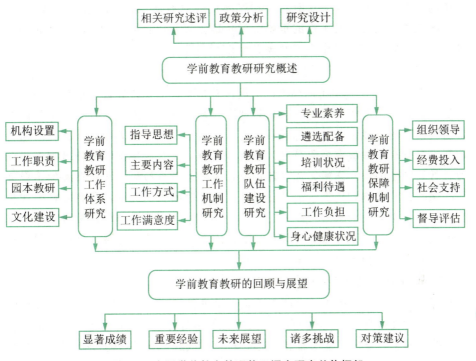

图 1-1　中国学前教育教研状况调查研究总体框架

2. 学前教育教研工作体系研究

体系是指若干事物因互相联系而构成的一个整体。教研工作体系建设包括机构的设置、机构的建设、职能的发挥等方面的内容。我国致力于构建上下联动、左右协同、内外互动、运转高效的国家、省、市、县、校五级教研工作体系。完善教研工作体系是保障学前教育教研工作可持续发展的基石。健全的学前教育教研机构是开展教研工作的前提，清晰的工作职责是加强新时代学前教育教研工作的基本要求，园本教研是学前教育教研工作中的重要内容，优秀的教研文化是促进学前教育教研工作创新的"催化剂"。第二章重点对学前教育教研机构的设置、学前教育教研工作的职责、幼儿园园本教研的状况以及学前教育教研文化的建设进行研究。

3. 学前教育教研工作机制研究

机制是指各要素之间的结构关系和运行方式。我国注重通过不断完善各项制度规范和行之有效的教研工作机制，确保教研工作的深入推进。不少研究者围绕教研工作任务、教研内容、教研形式、工作方式、工作途径等进行了多方面的研究工作。创新教研工作机制是促进学前教育教研工作科学发展的核心。指导思想是学前教育教研工作的根本遵循，落实教研主要任务是学前教育教研工作的重点，创新工作方式有利于提高学前教育教研工作的有效性和吸引力，满意度是学前教育教研工作的重要衡量标准。第三章重点对学前教育教研的指导思想、主要内容、工作方式及满意度进行研究。

4. 学前教育教研队伍建设研究

教研员被称为"老师的老师"，是促进教师专业成长、教育质量提升的核心力量。加强教研队伍建设是新时代教研工作高质量发展的必然要求。不少研究者对教研员的专业素养、遴选配备、专业发展等进行了多方面的研究。严格专业标准是健全学前教育教研员准入制度的基础，认真遴选配备是补足配齐学前教育教研队伍的根本之策，加强培训是促进学前教育教研员专业发展的主要途径，保障福利待遇是提高学前教育教研员职业吸引力的关键，只有减轻工作负担才能确保学前教育教研员静心工作，身心健康是从事学前教育教研工作的基本前提。第四章主要对学前教育教研员的专业素养、遴选配备、培训状况、福利待遇、工作负担及身心健康状况进行研究。

5. 学前教育教研保障机制研究

保障机制是为管理活动提供物质和精神条件的机制。我国注重通过加强组织领导、加大经费投入、营造良好生态、强化督导评估、做好宣传引导等健全教研保障机制。健全教研保障机制是促进学前教育教研工作健康发展的基础。加强组织领导是确保学前教育教研工作高质量推进的关键，加大经费投入是确保学前教育教研工作顺利推进的基础，加强社会支持是营造良好学前教育教研工作生态的基本要求，强化督导评估是确保学前教育教研政策落地的关键。第五章重点对学前教育教研的组织领导、经费投入、社会支持、督导评估进行研究。

6. 学前教育教研的回顾与展望

学前教育教研是幼儿园发展和质量提升的重要推动力量，在指导幼儿园教育实践、引领教师专业发展、服务教育管理决策等方面发挥着重要的作用。第六章梳理了我国学前教育教研取得的成绩，总结了我国学前教育教研的经验，对学前教育教研未来的发展方向进行了展望，分析了我国学前教育教研面临的挑战，并提出了有针对性的对策与建议。

(三)研究对象与样本

利益相关方是外部环境中受组织决策和行动影响的任何相关者，是与组织有利害关系的群体或个人。利益相关方可能是组织内部的，也可能是组织外部的。不同利益相关方对学前教育教研有不同的认识、理解，如果能够对学前教育教研的不同利益相关方进行研究，那么则有利于更全面地了解我国学前教育教研的发展状况。为此，本研究重点对与学前教育教研有关的学前教育教研员、幼儿园园长和教师、教研机构负责人进行问卷调查和访谈。此外，考虑到中小学教研和学前教育教研可能在内容、形式等多方面存在差异，为了进行对比分析，本研究也对中小学教研员进行了问卷调查和访谈。

1. 学前教育教研员参加问卷调查的情况

采取网上调查的方式进行问卷调查，共有全国 31 个省（区、市）的 1472 人完成了调查。其中，男性 106 人，女性 1366 人；省级教研员 60 人，地市级教研员 248 人，区县级教研员 907 人，乡镇级教研员 257 人；专职教研员 742 人，行政干部兼任教研员 235 人，承担幼儿园工作兼任教研员 313 人，兼任其他学科教研员 151 人，负责其他工作 31 人。（表 1-1）

表 1-1　学前教育教研员参加问卷调查的情况

项目		数量/人
性别	男	106
	女	1366
身份	省级教研员	60
	地市级教研员	248
	区县级教研员	907
	乡镇级教研员	257
专兼职情况	专职教研员	742
	行政干部兼任教研员	235
	承担幼儿园工作兼任教研员	313
	兼任其他学科教研员	151
	负责其他工作	31

2. 幼儿园园长参加问卷调查的情况

采取网上调查的方式进行问卷调查，共有全国 31 个省（区、市）的 4141 人完成了调查。其中，男性 350 人，女性 3791 人；公办园（教育部门办）的园长 1821 人，公办园（非教育部门办）的园长 823 人，民办园（普惠性）的园长 1041 人，民办园（非普惠性）的园长 397 人，其他幼儿园的园长 59 人；城市幼儿园的园长 1090 人，县城幼儿园的园长 860 人，乡镇幼儿园的园长 1213 人，农村幼儿园的园长 978 人。（表 1-2）

表 1-2　幼儿园园长参加问卷调查的情况

项目		数量/人
性别	男	350
	女	3791

项目		数量/人
园所性质	公办园（教育部门办）	1821
	公办园（非教育部门办）	823
	民办园（普惠性）	1041
	民办园（非普惠性）	397
	其他	59
园所位置	城市	1090
	县城	860
	乡镇	1213
	农村	978

3. 幼儿园教师参加问卷调查的情况

采取网上调查的方式进行问卷调查，共有全国 31 个省（区、市）的 40168 人完成了调查。其中，男性 1212 人，女性 38956 人；公办园（教育部门办）的教师 18893 人，公办园（非教育部门办）的教师 12837 人，民办园（普惠性）的教师 5301 人，民办园（非普惠性）的教师 1769 人，其他幼儿园的教师 1368 人；城市幼儿园的教师 13075 人，县城幼儿园的教师 11058 人，乡镇幼儿园的教师 10587 人，农村幼儿园的教师 5448 人。（表 1-3）

表 1-3　幼儿园教师参加问卷调查的情况

项目		数量/人
性别	男	1212
	女	38956
园所性质	公办园（教育部门办）	18893
	公办园（非教育部门办）	12837
	民办园（普惠性）	5301
	民办园（非普惠性）	1769
	其他	1368
园所位置	城市	13075
	县城	11058
	乡镇	10587
	农村	5448

4. 教研机构负责人参加问卷调查的情况

使用纸质问卷对"三区三州"地区的教研机构负责人进行调查，共有 241 人完成了调查。其中，省级 6 人，地市级 29 人，区县级 206 人；西藏 81 人，青海 40 人，新疆 38 人，四川 53 人，云南 9 人，甘肃 20 人。（表 1-4）

表 1-4　教研机构负责人参加问卷调查的情况

单位：人

身份	西藏	青海	新疆	四川	云南	甘肃
省级	1	1	1	1	1	1
地市级	6	8	7	3	2	3
区县级	74	31	30	49	6	16

5. 中小学教研员参加问卷调查的情况

采取网上调查的方式对"三区三州"地区的中小学教研员进行问卷调查，共有 1569 人完成了调查。其中，男性 758 人，女性 811 人；省级教研员 76 人，地市级教研员 122 人，区县级教研员 1371 人；专职教研员 716 人，行政干部兼任教研员 93 人，承担学校工作兼任教研员 632 人，兼顾两个或两个以上学科的教研员 128 人。（表 1-5）

表 1-5　中小学教研员参加问卷调查的情况

项目		数量/人
性别	男	758
	女	811
负责学段	小学	693
	初中	317
	高中	446
	两个或两个以上学段	113
身份	省级教研员	76
	地市级教研员	122
	区县级教研员	1371
专兼职情况	专职教研员	716
	行政干部兼任教研员	93
	承担学校工作兼任教研员	632
	兼顾两个或两个以上学科	128

6. 参加访谈的情况

采取实地调查与网上访谈相结合的方式，对 7 个省(区、市)228 名学前教育教研员、幼儿园园长、幼儿园教师、教研机构负责人及中小学教研员进行了访谈。其中，学前教育教研员 51 人，幼儿园园长 47 人，幼儿园教师 96 人，教研机构负责人 16 人，中小学教研员 18 人。(表1-6)

表 1-6　参加访谈的情况

单位：人

省(区、市)	学前教育教研员	幼儿园园长	幼儿园教师	教研机构负责人	中小学教研员
山东	8	7	15	3	3
湖南	6	6	12	2	2
北京	9	8	17	2	3
广东	8	7	15	3	3
四川	7	7	13	2	2
甘肃	7	6	12	2	2
吉林	6	6	12	2	3

(四)研究工具

根据研究内容及研究对象，本研究主要使用了以下研究工具。

1.《学前教育教研员工作与专业发展状况调查问卷(学前教育教研员卷)》

在借鉴国内外已有研究的基础上，结合我国学前教育教研的实际情况，自编了《学前教育教研员工作与专业发展状况调查问卷(学前教育教研员卷)》，涉及工作状况、专业发展、保障条件、满意度、基本信息等方面的内容。其中，工作状况包括工作职责、工作环境、工作内容、工作方式等维度；专业发展包括专业素养、培养培训、福利待遇、教育科研等维度；保障条件包括组织领导、社会支持、经费投入等维度；满意度包括工作状况满意度、教师队伍满意度、保障机制满意度及事业发展满意度 4 个维度，每个维度包括 3～5 个题目，采用李克特式五点量表计分，从 1 分"非常不满意"到 5 分"非常满意"，得分越高表示满意度越高。

2.《教研机构发展状况调查问卷(教研机构负责人卷)》

根据我国教研机构的发展状况，自编《教研机构发展状况调查问卷(教研机构负责人卷)》，涉及机构概况、队伍建设、教研状况、基本信息等方面的内容。其中，机构概况包括单位性质、部门设置、经费状况等维度；队伍建设包括人员配备、专业发展等维度；教研状况包括工作职责、工作内容、工作方式等维度。

3.《中小学教研员工作状况调查问卷（中小学教研员卷）》

根据我国基础教育教研的发展状况，参考国内外相关文献，自编《中小学教研员工作状况调查问卷（中小学教研员卷）》，涉及基本信息、工作状况、专业发展和满意度等方面的内容。其中，工作状况包括工作职责、工作内容、工作方式等维度；专业发展包括培训情况、科研情况、经费保障等维度；满意度包括工作状况满意度、核心素养满意度、专业发展满意度、保障机制满意度及事业发展满意度 5 个维度，每个维度包括 3~4 个题目，采用李克特式五点量表计分，从 1 分"非常不满意"到 5 分"非常满意"，得分越高表示满意度越高。

4.《幼儿园教研状况调查问卷（园长、教师卷）》

根据我国幼儿园教研实践，参考国内外已有文献，自编《幼儿园教研状况调查问卷（园长、教师卷）》，涉及教研组织建设、园本教研、队伍建设、保障机制、基本信息等方面的内容。其中，教研组织建设包括教研条件、教研制度、教研文化等维度；园本教研包括教研任务、教研内容、教研方式等维度；队伍建设包括人员配备、专业素养、职后培训、教育科研等维度；保障机制包括教研经费、社会支持、督导考核等维度。

5. 学前教育教研状况访谈提纲

根据我国学前教育教研发展状况，参考国内外相关文献，自编学前教育教研状况访谈提纲。主要涉及学前教育发展情况、学前教育教研情况、教研员工作情况、教研员发展情况、取得的主要成绩、存在的问题等。（表 1-7）

表 1-7　学前教育教研的研究对象与主要内容一览表

维度	学前教育教研员	教研机构负责人	中小学教研员	幼儿园园长和教师
教研工作体系	工作职责、工作环境	单位性质、部门设置	工作职责	教研条件、教研制度、教研文化
教研工作机制	工作内容、工作方式	工作职责、工作内容、工作方式	工作内容、工作方式	教研任务、教研内容、教研方式
教研队伍建设	专业素养、培养培训、福利待遇、工作投入、工作负担	人员配备、专业发展	培训情况、科研情况	人员配备、专业素养、职后培训、教育科研
教研保障机制	组织领导、社会支持、经费投入	经费状况	经费保障	教研经费、社会支持、督导考核

（五）研究方法

本研究注重理论探讨与实证研究相结合、定性分析与定量研究相结合。在研究过程中，不仅对教研的内涵、教研员的素养和职责等进行深入的理论探讨和政策分析，而且采用问卷调查法、访谈法等方法对我国学前教育教研的发展状况进行调查研究，以期能够全面、客观、真实地获得学前教育教研方面的信息，提高研究的科学性、有效性和可推广性。具体来说，主要采用以下几种研究方法。

1. 文献研究法

全面收集与教研、教研员等相关的研究文献、政策文件、地方经验等，对收集到的相关资料进行整理。辨析教研相关概念，梳理教研研究的历史变迁，分析教研研究的重点内容，把握教研政策的脉络与重点，总结教研实践工作的成就与问题，预测教研研究未来的发展方向，并提出有针对性的对策与建议。

2. 问卷调查法

在参考国内外已有研究的基础上，根据我国教研的实际情况，自编《学前教育教研员工作与专业发展状况调查问卷（学前教育教研员卷）》《幼儿园教研状况调查问卷（园长、教师卷）》《教研机构发展状况调查问卷（教研机构负责人卷）》《中小学教研员工作状况调查问卷（中小学教研员卷）》，分别对学前教育教研员、幼儿园园长和教师、教研机构负责人、中小学教研员进行问卷调查。问卷回收后，使用 spss 等软件进行数据统计与分析。使用描述性统计、t 检验、相关分析等方法对研究数据进行处理，分析我国学前教育教研的基本情况、区域差异等。

3. 访谈法

在参考国内外已有研究的基础上，根据我国学前教育教研的实际情况，自编学前教育教研状况访谈提纲，分别对学前教育教研员、教研机构负责人、中小学教研员、幼儿园园长和教师进行访谈。对访谈资料进行整理和编码分析。

（六）研究过程

近年来，在中国教育科学研究院的支持下，我主持了多个与学前教育教研相关的研究项目。本研究是在对过去多个研究项目进行梳理总结的基础上形成的。

1. 全面研究教研队伍

2016 年，"我国幼儿园教研员队伍状况调查研究"课题立项以后，我对教研员进行了一系列研究，陆续对教研员的遴选配备、福利待遇、身心健康状况、满意度等进行了调查研究。2018 年，在"学前教育教研员国培方案研制"

的过程中，我对教研员的专业素养、培训状况、工作负担等进行了一系列研究。在此期间，我主要对与我国教研相关的研究文献、政策文件、地方经验等进行了整理分析，并编制了《学前教育教研员工作与专业发展状况调查问卷（学前教育教研员卷）》，对全国31个省（区、市）的1472名学前教育教研员进行了问卷调查，并对51名学前教育教研员进行了访谈。2017年，《学前教研员渴望"精而实"的培训》在《中国教育报》发表；2018年，《全国学前教育教研员满意度调查报告》在《当代教师教育》发表；2021年，《我国学前教育教研员专业素养现状及提升策略研究》在《中国教师》发表；2021年，《我国学前教育教研员工作负担的现状及对策》在《今日教育（幼教金刊）》发表。

2. 深入探讨工作机制

2017年，在担任北京师范大学出版社"学前教育教研工作指导丛书"的主编后，我开始深入探讨学前教育教研工作机制，重点对教研任务、主要内容、教研方式、指导思想、工作原则等进行了研究。2019年，在"民族地区教研工作研究"的推进过程中，我重点对"三区三州"地区的教研机构设置、职能职责、队伍建设、保障机制、满意度等方面进行了研究。在此期间，我编制了《教研机构发展状况调查问卷（教研机构负责人卷）》和《中小学教研员工作状况调查问卷（中小学教研员卷）》，对"三区三州"地区241名教研机构负责人和1569名中小学教研员进行了问卷调查，并对16名教研机构负责人和18名中小学教研员进行了访谈。2019年，《幼儿园教科研的出发点和着力点》在《学前教育》发表；2020年，《"三区三州"基础教育教研工作现状与对策研究》在《民族教育研究》发表；作为主编，我策划了2批共16本与学前教育教研工作相关的图书。

3. 着力构建完整体系

2021年，"学前教育教研工作机制研究"立项以后，我开始进行学前教育教研体制机制研究，着力构建完整的教研体系框架，对园本教研、教研文化、组织领导、经费投入、督导评估等方面进行了研究。在此期间，我编制了《幼儿园教研状况调查问卷（园长、教师卷）》，对4141名幼儿园园长和40168名幼儿园教师进行了问卷调查，并对47名幼儿园园长和96名幼儿园教师进行了访谈。对已有研究进行了总结后，我撰写了书稿《中国学前教育教研状况调查研究》。

第二章　学前教育教研工作体系研究

完善教研工作体系是保障学前教育教研工作可持续发展的基石。《国务院关于当前发展学前教育的若干意见》强调要"健全学前教育教研指导网络"。《中共中央　国务院关于学前教育深化改革规范发展的若干意见》强调要"健全各级学前教育教研机构""加强园本教研、区域教研"。《教育部关于加强和改进新时代基础教育教研工作的意见》强调要"完善教研工作体系""健全教研机构""明晰工作职责""强化校本教研"。《"十四五"学前教育发展提升行动计划》提出要"完善教研指导责任区、区域教研和园本教研制度，实现各类幼儿园教研指导全覆盖"。健全的学前教育教研机构是开展教研工作的前提，清晰的工作职责是加强新时代学前教育教研工作的基本要求，园本教研是学前教育教研工作中的重要内容，优秀的教研文化是促进学前教育教研工作创新的"催化剂"。本章重点对学前教育教研机构的设置、学前教育教研工作的职责、幼儿园园本教研的状况及学前教育教研文化的建设进行了研究。

一、学前教育教研机构的设置研究

各级教研机构是开展学前教育教研工作的依托。调研发现，教研机构中设置学前教育教研部门的比例较低，大部分幼儿园中有专门的教研组（室）；50.0%的学前教育教研员感觉工作环境较好；超70.0%的幼儿园教师认为教研制度比较健全，建立学习培训制度、教研活动管理制度、教研工作职责制度的幼儿园比例较高。为进一步加强学前教育教研机构建设，本研究提出如下建议：首先，完善国家、省、市、县、校五级学前教育教研体系；其次，着力改善教研机构的办公条件；最后，建立健全学前教育教研制度。

（一）教研机构是开展教研工作的依托

教研机构是教研工作的组织机构，在保障我国中小学教育质量、推进课程改革方面发挥了重要作用。我国高度重视教研机构建设。《国家教委关于改进和加强教学研究室工作的若干意见》提出，"省、地（市）、县（区）都要设立教学研究室""各级教研室的机构，可以单独建制，也可同教育科学研究所或教师进修院校联合设置"。《全国省级教研室主任会议纪要》提出，"要加强教研室的自身建设"。《国务院关于当前发展学前教育的若干意见》强调，"健全学前教育教研指导网络"。《中共中央　国务院关于学前教育深化改革规范发展的若干意见》强调，"健全各级学前教育教研机构"。《中共中央　国务院关于深化教育教学改革全面提高义务教育质量的意见》提出，"完善国家、省、市、县、校教研体系，有条件的地方应独立设置教研机构"。《教育部关于加强和改进新时代基础教育教研工作的意见》对教研机构设置和工作职责进行了全面要求，强调"完善国家、省、市、县、校五级教研工作体系，有条件的地方应独立设置教研机构，暂不具备条件的地方应在相对统一的教育事业单位内独立设置"。

研究者对教研机构的设置与建设进行了一系列的探索。康天明、贺茂义认为县级教研室要达到下列标准：一是要明确教研室的职能；二是要有与编制规模和工作特点相适应的工作环境，教研室应有独立的工作场所，要达到人均办公用房面积不低于 8 m² 的要求，有能够保证开展教科研活动的教室、会议室、资料室及办公用房等；三是教研室应有能够满足开展教科研活动需要的文印、电脑等设备和品种较为丰富的教研、科研图书资料以及用于学科教学研究的教育报纸、杂志；四是要为教研室配置网站服务器，创设开展现代化教科研活动需要的环境和条件。[①] 张佐才等人提出县级教育行政部门要建立教研机构，并提出县级教研机构建设应该包括组织建设、班子建设、思想建设、制度建设、队伍建设以及设施设备等方面。[②] 陈琅英提出要优化教研基础条件，不断改善教研室办公条件，教室、图书室、阅览室、会议室、资料室等各种功能室齐全，满足教研员工作和学习研究的需要。[③] 王艳玲、胡惠闵发现，我国教研机构主要有教科院（所）、教研室、教育学院三种建制类型。各级教研机构之间由于特定的历史渊源，在机构设置、职能定位、内部构成等方面呈现出千差万别的态势。我国 31 个省级教研机构共有 23 种名称。[④] 何成刚认为，我国目前缺乏专业机构对国家基础教育教研工作进行顶层规划和整体推进。[⑤] 可见，我国教研机构建设虽然取得了显著成绩，但是也存在一定的突出问题。

目前，研究者对教研机构设置的研究主要集中在中小学阶段，对学前教育

①　康天明、贺茂义：《关于县级教研室建设标准及需要注意的几个问题的思考》，载《教育理论与实践》，2012(8)。

②　张佐才等：《县级教研机构工作实践与探索》，8～10 页，北京，人民出版社，2013。

③　陈琅英：《加强县级教研室建设的实践与思考——以山西省太原市小店区教育局教研室为例》，载《教育理论与实践》，2013(29)。

④　王艳玲、胡惠闵：《我国教研机构的类型与职能：基于全国抽样调查的分析》，载《教育发展研究》，2020(Z2)。

⑤　何成刚：《坚持、完善和发展中国特色基础教育教研制度——〈关于加强和改进新时代基础教育教研工作的意见〉解读》，载《基础教育课程》，2020(1)。

教研机构设置的研究还不多见。本研究对我国学前教育教研机构的设置及建设情况进行了调查研究。

(二)学前教育教研机构设置方面有待加强

1. 教研机构中设置学前教育教研部门的比例较低

目前，我国教研机构的设置主要有两种模式。一种是独立设置，如上海市教育委员会教学研究室、内蒙古自治区教学研究室等；另一种是同教育科学研究院所或教师进修院校等联合设置，如黑龙江省教育学院、吉林省教育学院等。

从教研机构中设置学前教育教研部门的情况来看，大部分教研机构中尚未设置独立的学前教育教研部门。2018 年对全国省级教研机构调查发现，只有贵州、云南、甘肃、河北、山西、吉林、黑龙江、安徽、江西、湖南、北京、天津、辽宁、上海、江苏、浙江、福建共 17 个省(区、市)有专门的学前教育教研部门。2020 年，从"三区三州"地区 241 个教研机构中设置学前教育教研部门的情况来看，6 个省级和 38 个地市级教研机构中均没有学前教育教研部门，197 个区县级教研机构中只有 10 个有学前教育教研部门。(表 2-1)

表 2-1　"三区三州"地区教研机构中学前教育教研部门设置情况

级别	教研机构数/个	学前教育教研部门数/个	占比/%
省级	6	0	0
地市级	38	0	0
区县级	197	10	5.1

2. 大部分幼儿园中有专门的教研组(室)

从幼儿园设置专门的教研组(室)的情况来看，68.4%的园长反映有专门的教研室(组)，31.1%的园长反映没有，还有 0.5%的园长表示不清楚。(图 2-1)

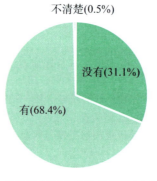

图 2-1　幼儿园设置专门的教研组(室)的情况

3. 50.0%的学前教育教研员感觉工作环境较好

从学前教育教研员对工作环境的评价来看，8.6%的学前教育教研员感觉非常好，41.4%感觉比较好，41.0%感觉一般，7.0%感觉比较差，2.0%感觉非常差。（图 2-2）

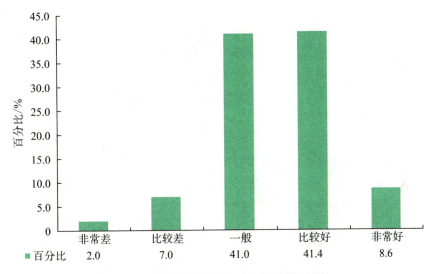

图 2-2　学前教育教研员对工作环境的评价

4. 超 40.0%的中小学教研员感觉工作环境较好

从中小学教研员对工作环境的评价来看，7.3%的中小学教研员感觉非常好，37.8%感觉比较好，44.2%感觉一般，7.6%感觉比较差，3.1%感觉非常差。（图 2-3）

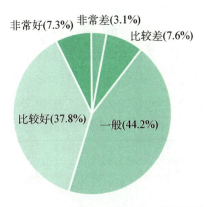

图 2-3　中小学教研员对工作环境的评价

第二章　学前教育教研工作体系研究

5. 近40.0%的中小学教研员感觉图书资料较多

从中小学教研员对图书资料丰富程度的评价来看，7.9%的中小学教研员感觉非常多，29.8%感觉比较多，37.3%感觉一般，14.5%感觉比较少，10.5%感觉非常少。（图2-4）

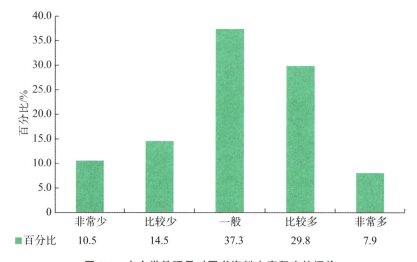

百分比	10.5	14.5	37.3	29.8	7.9
	非常少	比较少	一般	比较多	非常多

图2-4　中小学教研员对图书资料丰富程度的评价

6. 超60.0%的幼儿园教师感觉教研条件较好

从幼儿园教师对教研条件的评价来看，27.3%的幼儿园教师感觉非常好，38.5%感觉比较好，29.9%感觉一般，3.0%感觉比较差，1.3%感觉非常差。（图2-5）

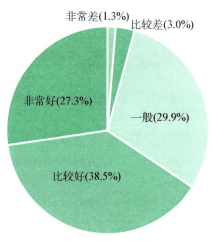

图2-5　幼儿园教师对教研条件的评价

7. 幼儿园中提供计算机的比例较高

从幼儿园的教研条件来看，78.8％的园长选择提供了计算机，62.2％选择提供了教研资料，其他依次是投影设备（59.1％）、图书阅览室（54.2％）、专门教研室（53.3％）、电子白板（48.2％）、远程教研设备（26.4％）以及其他条件（20.3％）。（图 2-6）

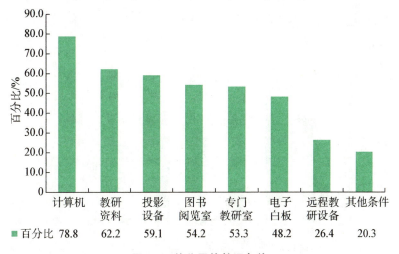

图 2-6　幼儿园的教研条件

8. 超 70.0％的幼儿园教师认为教研制度比较健全

从幼儿园教研制度的健全情况来看，30.7％的幼儿园教师反映非常健全，43.6％反映比较健全，21.1％反映一般，3.4％反映比较不健全，1.2％反映非常不健全。（图 2-7）

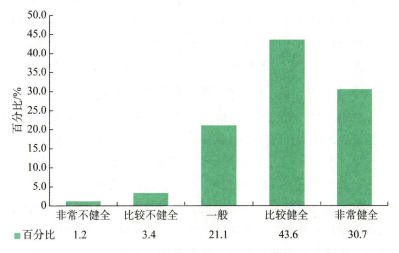

图 2-7　幼儿园教研制度的健全情况

9. 幼儿园普遍建立了学习培训制度、教研活动管理制度等

从幼儿园建立教研制度的情况来看，约 80.0% 的幼儿园教师反映建立了学习培训制度(80.6%)和教研活动管理制度(77.0%)；约 60.0% 反映建立了教研工作职责制度(61.7%)和教研考核制度(59.5%)；其他依次是教研档案管理制度(49.8%)、教研奖惩制度(44.8%)、教研交流汇报制度(40.4%)、教研成果管理制度(37.6%)、教研经费制度(34.7%)以及其他制度(16.2%)。(图 2-8)

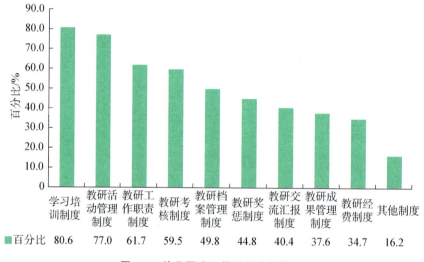

图 2-8　幼儿园建立教研制度的情况

(三)切实加强学前教育教研机构建设

研究发现，虽然我国学前教育教研机构建设取得了一定的成绩，大部分幼儿园中有专门的教研组(室)；但学前教育教研机构建设尚不完善，教研机构中设置学前教育教研部门的比例较低，幼儿园教研条件和教研制度仍有完善的空间。为进一步加强学前教育教研机构建设，本研究提出如下建议。

1. 完善国家、省、市、县、校五级学前教育教研体系

目前，我国尚没有明确国家学前教育教研指导部门。为加强对全国学前教育教研工作的组织、协调等工作，教育部应尽快明确国家学前教育教研指导部门，系统谋划、整体推进、专业引领全国学前教育教研工作，以达到凝聚共识、形成合力的目的。省级教育行政部门要根据《中共中央　国务院关于学前教育深化改革规范发展的若干意见》的总体要求，对省、市、县级学前教育教研部门的职责做出明确规定，构建分工明确、各有侧重、协调配合、相互支持的工作体系。市级和县级教育行政部门要重视和加强学前教育教研部门建设，

提升学前教育教研质量。教研机构要重心下移，深入幼儿园，帮助幼儿园和教师解决教育教学和教研问题。各级学前教育教研机构应在同级教育行政部门和上级学前教育教研机构的指导下工作，受同级教育行政部门的行政领导和上级学前教育教研机构的业务指导。教研机构要加强与幼儿园、高等学校、科研院所，以及承担教师培训、考试评价、电化教育等任务的单位的协作，形成以教育行政部门为主导、以学前教育教研机构为主体、以幼儿园为基地、相关单位通力协作的学前教育教研工作新格局。幼儿园是学前教育改革与发展的主体单位，要加强相应的年级教研组和领域教研组建设，健全园本教研制度，积极营造温馨、愉悦的教研氛围，经常性开展教研活动，及时解决幼儿园教师最关心、最关注的困惑和问题。

2. 着力改善教研机构的办公条件

学前教育教研机构要加强对图书室、阅览室、会议室、资料室等各种功能室的建设，满足教研员工作的需要。一定水平的现代化办公条件是必备的，一定量的图书、音像资料是起码的。要尽量为学前教育教研员配备独立的台式电脑和笔记本电脑，并接入互联网，配备摄影、照相设备，方便信息传递，逐步实现教研手段的信息化、现代化。要配足和配齐文印设备、电教设备、影像设备等硬件设施，满足日常工作和教研活动的需要。要订阅一些学前教育报纸杂志，每年购买一定数量的学前教育图书，图书室、阅览室中的藏书量应不低于5000 册，教育教学数字资源应不少于 3000 小时，且每年更新率应不低于5％[①]，为教研员购买网上资源，满足教研员的学习和研究需要。此外，还要配备现代交通工具。

3. 建立健全学前教育教研制度

制度是保障工作正常开展的必要约定，教研工作的科学开展也离不开制度建设。要使教研室更好地发挥职能作用，必须坚持以制度来管理人，以制度来管理事业，以措施和方案来落实工作。一般说来，除了常规的岗位职责制度、职业道德建设制度等制度外，各级教研机构还要根据学前教育教研工作的性质，制定相应的教研制度，如理论业务学习制度、进修学习与培训制度、兼职教研员管理制度、教研奖励制度等。需要注意的是，各项教研制度的制定要尊重教研发展的客观规律，要能够促进儿童的身心健康发展，要能够促进教师的专业发展，要能够促进幼儿园的质量提升和内涵发展。

---

① 　张佐才等：《县级教研机构工作实践与探索》，8～10 页，北京，人民出版社，2013。

二、学前教育教研工作的职责研究

职责清晰是新时代教研的基本要求。调研发现，学前教育教研工作的职责包括组织教研活动、组织园长教师培训等，总体比较清晰；学前教育教研员是教研活动的组织者、先进理念的传播者、课程实施的指导者等；职业价值体现在传播先进理念、指导保教实践、推进区域保教质量提升等方面。新时代学前教育教研员应该努力承担以下职责。一是注重教育质量提升，做保育教育的指导者；二是助力教师素质提高，做教师成长的引领者；三是促进幼儿全面发展，做幼儿发展的支持者；四是加强教育理论研究，做教育决策的服务者。

（一）教研机构承担多样化职责

根据时代发展需要，国家出台了一系列文件，对教研机构的职责提出了明确要求。1952年，《中学暂行规程（草案）》提出，"中学各学科设教学研究组""以研究改进教学工作为目的"。这一时期，教研机构的职责主要集中在组织教师培训、研究教材教法和互相听课以及观摩教学等方面。1990年，《国家教委关于改进和加强教学研究室工作的若干意见》提出，"教研室是地方教育行政部门设置的承担中小学教学研究和学科教学业务管理的事业机构"。这一时期，教研机构的职责主要表现在加强教学常规管理、开展课程教材建设、组织教师培训以及进行教学研究等方面。2001年，《国务院关于基础教育改革与发展的决定》提出，"教研机构要充分发挥教学研究、指导和服务等作用"；2001年，《基础教育课程改革纲要（试行）》强调，"各中小学教研机构要把基础教育课程改革作为中心工作，充分发挥教学研究、指导和服务等作用，并与基础教育课程研究中心建立联系，发挥各自的优势，共同推进基础教育课程改革"。这一时期，教研机构的职责主要包括进行教育教学质量监控评价、促进教师专业化发展、加强科学研究、推进课程实施等。2019年，《教育部关于加强和改进新时代基础教育教研工作的意见》提出"明确教研机构的工作职责，充分发挥教研机构在推进区域课程教学改革、教学诊断与改进、课程教学资源建设、培育推广优秀教学成果等方面的重要作用"，并提出了国家、省、市、县级教研机构和校本教研的工作职责，明确指出上级教研机构要加强对下级教研机构的业务指导。国家、省、市、县、校五级教研机构的工作职责更加清晰。

研究者对教研职责进行了多方位的研究。崔允漷从政府角度出发，认为教研室应该成为地区课程发展中心，承担参与决策、专业引领与质量监测的角色。①

---

① 崔允漷：《论教研室的定位与教研员的专业发展》，载《上海教育科研》，2009(8)。

万荣庆提出，县级教研室要明确"点、线、面、体"四位一体的职责要求。"点"位职责就是要带领本专业全体教师进行教学研究；"线"位职责就是要从教学论的角度引领好其他相关学科的建设；"面"位职责就是从管理层面进行研究指导；"体"位职责就是深入研究本地区影响教育教学发展的具有普遍性的突出问题。[①] 刘爱英提出，高校基础教研室的主要职能是完成教学计划所规定的课程及其他环节的教学任务；开展教学研究、科学研究和组织学术活动；组织师资的培养培训及提出补充、调整的建议，分配教师的工作任务；加强相关实验室、资料室的基本建设等。[②] 曲士英、鲁明川认为，高职院校教研室承担着教学组织、课程建设、教学研究、技术开发或工艺革新、教学管理、师资队伍建设等多项任务。[③] 徐梦杰、曹培英认为，区县教研室面对上级行政部门，是教育政策推进、反馈与完善的联结机构；面对基层学校教师，是教学改进和专业提升的指导机构；面对教育教学，承担着融合教学理论与实践的职能。[④] 曾建潮、吴淑琴、张春秀提出，高校虚拟教研室承担着教学学术研究、教学改革先行先试、教学理念技能示范推广、基层教学组织创新等职能。[⑤] 不同研究者虽然对教研职责的界定存在差异，但都认为教研机构承担着多方面的工作职责。

国家政策已经对基础教育教研室提出了明确要求，研究者也对中小学教研室的职责进行了一些研究。但是，目前对学前教育教研室职责的实证研究还比较欠缺。本研究对学前教育教研机构的工作职责进行了调查研究。

(二)学前教育教研工作的职责比较清晰

1. 学前教育教研员主要的工作职责有组织教研活动、组织园长教师培训等

从学前教育教研员主要的工作职责来看，超80.0%的学前教育教研员选择了组织教研活动(84.8%)，选择组织园长教师培训(58.7%)和开展保育教育指导(50.5%)的比例也都超过了50.0%，其他依次是进行幼儿园评价(44.8%)、进行课题研究与评审(41.2%)、宣传与推广经验(36.4%)、处理教育行政事务(35.9%)、兼顾其他学科教研工作(20.5%)，也有4.3%的学前教育教研员选择了其他职责。(图2-9)

① 万荣庆：《新课程背景下县级教研室的功能再探》，载《教学与管理》，2009(34)。

② 刘爱英：《高校基础教研室建设思考》，载《中国高校科技》，2011(8)。

③ 曲士英、鲁明川：《高职院校教研室内涵建设刍议》，载《中国职业技术教育》，2011(29)。

④ 徐梦杰、曹培英：《试论我国区县教研室职能的持存与流变》，载《课程·教材·教法》，2017(12)。

⑤ 曾建潮、吴淑琴、张春秀：《虚拟教研室：高校基层教研组织创新探索》，载《中国大学教学》，2020(11)。

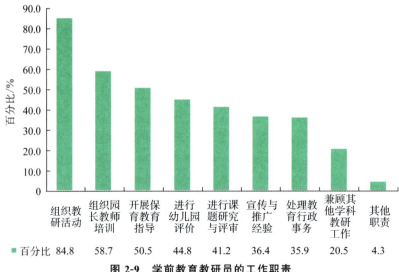

| 百分比 | 84.8 | 58.7 | 50.5 | 44.8 | 41.2 | 36.4 | 35.9 | 20.5 | 4.3 |

图 2-9　学前教育教研员的工作职责

不同身份的学前教育教研员的工作职责差异不大。省级教研员主要的工作职责依次是组织教研活动(81.7％)、组织园长教师培训(76.7％)以及进行课题研究与评审(66.7％)，地市级教研员主要的工作职责依次是组织教研活动(88.7％)、组织园长教师培训(63.3％)以及进行课题研究与评审(54.8％)，区县级教研员主要的工作职责依次是组织教研活动(86.9％)、组织园长教师培训(61.9％)以及开展保育教育指导(54.1％)，乡镇级教研员主要的工作职责依次是组织教研活动(74.3％)、处理教育行政事务(39.7％)以及开展保育教育指导(39.3％)。(图 2-10)

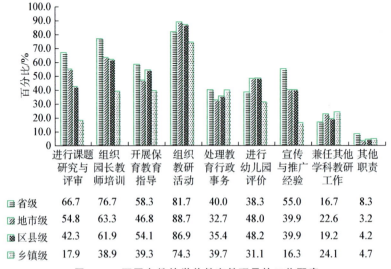

	进行课题研究与评审	组织园长教师培训	开展保育教育指导	组织教研活动	处理教育行政事务	进行幼儿园评价	宣传与推广经验	兼任其他学科教研工作	其他职责
省级	66.7	76.7	58.3	81.7	40.0	38.3	55.0	16.7	8.3
地市级	54.8	63.3	46.8	88.7	32.7	48.0	39.9	22.6	3.2
区县级	42.3	61.9	54.1	86.9	35.4	48.2	39.9	19.2	4.2
乡镇级	17.9	38.9	39.3	74.3	39.7	31.1	16.3	24.1	4.7

图 2-10　不同身份的学前教育教研员的工作职责

不同专兼职情况的学前教育教研员的工作职责略有差异。专职教研员主要的工作职责依次是组织教研活动(94.7%)、组织园长教师培训(73.7%)以及开展保育教育指导(56.7%)。在兼职教研员中,若其是行政干部,主要的工作职责依次是处理教育行政事务(81.7%)、组织教研活动(74.9%)以及开展保育教育指导(57.9%);若其承担幼儿园工作,主要的工作职责依次是组织教研活动(77.0%)、开展保育教育指导(43.1%)以及组织园长教师培训(37.7%);若其兼任其他学科教研员,主要的工作职责依次是组织教研活动(74.8%)、兼顾其他学科教研工作(69.5%)以及进行幼儿园评价(35.1%)。(图 2-11)

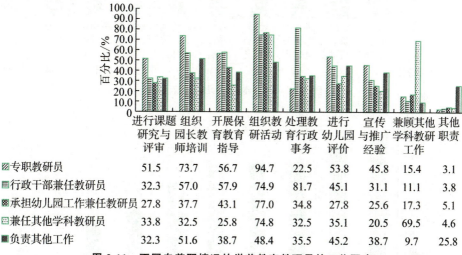

	进行课题研究与评审	组织园长教师培训	开展保育教育指导	组织教研活动	处理教育行政事务	进行幼儿园评价	宣传与推广经验	兼顾其他学科教研工作	其他职责
▨ 专职教研员	51.5	73.7	56.7	94.7	22.5	53.8	45.8	15.4	3.1
▤ 行政干部兼任教研员	32.3	57.0	57.9	74.9	81.7	45.1	31.1	11.1	3.8
▧ 承担幼儿园工作兼任教研员	27.8	37.7	43.1	77.0	34.8	27.8	25.6	17.3	5.1
▨ 兼任其他学科教研员	33.8	32.5	25.8	74.8	32.5	35.1	20.5	69.5	4.6
■ 负责其他工作	32.3	51.6	38.7	48.4	35.5	45.2	38.7	9.7	25.8

图 2-11 不同专兼职情况的学前教育教研员的工作职责

2. 中小学教研员主要的工作职责有开展教育教学指导、组织教研活动等

从中小学教研员主要的工作职责来看,选择最多的是开展教育教学指导(67.6%),选择组织教研活动的占 58.2%,其他依次是进行课题研究与评审(26.4%)、处理教育行政事务(19.8%)、宣传与推广经验(19.1%)、进行学校(幼儿园)评价(15.7%)、进行课程教材建设(13.9%)、组织校长教师培训(11.2%)以及其他职责(12.4%)。(图 2-12)

3. 园本教研的主要职责有组织教研活动、组织园长教师培训等

从园本教研的主要职责来看,91.1%的园长选择组织教研活动,其他依次是组织园长教师培训(85.1%)、进行课题研究与评审(75.3%)、开展保育教育指导(74.2%)、进行幼儿园评价(68.5%)、宣传与推广经验(61.3%)、处理教育行政事务(45.4%)、兼顾其他学科教研工作(38.4%)及其他职责(11.8%)。(图 2-13)

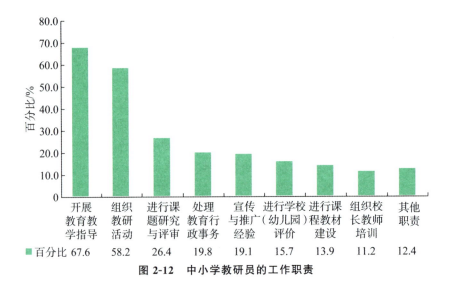

百分比	67.6	58.2	26.4	19.8	19.1	15.7	13.9	11.2	12.4
	开展教育教学指导	组织教研活动	进行课题研究与评审	处理教育行政事务	宣传与推广经验	进行学校（幼儿园）评价	进行课程教材建设	组织校长教师培训	其他职责

图 2-12　中小学教研员的工作职责

百分比	91.1	85.1	75.3	74.2	68.5	61.3	45.4	38.4	11.8
	组织教研活动	组织园长教师培训	进行课题研究与评审	开展保育教育指导	进行幼儿园评价	宣传与推广经验	处理教育行政事务	兼顾其他学科教研工作	其他职责

图 2-13　园本教研的主要职责

4. 约60.0%的学前教育教研员认为工作职责比较清晰

从学前教育教研员对工作职责清晰程度的认识来看，14.3％认为非常清晰，47.6％认为比较清晰，24.5％认为一般，9.2％认为比较模糊，4.4％认为非常模糊。（图 2-14）

5. 超60.0%的幼儿园教师清楚园本教研职责

从幼儿园教师对园本教研职责的认识来看，24.6％的幼儿园教师表示非常清楚，41.5％表示比较清楚，26.3％表示一般，6.1％表示比较不清楚，1.5％

表示非常不清楚。（图 2-15）

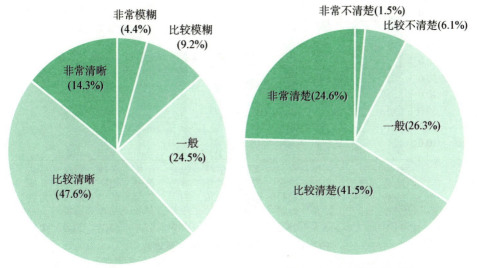

图 2-14　学前教育教研员对
工作职责清晰程度的认识

图 2-15　幼儿园教师对园本
教研职责的认识

6. 学前教育教研员的主要角色包括教研活动的组织者、先进理念的传播者等

从学前教育教研员的主要角色来看，超 85.0% 的学前教育教研员选择教研活动的组织者（88.5%）、先进理念的传播者（87.3%）、课程实施的指导者（85.5%），其他依次是保育教育的研究者（75.5%）、保教改革的推进者（69.6%）、学习思考的先行者（68.0%）、教育理论的实践者（67.7%）、园长教师的服务者（67.6%）、名师团队的引领者（63.1%）、行政业务的沟通者（51.0%）以及其他角色（1.5%）。（图 2-16）

不同身份的学前教育教研员的角色略有差异。省级教研员的主要角色依次是教研活动的组织者（90.0%）、先进理念的传播者（88.3%）和课程实施的指导者（86.7%），地市级教研员的主要角色依次是课程实施的指导者（92.3%）、教研活动的组织者（91.5%）、先进理念的传播者（91.1%），区县级教研员的主要角色依次是先进理念的传播者（89.3%）、教研活动的组织者（89.0%）、课程实施的指导者（88.8%），乡镇级教研员的主要角色依次是教研活动的组织者（83.7%）、先进理念的传播者（76.3%）、保育教育的研究者（67.7%）。（图 2-17）

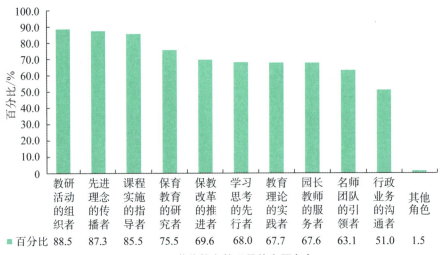

百分比	教研活动的组织者	先进理念的传播者	课程实施的指导者	保育教育的研究者	保教改革的推进者	学习思考的先行者	教育理论的实践者	园长教师的服务者	名师团队的引领者	行政业务的沟通者	其他角色
百分比	88.5	87.3	85.5	75.5	69.6	68.0	67.7	67.6	63.1	51.0	1.5

图 2-16　学前教育教研员的主要角色

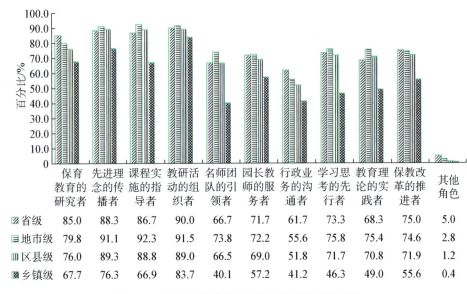

	保育教育的研究者	先进理念的传播者	课程实施的指导者	教研活动的组织者	名师团队的引领者	园长教师的服务者	行政业务的沟通者	学习思考的先行者	教育理论的实践者	保教改革的推进者	其他角色
省级	85.0	88.3	86.7	90.0	66.7	71.7	61.7	73.3	68.3	75.0	5.0
地市级	79.8	91.1	92.3	91.5	73.8	72.2	55.6	75.8	75.4	74.6	2.8
区县级	76.0	89.3	88.8	89.0	66.5	69.0	51.8	71.7	70.8	71.9	1.2
乡镇级	67.7	76.3	66.9	83.7	40.1	57.2	41.2	46.3	49.0	55.6	0.4

图 2-17　不同身份的学前教育教研员的主要角色

　　不同专兼职情况的学前教育教研员的角色差异不大。专职教研员的主要角色依次是教研活动的组织者(91.6%)、课程实施的指导者(90.7%)和先进理念的传播者(90.3%)。在兼职教研员中，若其是行政干部，主要角色依次是教研活动的组织者(86.4%)、课程实施的指导者(85.1%)和先进理念的传播者(84.3%)；若其承担幼儿园工作，主要角色依次是教研活动的组织者(85.6%)、先进理念的传播者(84.7%)和课程实施的指导者(79.2%)；若其兼任其他学科教研员，主要角色依次是教研活动的组织者(85.4％)、先进理念的传播者(83.4％)和课程实施的指导者(76.2％)。（图 2-18）

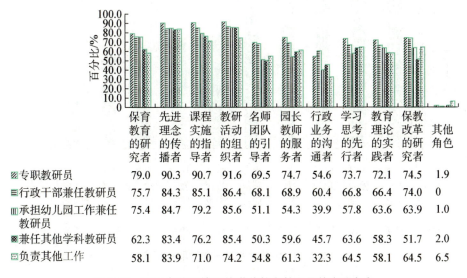

	保育教育的研究者	先进理念的传播者	课程实施的指导者	教研活动的组织者	名师团队的引导者	园长教师的服务者	行政业务的沟通者	学习思考的先行者	教育理论的实践者	保教改革的研究者	其他角色
专职教研员	79.0	90.3	90.7	91.6	69.5	74.7	54.6	73.7	72.1	74.5	1.9
行政干部兼任教研员	75.7	84.3	85.1	86.4	68.1	68.9	60.4	66.8	66.4	74.0	0
承担幼儿园工作兼任教研员	75.4	84.7	79.2	85.6	51.1	54.3	39.9	57.8	63.6	63.9	1.0
兼任其他学科教研员	62.3	83.4	76.2	85.4	50.3	59.6	45.7	63.6	58.3	51.7	2.0
负责其他工作	58.1	83.9	71.0	74.2	54.8	61.3	32.3	64.5	58.1	64.5	6.5

图 2-18　不同专兼职情况的学前教育教研员的主要角色

7. 学前教育教研员的职业价值包括传播先进理念、指导保教实践等

从学前教育教研员的职业价值来看，超 80.0％的学前教育教研员选择传播先进理念(85.7％)和指导保教实践(84.1％)；超 70.0％选择推进区域保教质量提升(75.7％)、管理教研工作(74.2％)以及服务园长教师成长(73.6％)，其他依次是服务教育决策(57.5％)、协助教育管理(56.6％)、服务幼儿成长(51.6％)、丰富学术成果(47.7％)、引导社会舆论(35.2％)以及其他价值(0.8％)。（图 2-19）

不同身份的学前教育教研员的职业价值差别不大。省级教研员主要的职业价值依次是传播先进理念(86.7％)、指导保教实践(81.7％)和推进区域保教质量提升(76.7％)，地市级教研员主要的职业价值依次是传播先进理念(88.3％)、指导保教实践(86.7％)和推进区域保教质量提升(80.2％)，区县级教研员主要的职业价值依次是传播先进理念(87.5％)、指导保教实践(86.8％)和推进区域保教质量提升(80.7％)，乡镇级教研员主要的职业价值依次是传播先进理念(76.3％)、指导保教实践(72.8％)和服务园长教师成长(66.9％)。（图 2-20）

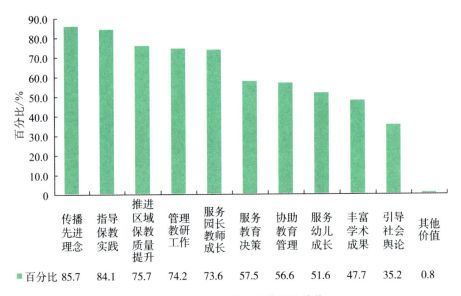

百分比	传播先进理念	指导保教实践	推进区域保教质量提升	管理教研工作	服务园长教师成长	服务教育决策	协助教育管理	服务幼儿成长	丰富学术成果	引导社会舆论	其他价值
百分比	85.7	84.1	75.7	74.2	73.6	57.5	56.6	51.6	47.7	35.2	0.8

图 2-19　学前教育教研员的职业价值

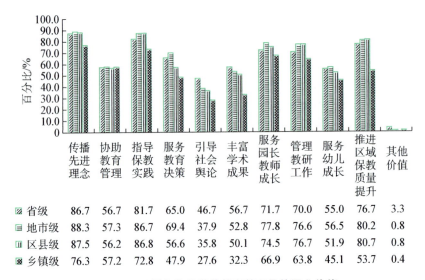

	传播先进理念	协助教育管理	指导保教实践	服务教育决策	引导社会舆论	丰富学术成果	服务园长教师成长	管理教研工作	服务幼儿成长	推进区域保教质量提升	其他价值
省级	86.7	56.7	81.7	65.0	46.7	56.7	71.7	70.0	55.0	76.7	3.3
地市级	88.3	57.3	86.7	69.4	37.9	52.8	77.8	76.6	56.5	80.2	0.8
区县级	87.5	56.2	86.8	56.6	35.8	50.1	74.5	76.7	51.9	80.7	0.8
乡镇级	76.3	57.2	72.8	47.9	27.6	32.3	66.9	63.8	45.1	53.7	0.4

图 2-20　不同身份的学前教育教研员的职业价值

　　不同专兼职情况的学前教育教研员的职业价值略有差异。专职教研员主要的职业价值依次是指导保教实践(88.4%)、传播先进理念(88.3%)和推进区域保教质量提升(81.3%)。在兼职教研员中，若其是行政干部，主要的职业价值依次是指导保教实践(88.1%)、传播先进理念(83.0%)和推进区域保教质量提升(79.6%)；若其承担幼儿园工作，主要的职业价值依次是传播先进理念

（82.7%）、指导保教实践（78.9%）和推进区域保教质量提升（66.8%）；若其兼任其他学科教研员，主要的职业价值依次是传播先进理念（84.1%）、管理教研工作（73.5%）和指导保教实践（70.2%）。（图2-21）

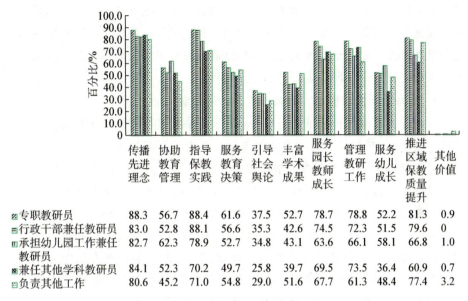

	传播先进理念	协助教育管理	指导保教实践	服务教育决策	引导社会舆论	丰富学术成果	服务园长教师成长	管理教研工作	服务幼儿成长	推进区域保教质量提升	其他价值
专职教研员	88.3	56.7	88.4	61.6	37.5	52.7	78.7	78.8	52.2	81.3	0.9
行政干部兼任教研员	83.0	52.8	88.1	56.6	35.3	42.6	74.5	72.3	51.5	79.6	0
承担幼儿园工作兼任教研员	82.7	62.3	78.9	52.7	34.8	43.1	63.6	66.1	58.1	66.8	1.0
兼任其他学科教研员	84.1	52.3	70.2	49.7	25.8	39.7	69.5	73.5	36.4	60.9	0.7
负责其他工作	80.6	45.2	71.0	54.8	29.0	51.6	67.7	61.3	48.4	77.4	3.2

图2-21　不同专兼职情况的学前教育教研员的职业价值

（三）学前教育教研员应在改革发展中承担更多职责

《中共中央　国务院关于学前教育深化改革规范发展的若干意见》以及《教育部关于加强和改进新时代基础教育教研工作的意见》等相关政策对教研机构和教研员的工作职责提出了明确要求。调研发现，学前教育教研员的工作职责比较清晰，主要包括组织教研活动、组织园长教师培训等。近年来，我国学前教育取得了跨越式发展，质量提升与内涵发展成为未来我国学前教育发展的重要方向，改革发展的新形势和立德树人的新任务对教研工作提出了新要求。访谈中，许多教研员提出，"现在各种新的学习理论不断出现，园长、教师们的水平也越来越高，这对学前教育教研工作的开展提出了更多的挑战"。学前教育教研员要把握教育发展的时代脉搏，顺应时代的呼唤和社会的需求，更加积极主动、创造性地开展工作，为我国学前教育的发展贡献力量。结合国家相关政策要求以及我国学前教育发展趋势和需求，新时代学前教育教研员应该努力承担以下职责。

1. 注重教育质量提升，做保育教育的指导者

优质教育是学前教育的根本追求，只有高质量的教育才能真正促进幼儿的

健康成长。聚焦幼儿，着眼发展，关注整体，注重差异，是推进以幼儿为中心的学前教育质量提升的根本原则。新时代的学前教育教研员不仅要做教研活动的组织者，而且要树立先进的教育思想，正确把握保育教育改革的方向，深入参与幼儿园教育教学实践，聚焦保育教育难题，关注幼儿全面发展，与教师共同组建教研共同体，在平等、合作、交流、反思的研究氛围中，不断解决教师教育教学难题，指导幼儿园构建适宜的课程，创设良好的教育环境，加强家园共育工作，促进幼儿园质量提升和内涵发展。

2. 助力教师素质提高，做教师成长的引领者

立德树人是新时代的重大教育命题，也是新时代教育的根本任务。习近平总书记指出，"教师是人类灵魂的工程师，是人类文明的传承者，承载着传播知识、传播思想、传播真理，塑造灵魂、塑造生命、塑造新人的时代重任"。新时代的学前教育教研员不仅要承担组织教师培训的职责，而且要将新时代对幼儿园教师的师德要求自觉地渗透在日常教研指导工作中，做幼儿园教师专业发展的引路人，引导广大幼儿园教师增强政治意识、大局意识、核心意识、看齐意识，使其自觉爱党护党为党，敬业修德，奉献社会，努力成为有理想信念、有道德情操、有扎实学识、有仁爱之心的好老师，树立"教师是人类灵魂的工程师，是人类文明的传承者"的角色定位和职业形象。

3. 促进幼儿全面发展，做幼儿发展的支持者

学前教育是终身学习的开端，促进幼儿德智体美劳全面发展是学前教育的核心目标和追求。新时代学前教育教研员要尊重幼儿的学习特点和成长规律，珍视幼儿生活和游戏的独特价值，加强对幼儿行为的观察和研究，了解和掌握幼儿学习与发展的特点，支持幼儿主动学习，善于进行激励性评价等，支持幼儿多样化的学习与发展，注重领域之间、目标之间的相互渗透和整合，促进幼儿健康、语言、社会、科学、艺术领域全面协调发展，而不应片面追求某一方面或几方面的发展，充分理解和尊重幼儿发展进程中的个别差异，支持和引导他们从原有水平向更高水平发展。

4. 加强教育理论研究，做教育决策的服务者

理论研究不仅是教研员的工作任务之一，更是提升职业胜任力和彰显角色功能的重要条件。新时代的学前教育教研员必须重视和加强教育理论研究，丰富自身的教育理论，充分研究国家的教育政策和当地的教育现状，因地制宜地在当地学前教育发展的基础上，与当地教育部门、园长、教师协商幼儿园发展的新方向，做好区域学前教育发展的顶层设计和规划，聚焦立德树人根本任务的重大理论和实践问题，深入学前教育实践一线，掌握第一手资料，寻求破解学前教育难题的有效策略和办法；围绕中央关心、社会关注、人民关切的学前教育热点、难点问题开展深入教研，推动重点领域和关键环节取得新突破，更好地发挥思想库、智囊团的作用，为国家和人民提供更加优质、高效的教研服务。

三、幼儿园园本教研的状况研究

园本教研是促进幼儿园教师专业成长的重要方式。调研发现，近 90.0％的幼儿园教师认为园本教研的作用比较大且愿意参加园本教研；超 70.0％的幼儿园教师感觉园本教研内容清晰且符合实际，教研方式适宜。为了提高园本教研效果，建议一要着力解决幼儿园实践的"真"问题，二要充分发挥个人、同伴和专家的作用，三要积极营造温馨、愉悦的教研氛围。

（一）园本教研面临新要求

近年来，我国高度重视园本教研工作，出台了一系列文件以加强园本教研工作，并对园本教研提出了新要求。2014 年，《教育部　国家发展改革委　财政部关于实施第二期学前教育三年行动计划的意见》提出"完善区域教研和园本教研制度"。2018 年，《教育部办公厅关于开展幼儿园"小学化"专项治理工作的通知》提出"要完善区域教研和园本教研制度"。2018 年，《中共中央　国务院关于学前教育深化改革规范发展的若干意见》强调"加强园本教研、区域教研，及时解决幼儿园教师在教育实践过程中的困惑和问题"。2021 年，《"十四五"学前教育发展提升行动计划》提出要"完善教研指导责任区、区域教研和园本教研制度，实现各类幼儿园教研指导全覆盖"。

2006 年，教育部基础教育司委托教育部基础教育课程教材发展中心组织开展了"以园为本教研制度建设"项目，在全国广泛开展了对园本教研的理论研究和实践探索，极大地推动了幼儿园层面的教研工作。[1] 随着研究的深入，研究者对园本教研主要内容、方式等进行了多方面的研究工作。朱家雄提出了基于案例学习的园本教研形式，通过案例学习提升教师的教学能力。[2] 程方生认为，园本教研模式的实质是案例分析或研讨、"听课—说课—评课"活动和课题研究三种活动方式。[3] 何放发现，常见的幼儿园园本教研活动的类型有三种：

① 刘占兰：《学前教育教研工作面临转型升级》，载《中国教育报》，2019-01-20。
② 朱家雄：《基于案例学习的幼儿园园本教研》，载《幼儿教育》，2005(17)。
③ 程方生：《幼儿园园本教研实践框架分析》，载《江西教育科研》，2007(4)。

第二章　学前教育教研工作体系研究

学习型园本教研、课例研讨型园本教研和课题研究型园本教研。其中，学习型园本教研以学习为主线，通常采取文本阅读、对话交流、专题研讨与学科沙龙等多种形式进行；课例研讨型园本教研以教学为主线，常采用的形式是一课多轮式、同课异构式、一人多次上活动等；课题研究型园本教研是指幼儿园以研究为主线，以小课题为载体，围绕一个专题而展开的系列活动，课题研究活动结束时通常会有相应的研究成果的呈现。[1]

虽然幼儿园越来越重视园本教研，但是在实践中，园本教研中仍然存在一些问题亟待解决。刘敏发现，由于存在"一言堂""形式主义"以及目的过于功利化等突出问题，加之缺乏相应的制度保障，园本教研难以发挥其应有的作用。[2] 卢筱红发现，专业引领不足或缺乏有效的专业引领是制约幼儿园园本教研深入开展的主要原因。[3] 王超以辽宁省幼儿园一线工作人员为研究对象，发现一线工作人员对园本教研的总体满意度适当；园本教研的主体参与度高；园本教研实施过程中研究内容浅显，反思技巧需要进一步提高。[4] 马澜发现，幼儿教师参与园本教研的积极性普遍不高，同伴互助和专业引领不足，教研、考核、工资制度、教龄、职称对教师参与园本教研的积极性有显著影响。[5] 冯江英、王昌维发现，园本教研活动的开展时间无保障，随意性大；多数幼儿园的园本教研管理制度不健全；缺少一定的专业指导。[6] 崔伟亚发现，园本教研中存在的问题主要有专业理念水平偏低、管理体系缺乏制度化、活动形式呈现多样化但流于形式化、未形成"研究共同体"。[7] 刘红喜发现，当前幼儿园园本教研活动开展的有效性有待提升，教研活动中的管理者与教师参与者依然处于相对被动的地位。[8] 蒋雯丽发现，园本教研中存在幼儿园教师认识不到位、教研

① 何放：《示范性幼儿园园本教研的有效性研究》，硕士学位论文，湖南师范大学，2012。

② 刘敏：《当前园本教研中存在的问题分析及对策思考》，载《学前教育研究》，2010(2)。

③ 卢筱红：《江西省园本教研活动中专业引领的现状与发展对策》，载《学前教育研究》，2011(9)。

④ 王超：《辽宁省园本教研实施现状与满意度调查研究》，硕士学位论文，沈阳师范大学，2014。

⑤ 马澜：《影响幼儿教师参与园本教研积极性的调查研究》，载《南阳师范学院学报（社会科学版）》，2015(7)。

⑥ 冯江英、王昌维：《新疆园本教研现状的调查分析及对策建议》，载《教师教育论坛》，2016(4)。

⑦ 崔伟亚：《保定市民办幼儿园园本教研调查研究》，硕士学位论文，河北大学，2017。

⑧ 刘红喜：《园本教研与教师专业成长》，载《学前教育研究》，2018(9)。

机会不均、外力支持和内力驱动不足等问题。[①] 尚凤娇、何孔潮发现，园本教研应在权威引领下通过民主、平等的对话建构关于教学的意识和关系，但在身份地位、知识经验不对等的情况下，"权威异化"可能会出现，导致专家的"唯理论"、园长的"独白"等情况出现。[②]

上述研究丰富了园本教研的研究成果，但已有的对园本教研的调查研究往往针对某地区甚至几所幼儿园进行，样本量总体偏小，代表性也有待提高。本研究通过对全国范围的园本教研状况的调查，期待收集更多、更翔实的数据证据，全面、客观地了解我国园本教研的现状。

（二）园本教研总体状况良好

1. 近 90.0％的幼儿园教师感觉园本教研的作用比较大

从园本教研的作用来看，54.7％的幼儿园教师感觉非常大，33.1％感觉比较大，10.6％感觉一般，1.0％感觉比较小，0.6％感觉非常小。（图 2-22）

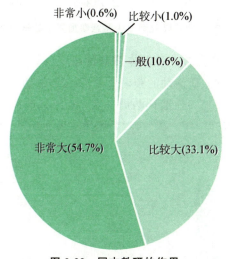

非常小(0.6%) 比较小(1.0%)
一般(10.6%)
非常大(54.7%)
比较大(33.1%)

图 2-22　园本教研的作用

2. 近 90.0％幼儿园教师比较愿意参加园本教研

从幼儿园教师是否愿意参加园本教研的情况来看，56.5％的幼儿园教师表示非常愿意，30.6％表示比较愿意，10.8％表示一般，1.4％表示比较不愿意，0.7％表示非常不愿意。（图 2-23）

① 蒋雯丽：《幼儿园教师参与园本教研的现状调查研究》，硕士学位论文，天津师范大学，2021。

② 尚凤娇、何孔潮：《园本教研中的权威：异化、纠正与塑造》，载《教育导刊（下半月）》，2021(1)。

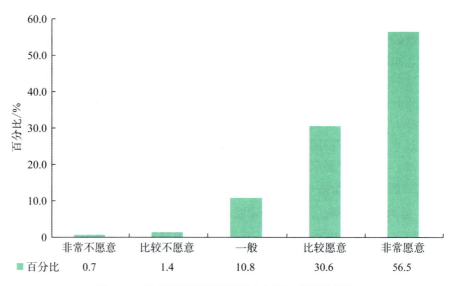

百分比	非常不愿意	比较不愿意	一般	比较愿意	非常愿意
	0.7	1.4	10.8	30.6	56.5

图 2-23　幼儿园教师是否愿意参加园本教研的情况

3. 多数幼儿园一周开展一次园本教研活动

从幼儿园开展园本教研活动的频率来看，2.2％的幼儿园教师选择一天一次，59.8％选择一周一次，15.9％选择两周一次，13.7％选择一月一次，6.2％选择一学期一次，1.1％选择一年一次，1.2％选择从来不开展。（图 2-24）

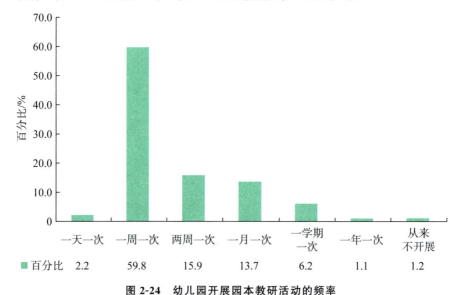

百分比	一天一次	一周一次	两周一次	一月一次	一学期一次	一年一次	从来不开展
	2.2	59.8	15.9	13.7	6.2	1.1	1.2

图 2-24　幼儿园开展园本教研活动的频率

4. 幼儿园每次教研活动多在 1 小时左右

从幼儿园每次教研活动的持续时间来看，6.9％的幼儿园教师选择 0.5 小时以内，38.4％选择 0.5～1 小时，39.2％选择 1～2 小时，8.1％选择 2～3 小时，5.7％选择半天左右，1.7％选择一天。（图 2-25）

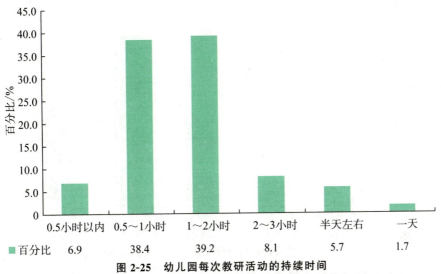

| 百分比 | 6.9 | 38.4 | 39.2 | 8.1 | 5.7 | 1.7 |

图 2-25　幼儿园每次教研活动的持续时间

5. 超 70.0％的幼儿园教师感觉园本教研内容清晰

从园本教研内容的清晰程度来看，33.4％的幼儿园教师感觉非常清晰，41.8％感觉比较清晰，20.3％感觉一般，3.6％感觉比较模糊，0.9％感觉非常模糊。（图 2-26）

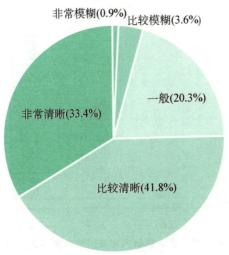

图 2-26　园本教研内容的清晰程度

6. 超 70.0％的幼儿园教师了解教研内容

从幼儿园教师对教研内容的了解情况来看，28.0％的幼儿园教师认为非常

了解，43.4％认为比较了解，23.8％认为一般，3.7％认为比较不了解，0.7％认为非常不了解。（图2-27）

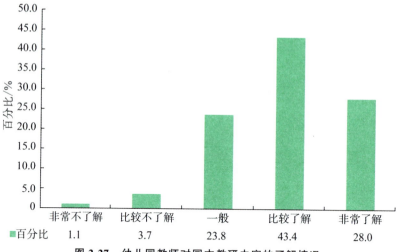

图2-27 幼儿园教师对园本教研内容的了解情况

7. 幼儿园教研内容比较符合实际

从园本教研内容是否符合实际的情况来看，31.6％的幼儿园教师感觉非常符合，44.1％感觉比较符合，20.9％感觉一般，2.6％感觉比较不符合，0.8％感觉非常不符合。（图2-28）

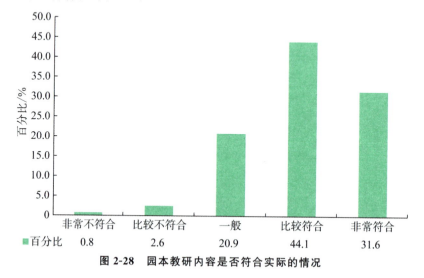

图2-28 园本教研内容是否符合实际的情况

8. 幼儿园开展过教师成长、保育教育、家园共育、环境创设等方面的教研活动

从幼儿园开展过的教研活动的内容来看，幼儿园教师选择最多的是教师成

长(81.6%)，选择保育教育(79.8%)、家园共育(76.8%)、环境创设(75.3%)的比例也都超过了70.0%，其他依次是儿童发展与评价(66.0%)、园所文化(63.1%)、园所管理(58.6%)以及其他方面(10.6%)。(图2-29)

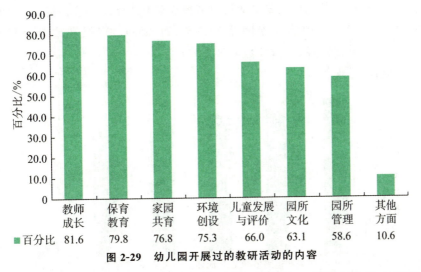

图 2-29 幼儿园开展过的教研活动的内容

9. 园本教研主题的来源有教育教学中的实际问题、教育研究热点问题等

从园本教研主题的来源来看，幼儿园教师选择最多的是教育教学中的实际问题(88.5%)，其他依次是教育研究热点问题(80.0%)、同事间交流的问题(71.6%)、领导安排的问题(59.3%)、自己感兴趣的问题(53.7%)以及其他问题(10.6%)。(图 2-30)

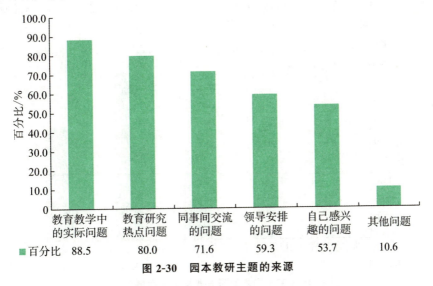

图 2-30 园本教研主题的来源

10. 园本教研应该聚焦的内容有观察和解读幼儿行为、灵活运用多种活动形式等

从园本教研应该聚焦的内容来看，幼儿园教师选择最多的是观察和解读幼儿行为（87.8%），其他依次是灵活运用多种活动形式（82.1%）、实现生活环节的价值（79.1%）、主动建立家园互惠关系（71.9%）、审议和改造课程方案（71.2%）以及其他内容（10.2%）。（图 2-31）

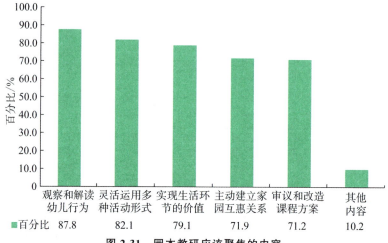

图 2-31　园本教研应该聚焦的内容

11. 园本教研方式比较适宜

从园本教研方式的适宜情况来看，29.9%的幼儿园教师感觉非常适宜，43.8%感觉比较适宜，23.5%感觉一般，2.1%感觉比较不适宜，0.7%感觉非常不适宜。（图 2-32）

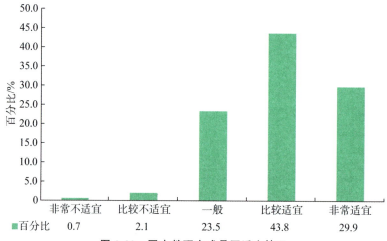

图 2-32　园本教研方式是否适宜情况

12. 园本教研活动的组织形式有经验分享、现场观摩等

从园本教研活动的组织形式来看，幼儿园教师选择经验分享（84.9%）和现场观摩（83.6%）的比例均超过了 80.0%，其他依次是示范引领（75.5%）、跟进指导（73.4%）、专题报告（71.1%）、同伴互助（69.4%）、结对帮扶（66.9%）、专家引领（61.3%）以及其他形式（8.3%）。（图 2-33）

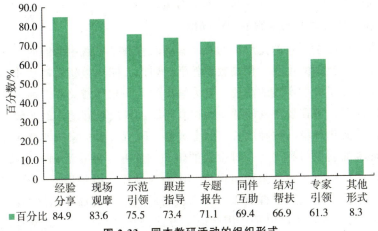

百分比	经验分享	现场观摩	示范引领	跟进指导	专题报告	同伴互助	结对帮扶	专家引领	其他形式
	84.9	83.6	75.5	73.4	71.1	69.4	66.9	61.3	8.3

图 2-33　园本教研活动的组织形式

13. 园本教研需要实践、学习与研究相结合

从园本教研的工作策略来看，幼儿园教师选择实践、学习与研究相结合的比例最高（89.3%），其他依次是教研、科研与课程改革相结合（82.6%），预设、生成与反思相结合（79.2%），个人、同伴与专家相结合（75.2%）以及其他策略（10.4%）。（图 2-34）

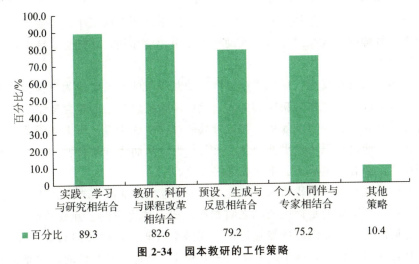

百分比	实践、学习与研究相结合	教研、科研与课程改革相结合	预设、生成与反思相结合	个人、同伴与专家相结合	其他策略
	89.3	82.6	79.2	75.2	10.4

图 2-34　园本教研的工作策略

61

（三）着力提高园本教研效果

调研发现，近90.0％的幼儿园教师认为园本教研的作用比较大且愿意参加园本教研；但也发现，部分幼儿园较少进行园本教研，相当一部分的教研主题由领导安排，这就导致"虽然幼儿园教研开展得轰轰烈烈，但是一部分教师不愿意深度参与，有时候研讨的问题也不够深入，园本教研效果有待提升"。为了提高园本教研效果，建议采取如下对策。

1. 着力解决幼儿园实践的"真"问题

园本教研的主要目的是解决幼儿园教师教育教学实践中的问题，促进教师的专业发展。教师的主要工作是教育教学，因此，园本教研要从幼儿园实际出发，立足于教育教学实践的需要，着力解决幼儿园教师最关心、最迫切需要解决的实际问题，重在发现真问题、探讨真问题、解决真问题。幼儿园园本教研的内容涉及文化环境、教师成长、保育教育、园所管理、家园共育等方面，重点包括环境的创设与利用、一日生活的组织与保育、游戏活动的支持与引导、教育活动的计划与实施、激励与评价、沟通与合作、教师反思与发展等主题。园本教研过程中要注意把握重点，提高教研的效果。例如，围绕"观察和解读幼儿行为"的园本教研可以重点围绕以下方面进行：一是树立观察意识，掌握观察方法；二是科学解读与评价幼儿的行为和发展，树立正确的儿童观；三是在观察的基础上形成实践反思意识，形成课程调整的专业能力。园本教研要帮助教师形成观察意识和观察兴趣，鼓励教师采用多种方式做有用的观察，避免单纯地追求观察记录。因此，要通过合适的方式（如视频、照片）与幼儿进行观察记录的分享，了解幼儿行为的意图，提高观察与解读的准确性和有效性。

2. 充分发挥个人、同伴和专家的作用

教师个人、教师集体、专业研究人员是园本教研中的三个核心要素。只有充分发挥教师的自我反思、同伴互助和专业引领的作用，才能更好地助推幼儿园教师的专业成长。

园本教研贵在反思，反思贵在坚持。幼儿园教师不仅要成为教育教学的主体，而且要成为教育教学研究的主体。应该经常反思自己的教育教学实践，反思自己的观念、行为以及效果。要记录教研过程中的所得、所失和所感，以反思促教学，通过反思不断更新观念、改善行为，从而提升教育教学水平。经过长期积累，必有集腋成裘、聚沙成塔之收获。

同伴互助是园本教研的标志和灵魂。同伴互助并非必须要求教师在协作中达成一致，更主要的是促使教师之间真正形成一种民主的、开放的研究氛围，尤其是促进教师集体内部的专业讨论。在园本教研中，教师们只有互相支持，形成真正的同志关系，而不是表面上一团和气，暗地里嫉贤妒能，才能真正体现民主开放的意蕴。同伴互助的形式主要有集体备课、相互听评课、方法技能互探、教学资源共享、举办教研沙龙等。幼儿园要充分利用多种形式，努力营造同伴互助的良好氛围。

专业引领对于园本教研来说如同画龙的点睛之笔。相较于一线的教师而言，专业研究人员长期专攻教育理论，在学术方面"术业有专攻"，并且在获取信息和资源方面占有优势，熟悉学前教育方面的国际前沿知识和国内发展趋势。幼儿园可以通过"请进来"和"送出去"两种途径做好专业引领。请进来就是将教研人员、科研人员和大学教师等专业研究人员请到幼儿园内，通过举办学术专题讲座、提供现场指导以及专业咨询的机会等，促进教师理论素养和业务水平的不断提高；送出去就是积极创造机会让幼儿园教师外出向专家学习，鼓励教师参加各种公开课研讨活动、专业培训和观摩活动等，送出去学习的教师回园后要进行学习总结，并在园内交流，达到"一人学习，全园受益"的目的。

3. 积极营造温馨、愉悦的教研氛围

教师的参与度和积极性在很大程度上影响着园本教研活动的开展。在园本教研中，每一个教师都是教研的主体，都是教研的主角。受到传统教研的影响，许多幼儿园中还存在着教研管理者、骨干教师权力过大，在教研中处于主导地位的现象，而普通教师往往扮演着从属者的角色。要想提高幼儿园园本教研的实效性，必须营造一种平等、愉快的教研氛围。而民主、平等、开放的教研氛围有利于教师发挥自身主观能动性，调动积极性和参与度，更有主人翁意识，从而自动"卷入"园本教研中来，体验到获得感。教研管理者应创设积极愉快的教研氛围，通过游戏式、情境表演式等教研形式，让教师体验到园本教研的快乐。在活动中，教研管理者要以参与者的身份与教师共同研讨，虚心听取对方的意见，及时鼓励和肯定教师的想法，善于提出教师身上存在的问题，启发教师思考；教师在这样的氛围中会乐于敞开心扉，毫无顾忌地表达自己的观点。幼儿园要积极创造开放的、民主的、合作的、共享的、研究的与创新的园本教研组织文化，着力构建园长—教师—幼儿—家长学习共同体，培育互信的人际关系、合作的团队精神和创新的研究氛围，努力让每一位教师都能找到自我实现的起点，让更多的教师在教研活动中获得成就感和自豪感。

四、学前教育教研文化的建设研究

文化对教研工作具有重要的影响。调查发现，大部分幼儿园的教研氛围良好；学前教育教研员期待营造领导重视发展、学习氛围浓厚、发展规划良好的文化氛围。为加强教研文化建设，本研究提出如下对策与建议：一要创建温馨、和谐的环境文化；二要打造开放、包容的精神文化；三要完善民主、人文的制度文化；四要开展形式多样的文化活动。

（一）教研文化是促进工作创新的催化剂

文化是相对于经济、政治而言的人类全部的精神活动及其产品。教研文化是特定教师群体在一定场域的教育生活过程中通过长期互动交流，逐渐形成的由群体成员共享的教育教学生活方式、日常教学行为规范体系、价值观念体系等的总和。① 教研文化是教研工作的灵魂，它凝聚了教研机构的历史传统、文化底蕴，集中反映了教研员的价值追求、思想观念和道德风尚。教研机构只有打造出自己独特的教研文化，才能对外树立形象，对内凝聚人心，使全体成员上下团结一心，共谋发展。教研文化是教师专业发展从外部规约转向主体自觉的内生动力，也是提升教育教学质量的重要着力点，对教师专业发展具有重要作用。例如，高宝英、徐爱杰、胡定荣发现，学校文化能够促进学校效能的提高与学校的改进，激发教师的工作动机和责任心，调动学生的学习积极性和参与度，最终达到提高教育质量的目的。② 翟常秀发现，良好的组织文化可提升教师的工作满意度，进而增加工作绩效；而不良的组织文化使教师的工作满意度降低，进而减少工作绩效。③ 史洁发现，学校的价值观、参与意识、团队意识、服务意识和创新意识影响教师的工作满意度。④ 徐志勇、张东娇发现，学校文化认同、人本导向的组织文化氛围对教师的内在满意度具有显著影响效应。⑤ 赵一锦、周燕认为，优良的精神文化能提升教师的专业认知与信念，增加专业认同度；规范的制度文化能提高教师的专业自治能力与专业技能，保障教师的合法权利；和谐的物质文化能提供良好的环境氛围，增进教师的专业情意。⑥ 目前，教研文化建设存在一定的问题。例如，顾建德发现，教研文化建设存在价值取向不当、管理制度呆板、运作过程机械等问题。⑦ 杨登伟、刘义

---

① 杨登伟、刘义兵：《农村学校教研文化建设的困境及其对策探讨》，载《教师教育研究》，2019(5)。

② 高宝英、徐爱杰、胡定荣：《学校文化建设与学校的发展》，载《基础教育参考》，2005(8)。

③ 翟常秀：《高校组织文化与教师工作满意度关系的研究》，硕士学位论文，贵州师范大学，2006。

④ 史洁：《中学组织文化与教师工作满意度的关系研究——以周口市 8 所中学为例》，硕士学位论文，山西师范大学，2010。

⑤ 徐志勇、张东娇：《学校文化认同、组织文化氛围与教师满意度对学校效能的影响效应：基于结构方程模型(SEM)的实证研究》，载《教育学报》，2011(5)。

⑥ 赵一锦、周燕：《幼儿园组织文化对教师专业发展的影响》，载《教育评论》，2015(8)。

⑦ 顾建德：《学校教研文化建设的积弊分析与策略刍议》，载《福建教育学院学报》，2015(2)。

兵发现，农村学校对教研文化的精神形态建设关注不够，教研制度体系有待完善，教研文化建设主体的参与不足，保障机制尚未健全等。[①] 不少研究者对创建良好的教研文化提出了一些对策与建议。孙元涛认为，新型教研文化的创建要以价值观建设为先，学校要以"成人成事"的辩证关系重构教研价值观，保障教师对学校教研活动的价值认识到位、理解深刻，这样，教师才能带着文化自觉意识去积极地创建合理的教研文化。[②] 顾建德认为，教研理念的熔铸是学校教研文化建设达到理想状态的前提和保障，理想的学校教研文化建设需要教师个体具备现代的教育理念，需要教师群体在思想认识上达到一致。[③] 施强华、刘党桦指出，应创建学习型学校的支持性环境，努力形成浓厚的教研文化氛围。[④] 潘燕燕提出，教研文化的建设实践要明确聚焦内生发展思想的教研价值追求，规定符合内生发展意愿的教研制度，探索体现内生发展思想的教研方式，创建彰显内生发展决心的教研环境。[⑤]

目前有关教研文化的研究侧重理论分析或经验总结，实证调查研究还较少；对中小学教研文化关注较多，对学前教育教研文化关注还比较少。为了全面了解我国学前教育教研文化现状，本研究对全国范围的学前教育教研员和幼儿园教师等进行了调查研究。

(二)学前教育教研文化总体良好

1. 学前教育教研员期待营造领导重视发展、学习氛围浓厚、发展规划良好的文化氛围

从学前教育教研员期待营造的文化氛围来看，选择最多的是领导重视发展(87.0%)，选择学习氛围浓厚(84.1%)、发展规划良好(80.4%)的比例也超过了80.0%，其他依次是工作环境优美(75.6%)、发展理念清晰(73.0%)、人际关系良好(72.3%)、与实践联系紧密(70.5%)以及其他氛围(1.6%)。(图2-35)

不同身份的学前教育教研员期待营造的文化氛围有所差异。省级教研员期待的是领导重视发展(85.0%)、与实践联系紧密(81.7%)以及发展规划良好(78.3%)；地市级教研员期待的是领导重视发展(91.9%)、学习氛围浓厚(84.3%)及发展规划良好(83.5%)；区县级教研员期待的是领导重视发

① 杨登伟、刘义兵：《农村学校教研文化建设的困境及其对策探讨》，载《教师教育研究》，2019(5)。

② 孙元涛：《学校教研文化重建论略》，载《教育科学论坛》，2007(10)。

③ 顾建德：《学校教研文化建设的积弊分析与策略刍议》，载《福建教育学院学报》，2015(2)。

④ 施强华、刘党桦：《让教研文化建设助推教师的专业成长》，载《辽宁教育》，2016(2)。

⑤ 潘燕燕：《内生式发展视域下学校教研文化的功能及建设》，载《教育理论与实践》，2020(32)。

展（91.7%）、学习氛围浓厚（85.3%）及发展规划良好（80.5%）；乡镇级教研员期待的是学习氛围浓厚（82.5%）、发展规划良好（77.4%）、工作环境优美（77.4%）。（图 2-36）

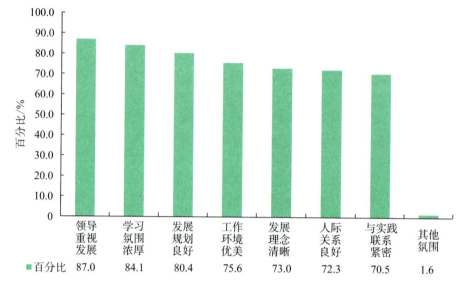

	领导重视发展	学习氛围浓厚	发展规划良好	工作环境优美	发展理念清晰	人际关系良好	与实践联系紧密	其他氛围
■百分比	87.0	84.1	80.4	75.6	73.0	72.3	70.5	1.6

图 2-35　学前教育教研员期待营造的文化氛围

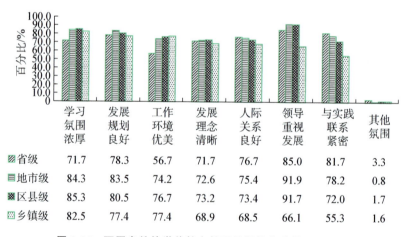

	学习氛围浓厚	发展规划良好	工作环境优美	发展理念清晰	人际关系良好	领导重视发展	与实践联系紧密	其他氛围
省级	71.7	78.3	56.7	71.7	76.7	85.0	81.7	3.3
地市级	84.3	83.5	74.2	72.6	75.4	91.9	78.2	0.8
区县级	85.3	80.5	76.7	73.2	73.4	91.7	72.0	1.7
乡镇级	82.5	77.4	77.4	68.9	68.5	66.1	55.3	1.6

图 2-36　不同身份的学前教育教研员期待营造的文化氛围

　　不同专兼职情况的学前教育教研员期待营造的文化氛围有所差异。专职教研员期待的是领导重视发展（93.0%）、学习氛围浓厚（83.2%）以及发展规划良好（79.0%）。在兼职教研员中，若其是行政干部，期待的是领导重视发展（88.9%）、学习氛围浓厚（85.5%）以及发展规划良好（82.6%）；若其承担幼儿园工作，期待的是学习氛围浓厚（85.6%）、发展规划良好（83.1%）以及工作环境优美（81.5％）；若其兼任其他学科教研员，期待的是学习氛围浓厚（84.8％）、领导重视发展（83.4％）以及发展规划良好（76.8％）。（图 2-37）

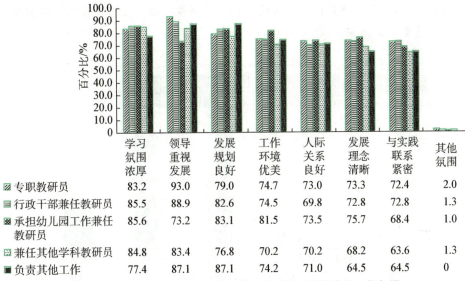

	学习 氛围 浓厚	领导 重视 发展	发展 规划 良好	工作 环境 优美	人际 关系 良好	发展 理念 清晰	与实践 联系 紧密	其他 氛围
专职教研员	83.2	93.0	79.0	74.7	73.0	73.3	72.4	2.0
行政干部兼任教研员	85.5	88.9	82.6	74.5	69.8	72.8	72.8	1.3
承担幼儿园工作兼任 教研员	85.6	73.2	83.1	81.5	73.5	75.7	68.4	1.0
兼任其他学科教研员	84.8	83.4	76.8	70.2	70.2	68.2	63.6	1.3
负责其他工作	77.4	87.1	87.1	74.2	71.0	64.5	64.5	0

图 2-37　不同专兼职情况的学前教育教研员期待营造的文化氛围

2. 幼儿园教师期待营造工作环境优美、学习氛围浓厚的文化氛围

从幼儿园教师期待营造的文化氛围来看，选择工作环境优美（81.4％）、学习氛围浓厚（80.8％）的幼儿园教师均超过了 80.0％，选择发展规划良好（78.9％）、领导重视发展（70.1％）的也都超过了 70.0％，其他依次是与实践联系紧密（69.3％）、人际关系良好（69.3％）、发展理念清晰（69.2％），选择其他氛围的占比 8.4％。（图 2-38）

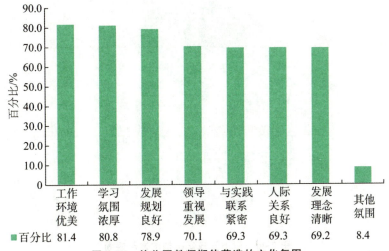

	工作 环境 优美	学习 氛围 浓厚	发展 规划 良好	领导 重视 发展	与实践 联系 紧密	人际 关系 良好	发展 理念 清晰	其他 氛围
百分比	81.4	80.8	78.9	70.1	69.3	69.3	69.2	8.4

图 2-38　幼儿园教师期待营造的文化氛围

3. 超 50.0％的中小学教研员感觉工作愉快

从中小学教研员对工作愉快程度的认识来看，2.7％的中小学教研员感觉非常不愉快，4.3％感觉比较不愉快，39.6％感觉一般，42.0％感觉比较愉快，11.4％感觉非常愉快。（图 2-39）

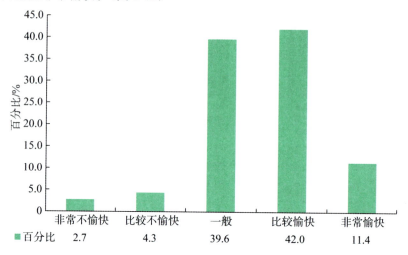

	非常不愉快	比较不愉快	一般	比较愉快	非常愉快
■ 百分比	2.7	4.3	39.6	42.0	11.4

图 2-39　中小学教研员对工作愉快程度的认识

4. 中小学教研机构的发展规划较清晰

从中小学教研员所在单位的发展规划来看，11.1％的中小学教研员认为非常清晰，41.6％认为比较清晰，35.2％认为一般，9.2％认为比较模糊，2.9％认为非常模糊。（图 2-40）

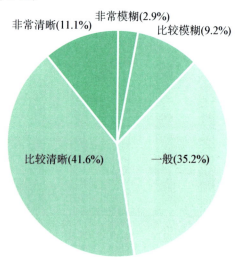

图 2-40　中小学教研机构的发展规划

5. 中小学教研机构的管理制度较健全

从中小学教研员所在单位的管理制度来看，12.8％的中小学教研员认为非常健全，48.4％认为比较健全，31.1％认为一般，4.9％认为比较不健全，2.8％认为非常不健全。（图2-41）

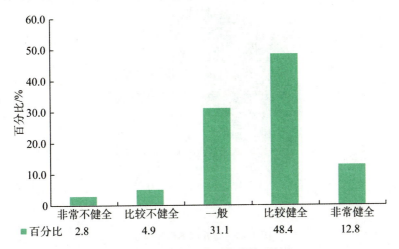

图 2-41　中小学教研机构的管理制度

6. 中小学教研机构的研究氛围一般

从中小学教研员所在单位的研究氛围来看，7.3％的中小学教研员认为非常浓厚，35.7％认为比较浓厚，40.9％认为一般，11.5％认为比较淡薄，4.6％认为非常淡薄。（图2-42）

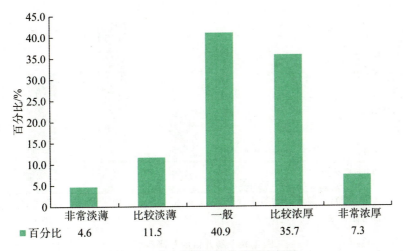

图 2-42　中小学教研机构的研究氛围

7. 幼儿园的教研氛围较好

从幼儿园的教研氛围来看，36.8％的幼儿园教师认为非常好，39.3％认为比较好，21.6％认为一般，1.6％认为比较差，0.7％认为非常差。（图 2-43）

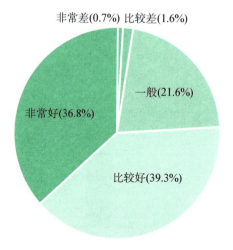

图 2-43　幼儿园的教研氛围

8. 幼儿园的教研制度比较健全

从幼儿园的教研制度来看，30.7％的幼儿园教师感觉非常健全，43.6％感觉比较健全，21.1％感觉一般，3.4％感觉比较不健全，1.2％感觉非常不健全。（图 2-44）

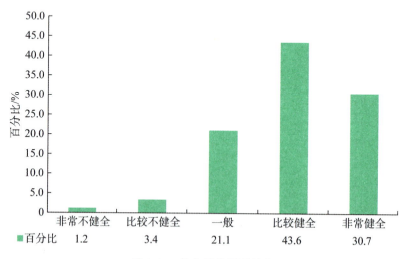

图 2-44　幼儿园的教研制度

9. 近90.0%的幼儿园教师感觉园风较好

园风一般是指幼儿园在长期教育、管理中逐步形成的相对稳定的精神状态和思想作风等。从幼儿园的园风来看，55.3%的幼儿园教师感觉非常好，33.3%感觉比较好，10.2%感觉一般，0.7%感觉比较差，0.5%感觉非常差。（图2-45）

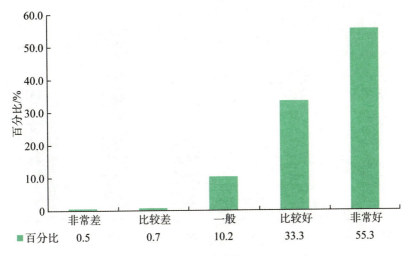

	非常差	比较差	一般	比较好	非常好
■百分比	0.5	0.7	10.2	33.3	55.3

图 2-45　幼儿园的园风

10. 近90.0%的幼儿园教师感觉学风较好

学风即学习风气。从幼儿园的学风来看，53.2%的幼儿园教师感觉非常好，35.0%感觉比较好，11.0%感觉一般，0.5%感觉比较差，0.3%感觉非常差。（图2-46）

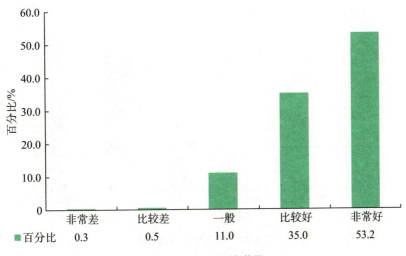

	非常差	比较差	一般	比较好	非常好
■百分比	0.3	0.5	11.0	35.0	53.2

图 2-46　幼儿园的学风

11. 幼儿园的发展规划较清晰

从幼儿园的发展规划来看，27.6％的幼儿园教师感觉非常清晰，41.9％感觉比较清晰，24.5％感觉一般，3.8％感觉比较模糊，2.2％感觉非常模糊。（图 2-47）

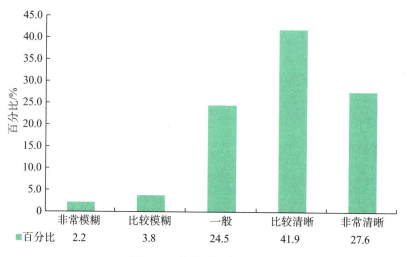

百分比	非常模糊	比较模糊	一般	比较清晰	非常清晰
■百分比	2.2	3.8	24.5	41.9	27.6

图 2-47　幼儿园的发展规划

12. 幼儿园的办园理念较清晰

从幼儿园的办园理念来看，43.2％的幼儿园教师感觉非常清晰，38.4％感觉比较清晰，15.1％感觉一般，2.0％感觉比较模糊，1.3％感觉非常模糊。（图 2-48）

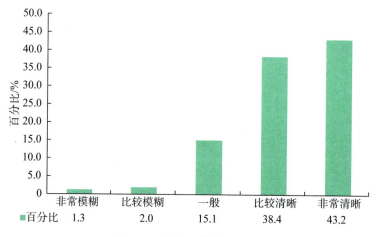

百分比	非常模糊	比较模糊	一般	比较清晰	非常清晰
■百分比	1.3	2.0	15.1	38.4	43.2

图 2-48　幼儿园的办园理念

(三)积极营造更加和谐的文化氛围

调研发现,大部分幼儿园的教研氛围良好;学前教育教研员期待营造领导重视发展、学习氛围浓厚、发展规划良好的文化氛围。访谈中,也有教师提出,"希望幼儿园能够加强人文关怀,为教师成长提供更多的发展空间,形成互帮互助的良好学习与教研氛围"。为了进一步加强教研文化建设,本研究提出如下建议。

1. 创建温馨、和谐的环境文化

优美的环境既是教研文化建设的基础,也是教研文化的重要载体。教研机构要根据教育特点、时代特点、区域特点和学校环境,科学规划、合理布局,形成独特的文化风格。可以从本地自然环境和条件出发,在校园内栽花种草,有条件的还可以开辟小种植园、小养殖园等,充分利用校园的每一个角落,做好绿化、美化工作。在公共场所放置具有丰富内涵的雕塑、书画等文化作品,营造良好的环境氛围,使校园内的一草一木、一砖一石都体现教育的价值,使校园内的山、水、园、林、路等达到使用功能、审美功能和教育功能的和谐统一,用优美的校园景观陶冶教研员关爱自然、关爱社会、关爱他人的美好情操。要充分利用板报、橱窗、走廊、墙壁、雕塑、地面、建筑物等一切可以利用的媒介体现教育理念。要组织教研员参与校园楼宇、道路、景点的规划、建设、命名以及管理工作,增强教研员对文化环境的认同感。

2. 打造开放、包容的精神文化

精神文化是教研文化的核心和灵魂,是办学理念、学校个性和精神面貌的集中反映。要动员教研员开展校风建设讨论,提炼先进的、科学的、符合单位实际的核心教育理念。以教育理念为统领,进一步总结、提炼各具特色的精神。要扎实开展师德师风教育,增强广大教研员的光荣感、责任感、使命感,促使教研员严格自律、恪尽职守、树立良好师表形象,形成为人师表、教书育人、钻研教法、不断探求的优良教风。要努力营造开放的、包容的、支持性的精神环境,创设温馨、和谐、进取、互助的文化环境,形成积极向上的文化意识。要积极培养教研员的主体意识,使其从各种束缚中解放出来,更好地发挥能动性和自主性,最大限度地释放潜在能量,成为单位发展活力的不竭源泉。要坚持尊重教研员、理解教研员、关心教研员的原则,尊重教研员的人格,正确认识教研员的价值,平等待人,公正处事,给教研员以心理和行为上的激励。要关心和重视教研员的情感、工作条件、生活状况、业余文化生活等,给予教研员足够的支持与信任,丰富其工作、生活内容,在组织里自由、平等地与其交流。要把单位统一的价值观转化为各部门、各组织、教职工的具体理念,从而达到单位价值观和个人价值观的统一,产生一种巨大的向心力。

3. 完善民主、人文的制度文化

制度文化是教研文化的内在机制,包括教研机构的传统、仪式和规章制度,是教研文化的重要内容和表现形式,是精神文化建设和物质文化建设的保证。"没有规矩,不成方圆。"只有建立起完整的规章制度,规范了师生的行为,才有可能形成良好的校风,保证校园各方面工作的落实和活动的开展。要不断健全职业规范、目标考核、奖励处罚、财务管理、教研质量评价、教研活动评估、学习型组织建设等学前教育教研制度,明确教研工作的责任和义务,以及教研开展所需遵循的一般模式和程序等,要对教研的时间、地点、奖励与支持方式、角色等做出明确的规定,实现有章可循。要根据发展变化,不断修订、完善、创新各项管理制度,健全管理体制和运行机制,促进管理的精细化、规范化、科学化。要建立与工作绩效相联系的奖励评价机制,完善重师德、重能力、重业绩、重贡献的教研员考核评价标准。评价体系要多元化,评价制度要充分体现以人为本,考虑到每个教研员的不同层次和不同水平,要根据实际情况,修改和完善已有评价体系,更多关注教研员的需求,认可教研员的付出,力争达到评价内容综合化、评价方法多样化、评价主体多元化、评价过程动态化、评价目的发展化,充分发挥教研评价的引导、诊断、改进和激励功能。

4. 开展形式多样的文化活动

要精心设计和组织开展内容丰富、形式多样、吸引力强、能够调动教研员参与积极性的思想政治、学术科技、文娱体育等文化活动,使教研员在活动中受到潜移默化的影响,思想感情得到熏陶,精神生活得到充实,道德境界得到升华。要充分利用好儿童节、国庆节、教师节等重大节庆日,以及清明节、端午节、中秋节等传统节日,设计、开展丰富多彩的活动。要通过定时的教师合作论坛、素质教育沙龙等多种形式的教育教学研讨活动来营造良好的文化氛围,促使教研员教育观念的转变,提高其对文化的认识,激发其对文化建设的紧迫感和使命感,使教研员成为文化建设的主动者。

第三章 学前教育教研工作机制研究

创新教研工作机制是促进学前教育教研工作科学发展的核心。《中共中央 国务院关于学前教育深化改革规范发展的若干意见》强调"充分发挥城镇优质幼儿园和农村乡镇中心园的辐射带动作用，加强对薄弱园的专业引领和实践指导"。《教育部关于加强和改进新时代基础教育教研工作的意见》强调要"深化教研工作改革"。《"十四五"学前教育发展提升行动计划》提出"教研人员要深入幼儿园保教实践，了解教师专业成长需求，分类制定教研计划，确定教研内容，及时研究解决教师保教实践中的困惑和问题"。指导思想是学前教育教研工作的根本遵循，落实教研主要任务是学前教育教研工作的重点，创新工作方式有利于提高学前教育教研工作的有效性和吸引力，满意度是学前教育教研工作的重要衡量标准。本章重点对学前教育教研的指导思想、主要内容、工作方式及满意度进行了研究。

一、学前教育教研的指导思想研究

指导思想引领学前教育教研工作的方向。要以习近平新时代中国特色社会主义思想引领学前教育教研工作，全面贯彻党的教育方针，落实立德树人根本任务，遵循教育发展规律，促进师幼发展。调研发现，幼儿园教师对学前教育教研的指导思想、原则等较为认同。

（一）教研工作要全面贯彻党的教育方针

指导思想是工作计划制订和实施的基本思路与理念，具有战略性、纲领性、引领性，是工作目标、工作方向、工作思路、工作重点、工作着力点和突破口等的高度概括和集中表达。教研工作指导思想是党和国家用以指导教研工作的战略思想，决定着教研工作的性质和方向，起着引领、引导的作用。指导思想需要根据国家的政治、经济、文化等的发展变化而与时俱进，具有延续性、发展性的特点。《国家教委关于改进和加强教学研究室工作的若干意见》提出，"教研室工作必须坚持四项基本原则，面向现代化，面向世界，面向未来，全面贯彻国家的教育方针，更好地适应中小学教育事业的发展和改革需要"。《全国省级教研室主任会议纪要》提出，"教研室的工作必须坚持正确的教育思想，进一步更新教学观念，坚决贯彻'纲要'的精神，积极探求新形势下的教育教学规律，既要解放思想，又要实事求是，力求有所创新"。《教育部关于加强和改进新时代基础教育教研工作的意见》强调，"坚持以习近平新时代中国特色社会主义思想为指导，全面贯彻党的教育方针，落实立德树人根本任务，遵循教育规律，树立科学的教育质量观，为构建德智体美劳全面培养的教育体系，发展素质教育，培养担当民族复兴大任的时代新人提供强有力的专业支撑"。江苏省教育厅发布的《省教育厅关于加强学前教育教研工作的意见》提出，"学前教育教研工作应贯彻党的教育方针，遵循儿童身心成长规律，坚持儿童优先、儿童平等发展的原则，让每个儿童获得富有个性的发展"。

指导思想对教研内容的确定、方法的选择等具有重要的影响，教研工作要注重发挥指导思想的引领作用。雷树福认为，教研工作要转变"展示样板"的思想，树立"提供靶子"的意识；要转变"观看演出"的思想，树立"完成作业"的意识；要转变"逢场作戏"的思想，树立"常规好课"的意识；要转变"遍地挖坑"的思想，树立"集中掘井"的意识；要转变"蜻蜓点水"的思想，树立"解剖麻雀"的意识；要转变"评功摆好"的思想，树立"课堂捉虫"的意识；要转变"立竿见影"的思想，树立"滴水穿石"的意识；要转变"本本至上"的思想，树立"草根研究"的意识；要转变"应付差事"的思想，树立"渗透科研"的意识；要转变"无所作为"的思想，树立"我才有用"的意识。[①] 因此，教研工作需要与时俱进，紧跟时代步伐。

为了解幼儿园教师对我国学前教育教研指导思想的认识情况，本研究进行了细致的调查，并提出了对策与建议。

（二）对学前教育教研指导思想的认同度较高

1. 学前教育教研指导思想包括遵循教育规律和儿童成长规律、坚持立德树人根本任务等

从幼儿园教师对学前教育教研指导思想的认识情况来看，选择遵循教育规律和儿童成长规律（85.6%）、坚持立德树人根本任务（83.9%）、全面贯彻党的教育方针（82.2%）、坚持以习近平新时代中国特色社会主义思想为指导（80.9%）、坚持科学的教育质量观（80.0%）的比例均超过了75.0%，其他依次是坚持服务幼儿园内涵发展（74.8%）、以解决教育教学重难点问题为着力点（72.4%）、注重发挥好教研的指导和服务作用（65.9%）以及其他指导思想（10.6%）。（图3-1）

---

① 雷树福：《教研活动概论》，19～24页，北京，北京大学出版社，2009。

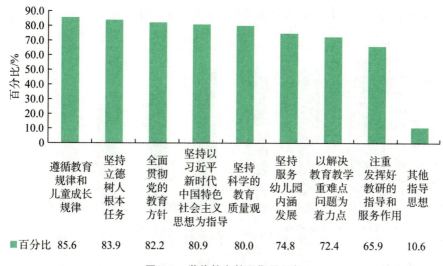

| 百分比 | 85.6 | 83.9 | 82.2 | 80.9 | 80.0 | 74.8 | 72.4 | 65.9 | 10.6 |

图 3-1　学前教育教研指导思想

2. 近 70.0% 的幼儿园教师比较清楚教研工作的指导思想

从幼儿园教师对学前教育教研指导思想的认识情况来看，26.2% 的幼儿园教师表示非常清楚，40.4% 表示比较清楚，26.6% 表示一般，5.5% 表示比较不清楚，1.3% 表示非常不清楚。（图 3-2）

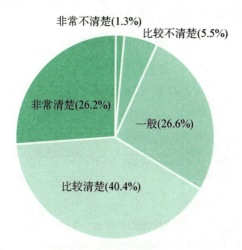

图 3-2　对学前教育教研指导思想的认识情况

3. 学前教育教研需要坚持教师专业发展原则、儿童利益优先原则等

从学前教育教研的原则来看，幼儿园教师选择最多的是教师专业发展原则（89.0%），其他依次是儿童利益优先原则（84.5%）、生活化和游戏化原则（83.9%）、突出全面育人原则（83.9%）、系统设计规划原则（63.8%）、加强关

键环节研究原则(61.1％)以及其他原则(10.3％)。（图 3-3）

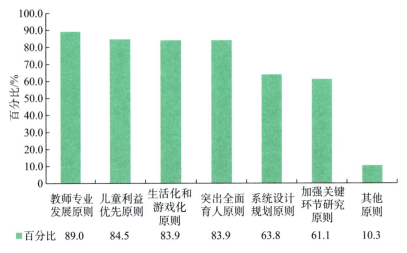

百分比	教师专业发展原则	儿童利益优先原则	生活化和游戏化原则	突出全面育人原则	系统设计规划原则	加强关键环节研究原则	其他原则
百分比	89.0	84.5	83.9	83.9	63.8	61.1	10.3

图 3-3 学前教育教研的原则

4. 近 70.0％的幼儿园教师清楚教研工作原则

从幼儿园教师对学前教育教研工作原则的了解情况来看，27.3％的幼儿园教师表示非常清楚，39.0％表示比较清楚，26.8％表示一般，5.6％表示比较不清楚，1.3％表示非常不清楚。（图 3-4）

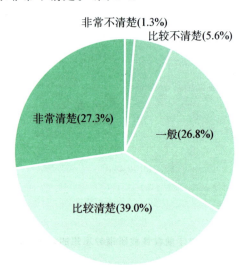

图 3-4 幼儿园教师对教研工作原则的了解情况

5. 学前教育教研具有实用性、长期性、有效性等特点

从学前教育教研的特点来看，幼儿园教师选择实用性（87.1％）、长期

性(84.7%)、有效性(82.9%)的比例均超过了80.0%，其他依次是发展性(76.6%)、探究性(75.4%)、普遍适用性(71.9%)、群众性(65.4%)以及其他特点(9.6%)。(图3-5)

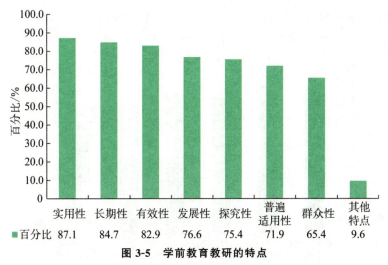

图 3-5　学前教育教研的特点

6. 学前教育教研的基本要求是从实际出发、制订清晰的计划、有明确的目的等

从学前教育教研的基本要求来看，幼儿园教师选择要从实际出发(87.6%)、要制订清晰的教研计划(86.6%)、要有明确的目的(86.4%)的比例均超过了80.0%，其他依次是要不断探究(77.4%)、要循序渐进(74.2%)、要有研究成效(72.9%)、要树立示范意识(71.9%)、要进行系统设计(58.7%)以及其他要求(9.4%)。(图3-6)

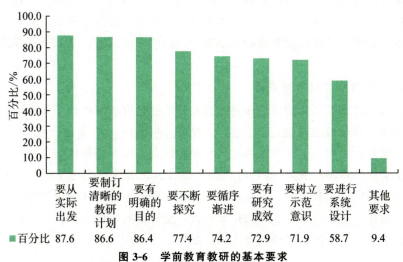

图 3-6　学前教育教研的基本要求

7. 学前教育教研需要树立积极参与的意识、不断完善的意识等

从学前教育教研需要树立的意识来看，幼儿园教师选择最多的是积极参与的意识（88.4％），其他依次是不断完善的意识（87.8％）、发现问题的意识（85.6％）、深入探究的意识（83.4％）、渗透研究的意识（78.1％）、积少成多的意识（67.5％）以及其他意识（9.7％）。（图3-7）

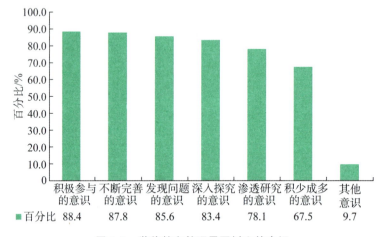

| 百分比 | 88.4 | 87.8 | 85.6 | 83.4 | 78.1 | 67.5 | 9.7 |

图3-7　学前教育教研需要树立的意识

(三)以习近平新时代中国特色社会主义思想引领学前教育教研工作

教研工作指导思想是时代的产物，从客观上表现出当时社会政治、经济、文化教育等方面对教研工作的要求。调研发现，幼儿园教师对教研工作指导思想总体较为认同，但也有小部分存在认识模糊现象。进入新时代，教研工作面临新形势、新任务，迫切需要确立反映正确方向、体现时代要求、符合中国国情的指导思想。教研工作指导思想既要高瞻远瞩，又要立足现实；既要符合教育的内部规律，又要符合教育的外部规律；既要考虑政治因素，又要考虑经济因素。

1. 全面贯彻党的教育方针

党的教育方针是党的理论和路线方针政策在教育领域的集中体现，在教育事业发展中具有根本性地位和作用。"教育必须为社会主义现代化建设服务、为人民服务，必须与生产劳动和社会实践相结合，培养德智体美劳全面发展的社会主义建设者和接班人"是新时代的教育方针。要深刻把握学前教育教研工作的政治属性、宗旨方向、目标任务，坚持以习近平新时代中国特色社会主义思想为指导，坚持马克思主义的指导地位，坚持党对教研工作的全面领导，坚持社会主义办学方向，坚持教育为人民服务、为中国共产党治国理政服务、为

巩固和发展中国特色社会主义制度服务、为改革开放和社会主义现代化建设服务，扎根中国大地办教育，同生产劳动和社会实践相结合，加快推进教育现代化，建设教育强国，办好人民满意的教育，努力培养担当民族复兴大任的时代新人，培养德智体美劳全面发展的社会主义建设者和接班人。

2. 落实立德树人根本任务

培养什么人，是教育的首要问题。立德树人是教育的根本任务，学前教育教研要为培养德智体美劳全面发展的社会主义建设者和接班人奠定坚实基础。幼儿的发展是整体的发展。要关注幼儿学习与发展的整体性，注重德、智、体、美、劳各方面的教育的互相渗透，健康、语言、社会、科学、艺术各领域的有机整合，促进幼儿智力和非智力因素的发展，注重领域之间、目标之间的相互渗透和整合，促进幼儿身心全面协调发展，而不应片面追求某一方面或几方面的发展。

3. 遵循教育发展规律

幼儿的学习是以直接经验为基础，在游戏和日常生活中进行的。学前教育教研要遵循幼儿的身心发展规律，树立科学的保教理念，建立良好的师幼关系。合理安排幼儿的一日生活，为幼儿提供均衡的营养，保证其有充足的睡眠和适宜的锻炼，传授基本的文明礼仪，培育幼儿良好的卫生、生活、行为习惯和自我保护能力。坚持以游戏为基本活动，珍视幼儿游戏活动的独特价值，保护幼儿的好奇心和学习兴趣，尊重个体差异，鼓励和支持幼儿通过亲近自然、直接感知、实际操作、亲身体验等方式学习与探索，促进幼儿快乐、健康地成长。严禁"拔苗助长"式的超前教育和强化训练，坚决克服和纠正"小学化"倾向。

4. 注重促进师幼发展

促进幼儿全面发展是学前教育的根本目的。学前教育教研工作应遵循幼儿身心成长规律，坚持儿童优先、儿童平等发展的原则，让每个幼儿获得全面而富有个性的发展。教师是学前教育中的第一资源，促进教师专业发展、提升教师专业能力是学前教育教研的重要目的。学前教育教研工作要以问题导向、需求导向、效果导向为引领，突出重点、聚焦热点、破解难点，指导教师专业实践，推动教研行为内化成为自主专业行为，融入教师日常保育教育工作之中，促进教师专业发展。

二、学前教育教研的主要内容研究

教研工作重心要紧跟时代发展步伐，随着时代发展而有所变化。调研发现，目前我国学前教育教研的重点有教师成长、保育教育、家园共育等；教研的主要内容包括观察和解读幼儿行为、灵活运用多种活动形式等，教研内容的来源多样且符合幼儿园的实际需求；新时代学前教育教研需要做出多方面的转变。未来的学前教育教研内容需要顺应新时代发展要求，一是突出全面育人研究，二是加强关键环节研究，三是聚焦教育实践问题。

（一）教研工作重心顺应时代发展而变化

我国教研工作的重心随着时代发展而有所调整和变化。中华人民共和国成立初期，教研工作的重心以管理教学研究和教学指导工作为主。1957年，《中学教学研究组工作条例（草案）》提出，教研组工作内容包括"学习有关中学教育的方针、政策和指示""研究教学大纲、教材和教学方法""结合教学工作钻研教育理论和专业科学知识""总结、交流教学和指导课外活动的经验"。改革开放后，我国教研工作的重心逐渐变为以教学管理、学科教学研究和指导为主。1993年，《全国省级教研室主任会议纪要》提出要重点做好以下工作，"搞好九年义务教育课程方案的实施工作""积极稳妥地推进普通高中课程与考试两项改革""加强教材研究和教材建设""加强和改进教学评价工作""进行教改实验，总结和推广教学改革经验"。2001年，《国务院关于基础教育改革与发展的决定》提出，"教研机构要充分发挥教学研究、指导和服务等作用"。教研工作的重心逐渐转向研究、指导、服务。2019年，《教育部关于加强和改进新时代基础教育教研工作的意见》强调要"突出全面育人研究""促进学生德智体美劳全面发展、健康成长""加强关键环节研究""加强对课程、教学、作业和考试评价等育人关键环节研究"。

随着我国对学前教育教研工作的日渐重视，相关政策对学前教育教研工作的重心做了规定。2021年，《教育部关于大力推进幼儿园与小学科学衔接的指导意见》提出，"各级教研部门要把幼小衔接作为教研工作的重要内容，纳入年度教研计划，推动建立幼小学段互通、内容融合的联合教研制度。教研人员要深入幼儿园和小学，根据实践需要确定研究专题，指导区域教研和园（校）本教研活动，总结推广好做法好经验"。2021年，《"十四五"学前教育发展提升行动计划》提出，"坚持教研为幼儿园教育实践服务，为教师专业发展服务，为教育管理决策服务""教研人员要深入幼儿园保教实践，了解教师专业成长需求，分类制定教研计划，确定教研内容，及时研究解决教师保教实践中的困惑和问题"。一些地区也对学前教育教研工作的主要内容提出了明确要求。例如，江苏省教育厅发布的《省教育厅关于加强学前教育教研工作的意见》提出，"学前教育教研工作要从研究教师如何教转向研究幼儿如何学，要从集体教学现场转向幼儿日常游戏现场，要从研究教学内容转向幼儿游戏中发生的学习，要从研究教师的教学策略转向研究如何为幼儿游戏提供适宜的空间、环境和材料"；学前教育教研工作的主要内容包括"观察和解读儿童行为""审议和改造课程方案""实现生活环节的价值""研究采用多种活动形式""主动建立家园互惠关系"。

有些研究者对教研工作重点进行了一定的梳理。陶秀伟认为，教研工作主要包括教学研究、教学指导、教学服务、教学改革实验、培养树立典型及总结推广教学经验。[①] 杨春艳认为，教研工作主要内容有以下方面：常规教研活动；教学改革实验；教学视导、教学评价；学科教学评比、学生竞赛与辅导；命题考试、试卷分析；开发教育资源，编写教材与教辅读物等。[②] 李幽然认为，教研员的工作有教师培训、听课评课、教学质量监测、安排区域教研、收集优秀教研成果等。[③] 平芳认为，教研内容包括科研课题研究、教材教法分析、教师团队建设、支持教师发展、鉴定推广教研成果、教学视导等方面。[④] 可见，虽然不同研究者对教研工作重点的认知有所差异，但是一般认为教研工作包括多方面的内容。

为全面了解我国学前教育教研的工作重点、内容来源等，本研究对我国学前教育教研的主要内容进行了调查研究。

(二)学前教育教研内容丰富多样

1. 学前教育教研的重点有教师成长、保育教育、家园共育等

从学前教育教研工作的重点来看，园长选择教师成长(93.7%)、保育教育(92.3%)、家园共育(90.4%)的比例均超过了90.0%，其他依次是儿童发展与评价(85.5%)、环境创设(83.4%)、园所文化(80.1%)、园所管理(78.6%)以及其他方面(9.4%)。(图 3-8)

2. 学前教育教研的主要内容有观察和解读幼儿行为、灵活运用多种活动形式等

从学前教育教研的主要内容来看，园长选择最多的是观察和解读幼儿行为(94.7%)，其他依次是灵活运用多种活动形式(87.1%)、实现生活环节的价值(84.1%)、主动建立家园互惠关系(77.9%)、审议和改造课程方案(71.7%)以及其他内容(8.1%)。(图 3-9)

---

① 陶秀伟：《教研工作的理论与实践》，8~20 页，北京，人民出版社，2011。

② 杨春艳：《校本教研中教研员的新角色研究——以 N 市 B 区为例》，硕士学位论文，南京师范大学，2011。

③ 李幽然：《教研员专业发展的现状、问题及改进策略研究——基于兰州市 3 个区的调查》，硕士学位论文，西北师范大学，2012。

④ 平芳：《我国教研内容与方式研究——基于教研员的视角》，硕士学位论文，华东师范大学，2018。

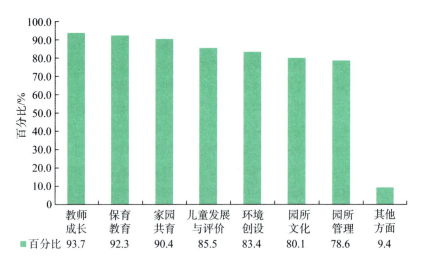

图3-8 学前教育教研工作的重点

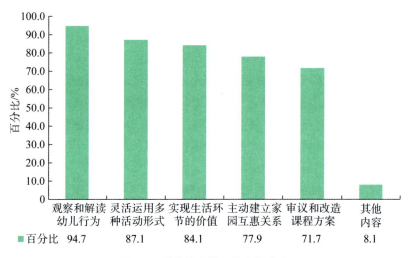

图3-9 学前教育教研的主要内容

从中小学教研的主要内容来看，中小学教研员选择教育理论学习（63.5％）和教育教学改进（60.9％）比例均超过了60.0％，其他依次是教育质量评价与分析（51.0％）、教师专业发展（47.4％）、教育教学课题研究（33.7％）、校本教研指导（27.2％）、教育经验分析与推广（23.3％）、考试命题监测与分析（21.7％）、教育政策学习与服务（21.5％）、课程建设与资源开发（19.5％）以及其他内容（11.6％）。可见，中小学教研的主要内容有教育理论学习、教育教学改进等，与学前教育教研的主要内容相比存在差异。（图3-10）

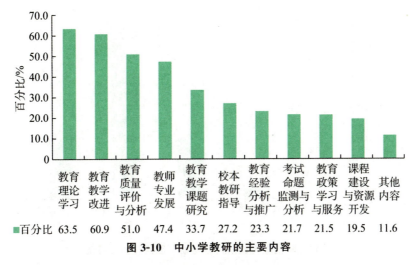

图 3-10　中小学教研的主要内容

3. 近 70.0% 的园长认为学前教育教研内容比较清晰

从学前教育教研内容的清晰程度来看，20.8% 的园长感觉非常清晰，46.9% 感觉比较清晰，25.6% 感觉一般，5.7% 感觉比较模糊，1.0% 感觉非常模糊。（图 3-11）

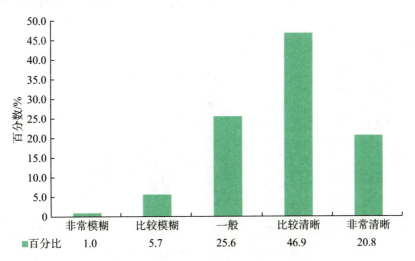

图 3-11　学前教育教研内容的清晰程度

4. 近 80.0% 的园长认为学前教育教研内容符合实际

从学前教育教研内容与幼儿园实际的相符情况来看，19.6% 的园长感觉非常符合，55.2% 感觉比较符合，21.1% 感觉一般，3.1% 感觉比较不符合，1.0% 感觉非常不符合。（图 3-12）

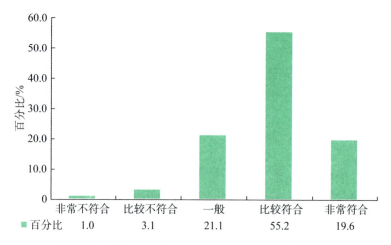

图 3-12　学前教育教研内容与幼儿园实际的相符情况

5. 学前教育教研内容的来源多样

从学前教育教研内容的来源来看，园长选择最多的是教育教学中的实际问题(95.6%)，其他依次是教育研究热点问题(83.5%)、同事间交流的问题(76.1%)、自己感兴趣的问题(50.5%)、领导安排的问题(49.2%)以及其他问题(9.0%)。（图 3-13）

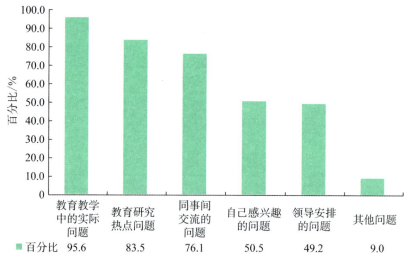

图 3-13　学前教育教研内容的来源

6. 新时代学前教育教研需要做出多方面的转变

在新时代学前教育教研是否需要做出转变这一问题上，园长选择最多的是从集体教学现场转向幼儿日常游戏现场(90.0％)，其他依次是从研究教学内容转向研究幼儿游戏中的学习(86.9％)、从研究教师如何教转向研究幼儿如何学(86.1％)、从研究教师的教学策略转向研究如何为幼儿游戏提供支持(82.2％)、从重视教师的专业能力发展转向重视师德与能力的同步提升(78.6％)、从注重幼儿的特长培养转向强化整体育人功能(72.8％)、从注重全面系统研究转向加强关键环节研究(62.5％)以及其他转变(5.9％)。(图 3-14)

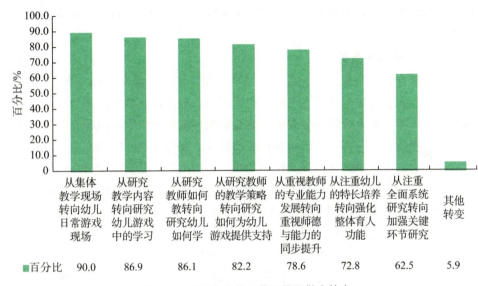

	从集体教学现场转向幼儿日常游戏现场	从研究教学内容转向研究幼儿游戏中的学习	从研究教师如何教转向研究幼儿如何学	从研究教师的教学策略转向研究如何为幼儿游戏提供支持	从重视教师的专业能力发展转向重视师德与能力的同步提升	从注重幼儿的特长培养转向强化整体育人功能	从注重全面系统研究转向加强关键环节研究	其他转变
■百分比	90.0	86.9	86.1	82.2	78.6	72.8	62.5	5.9

图 3-14　学前教育教研是否需要做出转变

(三)学前教育教研内容要适应新时代要求

调研发现，学前教育教研的重点有教师成长、保育教育、家园共育等；主要内容包括观察和解读幼儿行为、灵活运用多种活动形式等。随着社会的发展和教育的进步，特别是学前教育近年来经过跨越式发展之后，内涵发展和质量提升成为工作的重点。未来，学前教育教研内容也要适应新时代发展要求。为此，本研究提出如下建议。

1. 突出全面育人研究

促进幼儿全面发展是学前教育工作的出发点和落脚点，任何片面、狭隘的做法都不符合幼儿园阶段的教育特点和幼儿身心发展的客观规律。每一个幼儿园都应该保证幼儿获得基本的学习和良好的发展，为幼儿的后继学习和发展打下广泛而坚实的基础。学前教育教研要立足幼儿的全面协调发展，关注幼儿学习与发展的整体性，注重德、智、体、美、劳各方面的教育的互相渗透、有机结合，而不应片面追求某一方面或几方面的发展，切勿将其割裂而只取其一。

要注重各方面的有效整合，综合组织健康、语言、社会、科学、艺术各领域的教育内容，将其渗透于幼儿一日生活的各项活动中，充分发挥各种教育手段的交互作用，使其不仅具有整体性与关联性，而且具有完整性与和谐性，促进幼儿智力、情绪情感、行为技能等方面的全面发展。要灵活地运用集体活动、小组活动和个别活动等形式，为每个幼儿提供充分参与的机会，满足幼儿多方面发展的需要，促进每个幼儿在不同水平上得到发展。不得牺牲或部分牺牲幼儿权益开展教研活动，不得组织幼儿进行表演性教研活动，不得因教研活动而对幼儿进行集中训练。

2. 加强关键环节研究

学前教育教研工作点多、线长、面广，教师成长、保育教育、家园共育、环境创设、儿童发展与评价、园所文化、园所管理等都是教研的重要内容。教研员在开展学前教育教研的过程中，要紧密联系教育教学实际问题，重点聚焦观察和解读幼儿行为、灵活运用多种活动形式、实现生活环节的价值、审议和改造课程方案、主动建立家园互惠关系等方面的内容，做到既兼顾全面，又突出重点。例如，幼儿的学习是以直接经验为基础，在游戏和日常生活中进行的。幼儿园日常生活的组织应当从实际出发，幼儿园应建立必要、合理的常规，坚持一贯性和灵活性相结合，培养幼儿的良好习惯和初步的生活自理能力。教研活动应高度关注幼儿生活中无处不在的教育价值，从书面的、符号化的知识转向生动的感性经验，从按照成人期待成长转向遵循幼儿天性成长，从简单接受转向在行动中解决复杂问题。通过在生活中学习生活，为幼儿的终身发展奠定品性、思维、习惯基础，实现课程建设的转折性改变。因此，要确立一日生活皆课程的理念，研究幼儿生活和幼儿园课程的关系；要研究入园离园、饮水餐点、散步午休、穿衣如厕等各个生活环节中幼儿学习和发展的契机，实现生活的教育价值。

3. 聚焦教育实践问题

教研只有直面教育改革，服务于教育、教学实践，才会有强大的生命力。[1] 课题千千万，教研的路径万万千，但归根结底，学前教育教研要与教师的日常工作和生活紧密结合。深化教育教学改革是提升教育质量、促进幼儿全面发展的基础和前提。[2] 学前教育教研只有立足于解决幼儿园教育教学实际问题，改变教师主宰环境创设，大量制作装饰材料，追求唯美主义的做法，把精

---

[1]　刘贵华、柳劲松：《教育科研质量标准：总体框架与内涵表达》，载《教育研究与实验》，2013(5)。

[2]　田慧生：《当前我国教育科研面临的形势和任务》，载《教育研究》，2016(3)。

力集中到观察幼儿行为、进行师幼互动、开展家园协作等上来，关注教师的工作生活状态，注重教师的工作感受和体验，着眼于改进教育教学工作，才能有效调动教师参与教研的积极性、能动性，催生教师的教育教学智慧。"问渠哪得清如许，为有源头活水来。"学前教育教研的"源头活水"就是幼儿园的工作和生活实践。教师要善于在日新月异的教育实践中发现问题，在丰富多彩的问题中选择最迫切、最适合的课题，坚持以日常教育生活为载体，立足于日常教育事件，以现实的教育问题为切入点，在日常教育生活中制定教研方案、开展行动研究、探索问题解决策略。如此才能实现教研的不断深入，促进教师专业成长和幼儿全面发展。

三、学前教育教研的工作方式研究

只有创新教研工作方式，才能提高学前教育教研工作的有效性和吸引力。调研发现，学前教育教研的主要方式有主题教研、案例教研等，教研活动的组织形式有现场观摩、经验分享等；近70.0％的园长认为学前教育教研方式比较适宜；学前教育教研需要加强园所之间的联合教研、加强上下联动机制的建设，应完善常规教研活动机制、教育教学视导机制等，需要完善教研工作集体审议制度、分级分区教研指导制度等。为了进一步优化学前教育教研工作方式，建议一是完善教研纵向联动机制，二是健全教研横向协同机制，三是灵活运用多种教研方式。

（一）教研工作方式多样

工作方式是人们在实践过程中为达到一定目的和效果采取的办法和手段。相关政策对教研工作方式做了一定的规定。《国家教委关于改进和加强教学研究室工作的若干意见》强调，"各级教研室都要改进工作作风和工作方法。要深入基层，深入教学第一线，与教师亲密合作，真诚地为基层服务，为教师服务。要加强科学试验，各级教研室均应立即建立自己的小学、初中、高中的实验点和示范点，注意培养和依靠当地各学科的教学骨干开展教研工作。要坚持从实际出发，对不同类型学校和不同水平教师具体帮助，分类指导"。《教育部关于加强和改进新时代基础教育教研工作的意见》强调，"创新教研工作方式。要根据不同学科、不同学段、不同教师的实际情况，因地制宜采用区域教研、网络教研、综合教研、主题教研以及教学展示、现场指导、项目研究等多种方式，提升教研工作的针对性、有效性和吸引力、创造力。积极探索信息技术背景下的教研模式改革。各地要对教研员每学期到学校讲授示范课、公开课，组织研究课，开展听评课和说课活动等提出明确要求；建立教研员乡村学校、薄弱学校联系点制度，组织教研员到农村、贫困、民族、边远地区学校和薄弱学校持续开展教学指导，帮助乡村学校和薄弱学校提升教育教学质量"。

　　有的地区对学前教育教研工作方式做了要求。例如，江苏省教育厅发布的《省教育厅关于加强学前教育教研工作的意见》提出，"建立分级分区教研指导制度""建立教研工作集体审议制度""建立持续性沉浸式教研制度""建立专业书籍进阶阅读机制""建立混合式研修制度"。贵州省教育厅下发了《关于推进全省学前教育教研指导责任区工作的通知》，提出"结合实际，科学合理划分教研指导责任区，充分考虑幼儿园类型、数量和布局，遵循以强带弱、民主平等、合作创新、优势互补、协同共赢的原则，以优质幼儿园为核心和引领，组建覆盖辖区内所有公、民办幼儿园的教研指导责任区"。北京市实施"创新教研方式　推进北京市全覆盖教研"项目，积极创新教研工作方式，并要求"一是采取区—片—园三级联片教研管理模式，加强全覆盖教研的纵向深入与横向联动。二是实行研训一体化教师培养模式，将教研指导与培训有机整合，以教师培养全覆盖助力教研全覆盖。三是发挥优质园所示范基地龙头作用，通过优质资源辐射带动教研全覆盖。四是挖掘基层优秀教师的潜力，充实保障全覆盖教研队伍。五是利用互联网信息技术，线上线下为全覆盖教研提供便利条件"。

　　一些研究者也对教研工作方式进行了研究和探讨。朱志平认为，教研方式可以有项目管理、学术沙龙、课堂观摩、主题研讨、教学设计比赛、案例分析等。[①] 陶秀伟认为，教研工作的基本途径有教学调查、教学指导、教学评价等。[②] 丛立新认为，教研员的主要活动形式包括集中的教研活动，听课、评课（共同备课），组织公开课等。[③] 平芳发现，教研方式有集体调研、个别调研、上示范课、听评课、开专题讲座、联系蹲点校以及组织区域教研活动等。[④] 张佐才等人提出县级教学研究工作包括常规教研活动、教学视导研究、教学调研、教学评比、教学展示、课程与教材教学研究等方式。[⑤] 刘占兰提出，教研员要改变以往重点抓优质园、研究前沿问题的做法，通过划分责任区、认定责

　　① 朱志平：《教研员何以异化为"考研员"——对教研员工作价值的思考》，载《人民教育》，2008(9)。

　　② 陶秀伟：《教研工作的理论与实践》，111～164 页，北京，人民出版社，2011。

　　③ 丛立新：《沉默的权威——中国基础教育教研组织》，155～197 页，北京，北京师范大学出版社，2011。

　　④ 平芳：《我国教研内容与方式研究——基于教研员的视角》，硕士学位论文，华东师范大学，2018。

　　⑤ 张佐才等：《县级教研机构工作实践与探索》，35～42 页，北京，人民出版社，2013。

任园，实现对各级各类幼儿园教研指导全覆盖。① 总之，学前教育教研方式多样，只有运用适合幼儿园实际的方式，才能更好地提高教研效果。

相关政策已经对教研工作方式提出了要求，一些地方进行了很多探索，不少研究者也进行了很多探讨。但是，从掌握的文献来看，尚没有发现对我国学前教育教研方式现状的调查。本研究对我国学前教育教研方式现状进行了调查，并提出了相应的对策与建议。

(二)学前教育教研方式总体较为适宜

1. 学前教育教研的主要方式有主题教研、案例教研等

从学前教育教研的主要方式来看，园长选择最多的是主题教研(90.1％)，其他依次是案例教研(77.7％)、问题教研(74.0％)、综合教研(72.9％)以及其他教研(6.7％)。(图 3-15)

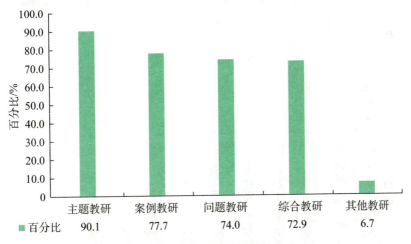

图 3-15　学前教育教研的主要方式

2. 学前教育教研活动的组织形式有现场观摩、经验分享等

从学前教育教研活动的组织形式来看，园长选择最多的是现场观摩(93.3％)，其他依次是经验分享(91.0％)、示范引领(84.5％)、跟进指导(81.7％)、结对帮扶(80.1％)、专题报告(77.2％)、同伴互助(77.2％)、专家引领(76.1％)以及其他形式(7.0％)。(图 3-16)

从中小学教研员经常使用的教研活动组织形式来看，选择最多的是听课评课(89.3％)，其他依次是教学观摩(69.4％)、经验交流(67.4％)、专题培训(58.2％)、教育教学研讨(54.3％)、说课(48.1％)、学情分析(40.0％)、课题

---

① 刘占兰：《学前教育教研工作面临转型升级》，载《中国教育报》，2019-01-20。

研究（27.0％）、网络教研（20.3％）、学术沙龙（4.4％）以及其他形式（7.7％）。可见，中小学教研活动组织形式与学前教育教研活动组织形式既存在一些相同之处，也存在一定的差异。（图 3-17）

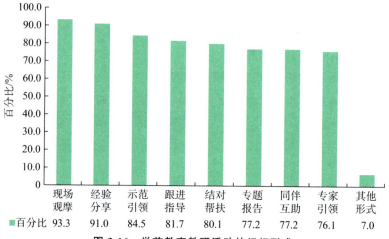

图 3-16 学前教育教研活动的组织形式

	现场观摩	经验分享	示范引领	跟进指导	结对帮扶	专题报告	同伴互助	专家引领	其他形式
■ 百分比	93.3	91.0	84.5	81.7	80.1	77.2	77.2	76.1	7.0

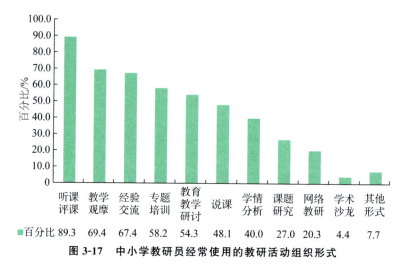

图 3-17 中小学教研员经常使用的教研活动组织形式

	听课评课	教学观摩	经验交流	专题培训	教育教学研讨	说课	学情分析	课题研究	网络教研	学术沙龙	其他形式
■ 百分比	89.3	69.4	67.4	58.2	54.3	48.1	40.0	27.0	20.3	4.4	7.7

3. 近 70.0％的园长认为学前教育教研方式比较适宜

从学前教育教研方式的适宜情况来看，14.2％的园长感觉非常适宜，52.1％感觉比较适宜，30.0％感觉一般，3.0％感觉比较不适宜，0.7％感觉非常不适宜。（图 3-18）

4. 学前教育教研应完善常规教研活动机制、教育教学视导机制等

在学前教育教研应完善的机制上，园长选择最多的是常规教研活动机制（85.2％），其他依次是教育教学视导机制（82.2％）、基层教研联系机制

（76.4%）、引领与帮扶机制（76.2%）、教研员联系幼儿园制度（72.1%）、专题调查研究机制（68.1%）、五级教研联动机制（66.2%）以及其他机制（6.5%）。（图3-19）

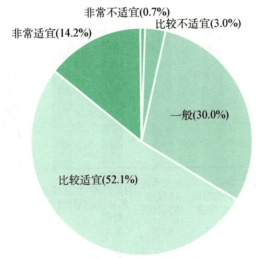

图3-18　学前教育教研方式的适宜情况

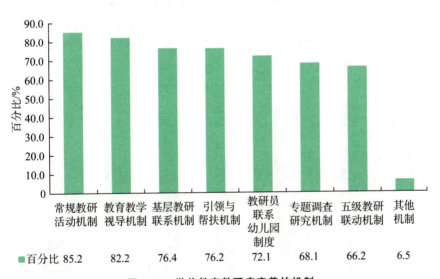

图3-19　学前教育教研应完善的机制

5. 学前教育教研需要加强园所之间的联合教研，加强上下联动机制的建设

在学前教育教研需要加强的协同上，园长选择最多的是加强园所之间的联合教研（90.8%），其他依次是加强上下联动机制的建设（83.1%）、加强不同区域的协同教研（81.8%）、加强与科研院校的协作教研（76.8%）、加强城乡联动

教研(73.5%)、加强与兄弟部门的联合攻关(63.3%)以及其他协同(7.1%)。(图 3-20)

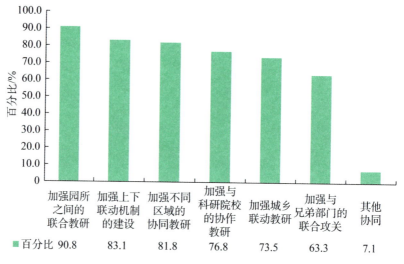

图 3-20　学前教育教研需要加强的协同

6. 多看、多听、多想等是提高学前教育教研活动效果的重要方式

在提高学前教育教研活动效果的方式上，园长选择最多的是多看(97.0%)，其他依次是多听(95.9%)、多想(94.4%)、多说(88.7%)、多写(85.7%)以及其他方式(12.7%)。(图 3-21)

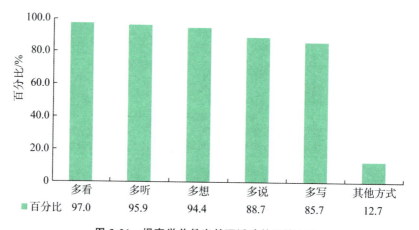

图 3-21　提高学前教育教研活动效果的方式

7. 学前教育教研包括做好教研活动计划、设计教研活动方案等步骤

从学前教育教研的步骤来看，园长选择最多的是做好教研活动计划

（94.6%），其他依次是设计教研活动方案（93.9%）、明晰教研活动主题（92.7%）、组织教研活动实施（92.5%）、总结教研活动成效（89.2%）、推动教研活动延伸（83.3%）以及其他步骤（7.7%）。（图 3-22）

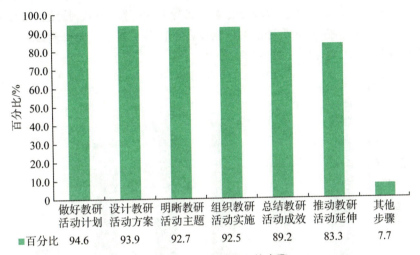

	做好教研活动计划	设计教研活动方案	明晰教研活动主题	组织教研活动实施	总结教研活动成效	推动教研活动延伸	其他步骤
■百分比	94.6	93.9	92.7	92.5	89.2	83.3	7.7

图 3-22　学前教育教研的步骤

8. 学前教育教研需采用实践、学习与研究相结合，教研、科研与课程改革相结合等策略

从学前教育教研需要的工作策略来看，园长选择最多的是实践、学习与研究相结合（94.7%），其他依次是教研、科研与课程改革相结合（88.9%），预设、生成与反思相结合（83.3%），个人、同伴与专家相结合（82.1%）以及其他策略（7.8%）。（图 3-23）

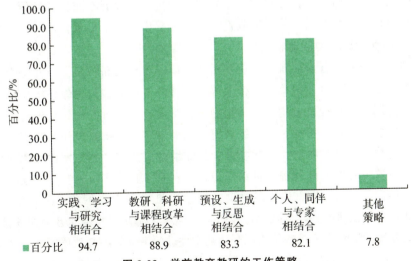

	实践、学习与研究相结合	教研、科研与课程改革相结合	预设、生成与反思相结合	个人、同伴与专家相结合	其他策略
■百分比	94.7	88.9	83.3	82.1	7.8

图 3-23　学前教育教研的工作策略

9. 学前教育教研需要完善教研工作集体审议制度、分级分区教研指导制度等

在学前教育教研需要完善的制度上，园长选择最多的是教研工作集体审议制度（80.9%），其他依次是分级分区教研指导制度（77.5%）、持续性沉浸式教研制度（77.1%）、专业书籍进阶阅读制度（77.1%）、混合式研修制度（61.9%）以及其他制度（10.8%）。（图3-24）

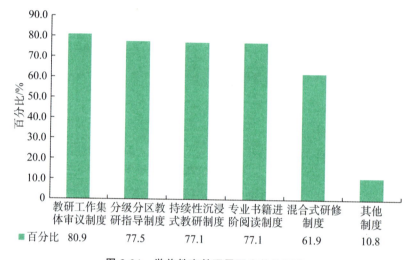

	教研工作集体审议制度	分级分区教研指导制度	持续性沉浸式教研制度	专业书籍进阶阅读制度	混合式研修制度	其他制度
百分比	80.9	77.5	77.1	77.1	61.9	10.8

图3-24 学前教育教研需要完善的制度

（三）优化学前教育教研工作方式

调研发现，学前教育教研的方式多样，总体较为适宜，园长们也针对如何优化学前教育教研的工作方式提出了建议。为进一步提高学前教育教研工作方式的针对性，提高教研工作的实效性，本研究提出了如下对策。

1. 完善教研纵向联动机制

国家级学前教育教研机构要研制幼儿园课程质量诊断指南、幼儿园课程实施指导要求、教师专业研修课程体系等，加强与各地学前教育教研机构的业务沟通和协调。省级教研机构要统筹指导全省学前教育教研工作，加强对地市级以上教研机构的业务指导。区县级教研部门要落实教研指导责任区制度，通过建立教研片区、城乡联动、园际联合、送课助教等方式，充分发挥城镇优质幼儿园和乡镇中心幼儿园的辐射带动作用，加强对薄弱幼儿园的专业引领和实践指导，促进幼儿园优质、均衡发展。各级教研机构要重心下移，深入幼儿园，帮助幼儿园和教师解决教育教学、教研实际问题。幼儿园要强化教研组织建设，充分发挥教研组、年级组的作用，开展经常性教研活动。各级教研团队之间要在学术与实践上建立彼此促进的良性协作关系，了解一线教师的真实需求与现实困难，尊重一线教师的思考与实践，主动给予专业支持，谋求教育理念和目标的一致。建立联系点制度，组织教研员深入欠发达地区幼儿园及薄弱幼儿园持续开展教研指导，及时解决幼儿园教师在实践中的困惑和问题，帮助推进教育教学改革与创新，提升幼儿园教师的专业水平和教研能力，提高教育教学质量。

2. 健全教研横向协同机制

各级学前教育教研机构要加强与高等学校，科研院所，负责教师培训、考试评价、电化教育等工作的单位的协作，形成以教育行政部门为主导、以教研机构为主体、以幼儿园为基地、相关单位通力协作的教研工作新格局。积极探索通过教研机构与高等学校合作、与政府政研室合作、与学前教育学会合作等方式，协同创新，实现各方教科研力量优势互补、互促发展。高等院校应主动组织专业课教师经常性参与区域教研和园本教研，深入了解幼儿的学习活动和教师的教育活动，加强职前教育与职后发展的专业衔接。教育部门和幼儿园应主动联系师范院校，寻求长期的专业指导与协作。有丰富的实践经验、获得幼儿园广泛认可的高等院校教师，可被聘为兼职教研员。围绕学前教育教学改革中的重点、热点、难点联合开展研究与实践，共育名师、共享成果、共同进步，推动区域保教质量整体提升。鼓励幼儿园和小学建立学习共同体，加强教师在课程、教学、管理等方面的研究与交流，及时解决幼儿在入学准备和入学适应中的突出问题。

3. 灵活运用多种教研方式

要根据不同地区、不同教师的实际情况，因地制宜，灵活采用案例教研、主题教研以及游戏观摩、现场指导、项目研究等多种方式，提升教研工作的针对性、有效性和吸引力、创造力。要加强主题教研、问题教研，围绕教育教学的重点、热点、难点开展常规教研和专题教研。经常性开展聚焦幼儿观察与评价、游戏活动组织与实施的教研活动，遴选和推广优秀游戏案例等。创新教师培训形式，通过基于教师能力诊断的教研、实践问题导向的教研，尝试教研与培训相结合的混合式研修，促进教师岗位成长和专业发展。开展常态化网络教研活动，广泛传播先进的教育教学理念和有效的教育方法，分享优质课程资源。积极利用互联网、大数据、云计算、人工智能等现代技术，着力推动教研主体融合、教研内容创新、教研路径优化、教研方法升级。

四、学前教育教研的满意度研究

教育满意度调查是"办好人民满意的教育"的基础性工作和关键性环节。研究发现，我国学前教育教研员的满意度一般，工作投入程度高、人际关系好和个人专业素养好是学前教育教研员最满意的方面，教研员配备不足、职称评审问题突出、政府不重视工作是学前教育教研员最不满意的方面。在满意度上，不同年龄、不同身份、不同专兼职情况、有无幼儿园工作经验以及获得过不同荣誉的学前教育教研员存在显著差异，但不同地区、不同学历的教研员不存在差异。为了提高学前教育教研员的满意度水平，本研究提出如下对策与建议：一要补足配齐学前教育教研员，健全学前教育教研指导网络；二要加强学前教育教研员培训，提升教研员专业发展水平；三要完善学前教育教研员待遇保障机制，营造良好的工作和社会环境；四要完善学前教育教研员评聘制度，确保参与评优评聘的机会公平。

（一）人民满意是学前教育发展的重要衡量标准

党的十九大报告提出，"办好人民满意的教育"。习近平总书记指出，"我们要从党和国家事业发展全局的高度，全面贯彻党的教育方针，坚持优先发展教育事业，坚守为党育人、为国育才，努力办好人民满意的教育"。人民满意是学前教育发展的重要衡量标准。近年来，满意度调查越来越受到研究者的关注和重视，研究者们进行了多方面的研究和探讨。

满意度调查起源于经济领域。1965 年，美国学者卡多佐首次将"顾客满意"概念引入商业领域，强调在企业营销过程中关注服务质量。① 自 1989 年瑞典率先建立全国性的顾客满意度指数模型——瑞典顾客满意度晴雨表起，世界上很多国家（组织）先后建立了本国（本地区）的顾客满意度指数模型，如美国的顾客满意度指数模型、欧盟的欧洲顾客满意度指数模型、韩国的顾客满意度指数模型等。② 在许多国家，顾客满意度指数成为测评一个企业、一个行业、一个产业甚至整个国家经济运行质量的新指标。③ 顾客满意度逐渐成为评价产品或服务质量好坏的一项重要标准。教育被视为一种公共服务产品，许多学者和机构也开展了教育领域的满意度研究。国外的教育满意度测评研究中，主要以大学生满意度测评为主，其中最具有代表性的是美国和英国的大学生教育满意度测评④。从 1969 年起，美国盖洛普公司每年在全美开展公众对基础教育公立学校的态度的民意调查。根据调查结果，教育政策制定者、研究者和广大教

---

① 中国教育科学研究院：《办好人民满意的教育——全国教育满意度调查报告》，18 页，北京，教育科学出版社，2019。

② 中国教育科学研究院：《办好人民满意的教育——全国教育满意度调查报告》，22 页，北京，教育科学出版社，2019。

③ 梁燕：《顾客满意度研究述评》，载《北京工商大学学报（社会科学版）》，2007（2）。

④ 中国教育科学研究院：《办好人民满意的教育——全国教育满意度调查报告》，29 页，北京，教育科学出版社，2019。

师积极做出反应，并调整教育改革的方向与策略。① 加拿大阿尔伯塔省将教育满意度测评作为政府评估学校工作的政策手段，每年向社会公布学生、家长、用人单位和社会各界对教育的满意程度。② 2006 年，杨雪和刘武依据美国顾客满意度指数模型构建了中国高等教育顾客满意度指数模型，包含"高等学校形象""顾客期望""感知质量""感知价格""顾客满意""顾客承诺""顾客忠诚""顾客信任"8 个变量。③ 2017 年，李玉倩以结构方程模型为基础建立了高等教育学生满意度指数模型，发现人才培养对学生满意度的直接影响最大，硬件支持对学生满意度的间接影响最大，校园文化对学生总体满意度的影响最大。④ 国务院发展研究中心从 2014 年开始每年开展包含教育满意度在内的民生调查，调查发现，城乡居民教育满意度总体在高位稳定。⑤ 北京市教育科学研究院从 2009 年开始开展教育工作满意度入户调查，结果显示家长对区县教育工作的满意度较高，且呈逐年增长趋势。⑥ 中国教育科学研究院于 2015 年和 2017 年开展了两轮全国基础教育满意度调查，深入分析了基础教育满意度的现状、变化趋势和影响因素，为教育决策提供了科学的建议。⑦ 中国教育科学研究院课题组调研发现，我国基础教育服务对象对政府教育工作处于满意状态。⑧ 高丙成调研发现，幼儿家长教育满意度稳中有升。⑨ 刘占兰调研发现，园长的教育满意度存在着区域差异和城乡差异。⑩ 易凌云调研发现，教师对园所管理和人

① 范国睿、刘涛、王佳佳：《美国公众眼中的公立学校——1969—2007 年卡潘/盖洛普教育民意调查报告》，7～12 页，北京，教育科学出版社，2009。

② 崔吉芳：《从何而来的"满意度"——教育满意度测评的发展和趋势》，载《中国教育报》，2016-02-25。

③ 杨雪、刘武：《中国高等教育顾客满意度指数模型及其应用》，载《辽宁教育研究》，2006(10)。

④ 李玉倩：《基于结构方程模型的高等教育学生满意度研究》，载《高教探索》，2017(2)。

⑤ 国务院发展研究中心"中国民生调查"课题组：《中国民生调查 2018 综合研究报告——新时代的民生保障》，载《管理世界》，2018(11)。

⑥ 卢珂、王玥：《北京市学生家长对教育工作的满意度分析——基于连续七年教育满意度入户调查数据》，载《教育科学研究》，2017(8)。

⑦ 中国教育科学研究院：《全国基础教育满意度调查报告显示——教育满意度"东高西低"》，载《中国教育报》，2015-11-24；中国教育科学研究院：《全国基础教育满意度稳中有升》，载《中国教育报》，2018-04-11。

⑧ 课题组：《基础教育服务对象满意度实证研究》，载《教育研究》，2019(3)。

⑨ 高丙成：《幼儿家长教育满意度稳中有升——全国幼儿家长教育满意度调查报告分析》，载《中国教育报》，2018-10-14。

⑩ 刘占兰：《办园越来越受到区县政府重视——全国幼儿园园长教育满意度调查结果分析》，载《中国教育报》，2018-09-30。

际关系最满意。① 总之，国内外研究者从不同视角对满意度进行了多方面的探讨，丰富了满意度相关研究成果。

教育满意度调查不仅是描述我国教育发展状况的重要工具，也是反映人民群众对教育的感受和诉求的重要途径，更是评价政府和教育部门工作成效、诊断工作薄弱环节、找准努力方向的重要手段。② 为贯彻落实党的十九大精神，深入了解教研员对学前教育发展的真实期盼，全面反映国家学前教育政策的落实情况，准确把握我国学前教育教研员队伍建设取得的成就及存在的问题，更好地推进学前教育发展，本研究进行了学前教育教研员满意度调查。

（二）我国学前教育教研员的满意度一般

1. 我国学前教育教研员队伍建设取得的成绩及存在的问题

（1）学前教育教研员队伍建设在提升专业能力、扩大队伍、明确工作职责等多方面取得了显著成绩

近年来，党和政府把健全学前教育教研指导网络作为学前教育改革发展的一项重要任务，出台了一系列重要政策文件引领区域教研制度建设。《国务院关于当前发展学前教育的若干意见》提出，"健全学前教育教研指导网络"。《教育部　国家发展改革委　财政部关于实施第二期学前教育三年行动计划的意见》提出，"划分学前教育教研指导责任区，安排专职教研员，定期对幼儿园进行业务指导"。《教育部等四部门关于实施第三期学前教育行动计划的意见》强调，"加强学前教育教研力量，健全教研指导网络"。随着国家对学前教育教研制度建设的重视，我国学前教育教研员队伍建设也取得了显著的成绩。

本次调研发现，70.2％教研员认为我国学前教育教研员队伍建设取得的成绩表现在专业能力有所提升上，选择队伍逐渐扩大（45.3％）、工作职责更加明确（42.3％）、领导更加重视（36.4％）和队伍管理体制逐渐健全（33.5％）的比例也超过了30.0％，其他依次是人员配置更加合理（28.9％）、教研经费有所增加（18.3％）、职称评定更加科学（16.0％）、待遇有所提高（11.4％），也有3.3％的教研员选择了其他成就，如管理更加科学等。可见，近年来，我国学前教育教研员队伍建设在多方面都取得了显著的成绩。（图 3-25）

①　易凌云：《教师对园所管理和人际关系最满意——全国幼儿园教师教育满意度专项调查报告分析》，载《中国教育报》，2018-09-16。

②　吉文昌：《试论教育满意度测评中的三个基本问题》，载《教育科学论坛》，2015(15)。

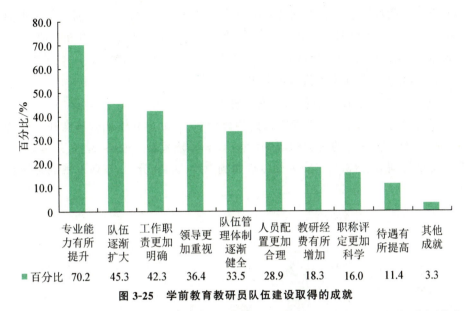

■ 百分比	专业能力有所提升	队伍逐渐扩大	工作职责更加明确	领导更加重视	队伍管理体制逐渐健全	人员配置更加合理	教研经费有所增加	职称评定更加科学	待遇有所提高	其他成就
	70.2	45.3	42.3	36.4	33.5	28.9	18.3	16.0	11.4	3.3

图 3-25　学前教育教研员队伍建设取得的成就

（2）学前教育教研员队伍建设中存在培训机会少、人数不足、评奖评优机会少等问题

尽管近年来我国学前教育教研员队伍建设取得了显著的成绩，但是由于底子薄、欠账多，学前教育教研员队伍建设仍然是我国教师队伍建设的薄弱环节，面临着许多问题、困难和挑战。（图 3-26）

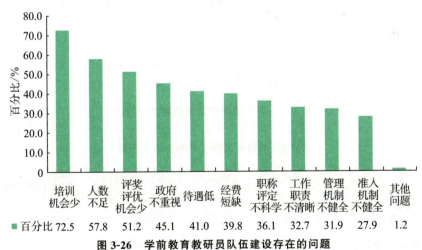

■ 百分比	培训机会少	人数不足	评奖评优机会少	政府不重视	待遇低	经费短缺	职称评定不科学	工作职责不清晰	管理机制不健全	准入机制不健全	其他问题
	72.5	57.8	51.2	45.1	41.0	39.8	36.1	32.7	31.9	27.9	1.2

图 3-26　学前教育教研员队伍建设存在的问题

本次调研发现，72.5％的教研员认为我国学前教育教研员队伍建设中存在的问题是培训机会少，选择人数不足（57.8％）、评奖评优机会少（51.2％）、政府不重视（45.1％）和待遇低（41.0％）的比例也超过了 40.0％，其他依次是经费短缺

（39.8%）、职称评定不科学（36.1%）、工作职责不清晰（32.7%）、管理机制不健全（31.9%）、准入机制不健全（27.9%），也有 1.2% 的教研员认为存在其他问题。上述这些问题需要引起各级政府和领导的重视，并切实加以解决。

2. 学前教育教研员满意度的基本情况

（1）学前教育教研员总体满意度一般

学前教育教研员总体满意度的题均分为 3.32 分，介于比较满意和一般之间。从各维度满意度的得分情况来看，工作状况满意度最高（3.73 分），其次是教师队伍满意度（3.28 分）、保障机制满意度（3.28 分），事业发展满意度最低（3.09 分）。（图 3-27、表 3-1）

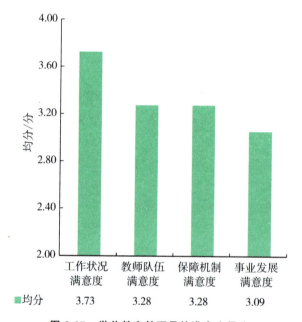

	工作状况 满意度	教师队伍 满意度	保障机制 满意度	事业发展 满意度
■均分	3.73	3.28	3.28	3.09

图 3-27　学前教育教研员的满意度得分

表 3-1　教研员满意度各维度相关系数

维度	教师队伍 满意度	保障机制 满意度	事业发展 满意度	总体满意度
工作状况满意度	0.449**	0.488**	0.380**	0.659**
教师队伍满意度	1	0.728**	0.708**	0.889**
保障机制满意度	0.728**	1	0.593**	0.842**
事业发展满意度	0.708**	0.593**	1	0.848**

注：** 表示 $p < 0.01$。

（2）工作投入程度高、人际关系好和个人专业素养好是学前教育教研员最满意的方面

学前教育教研员满意度得分最高的五个题目依次是"您投入工作的程度高吗?"（4.13分）、"您单位的人际关系好吗?"（3.94分）、"您觉得自己的专业素养如何?"（3.79分）、"您认为自己的工作职责清晰吗?"（3.58分）和"您觉得本地区学前教育教研员队伍的专业素养如何?"（3.52分）。（图3-28）

这一结果与国家对学前教育教研员队伍建设的重视以及教研员自身的努力分不开。近年来，随着我国学前教育的发展以及相关政策的利好，学前教育教研员的工作职责更加清晰，工作积极性被调动起来，投入工作的热情更高，他们感受到来自同事、园长、家庭、朋友等更多的支持和帮助，同时注重提升自身的专业素养，所以这些方面得分也较高。

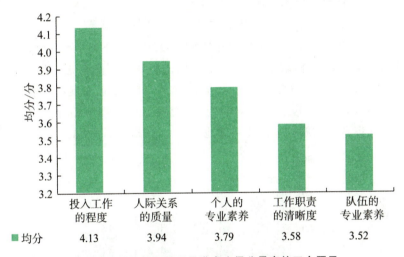

	投入工作的程度	人际关系的质量	个人的专业素养	工作职责的清晰度	队伍的专业素养
均分	4.13	3.94	3.79	3.58	3.52

图3-28　学前教育教研员满意度得分最高的五个题目

（3）教研员配备不足、职称评审问题突出、政府不重视工作是学前教育教研员最不满意的方面

学前教育教研员满意度得分最低的五个题目依次是"您觉得本地区学前教育教研员的配备充足吗?"（2.55分）、"您对本地区学前教育教研员职称评审满意吗?"（2.75分）、"您觉得本地政府重视学前教育教研员的工作吗?"（2.76分）、"您对本地区学前教育教研员培训满意吗?"（3.04分）和"您单位的福利待遇好吗?"（3.05分）。上述问题的存在说明有些地区学前教育政策落实得还不够，需要政府和领导加以重视，着力解决这些问题，补齐短板。（图3-29）

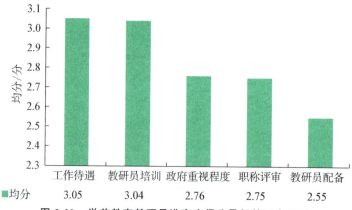

均分	工作待遇	教研员培训	政府重视程度	职称评审	教研员配备
均分	3.05	3.04	2.76	2.75	2.55

图 3-29　学前教育教研员满意度得分最低的五个题目

3. 学前教育教研员满意度的差异性分析

（1）不同地区的学前教育教研员在满意度上差异不显著

不同地区的学前教育教研员在总体满意度上差异不显著（$P=0.575$）。在各维度满意度上，工作状况满意度、教师队伍满意度、保障机制满意度的地区差异也不显著（P 值分别为 0.468、0.148、0.157）。事业发展满意度的地区差异显著（$P=0.003$）。不过，虽然地区差异显著，但是得分差异不大，东部地区事业发展满意度的题均分仅比西部地区高 0.14 分。（图 3-30）

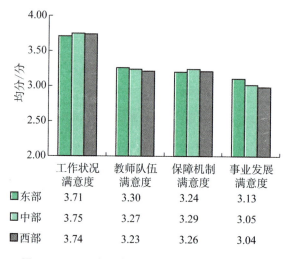

	工作状况满意度	教师队伍满意度	保障机制满意度	事业发展满意度
东部	3.71	3.30	3.24	3.13
中部	3.75	3.27	3.29	3.05
西部	3.74	3.23	3.26	3.04

图 3-30　不同地区的学前教育教研员满意度比较

（2）不同年龄的学前教育教研员在满意度上差异显著

不同年龄的学前教育教研员在总体满意度上差异显著（$P=0.025$）。35 岁及以下的学前教育教研员的满意度最高（3.38 分）。随着年龄增长，满意度呈现下降的趋势，这可能与学前教育教研员存在职业倦怠有关。但是，50岁以上的学前教育教研员的满意度(3.29分)略高于46～50岁的学前教育教研员(3.27分)。也就是说，满意度得分呈现出两头高、中间低的U形分布。（图3-31）

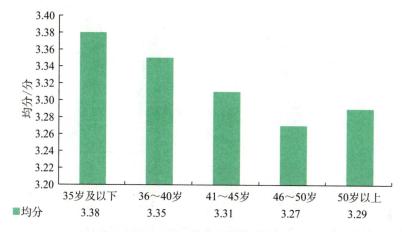

图3-31 不同年龄的学前教育教研员满意度比较

（3）不同学历的学前教育教研员在满意度上差异不显著

不同学历的学前教育教研员在总体满意度上差异不显著($P = 0.270$)。相对来说，专科学历的学前教育教研员的满意度最高(3.36分)，其次是本科学历的学前教育教研员(3.31分)，研究生及以上学历的学前教育教研员的满意度最低(3.28分)。这可能是因为学前教育教研员的学历越高，其期望就越大，满意度反而越低。（图3-32）

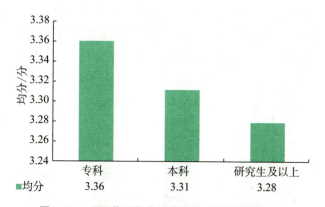

图3-32 不同学历的学前教育教研员满意度比较

（4）不同专兼职情况的学前教育教研员在满意度上差异显著

不同专兼职情况的学前教育教研员在总体满意度上差异显著($P < 0.001$)。

承担幼儿园工作兼任教研员的满意度最高(3.44分),其次是专职教研员(3.33分),兼任其他学科教研员的满意度较低(3.22分),而行政干部兼任教研员的满意度最低(3.19分)。(图3-33)

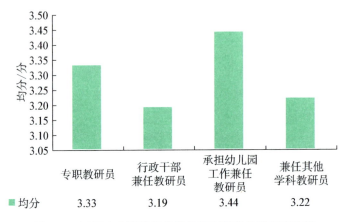

	专职教研员	行政干部兼任教研员	承担幼儿园工作兼任教研员	兼任其他学科教研员
■均分	3.33	3.19	3.44	3.22

图3-33 不同专兼职情况的学前教育教研员满意度比较

这可能是因为只有优秀的幼儿园园长或教师才能兼任学前教育教研员,所以,其具有较高的成就感和自我效能感,满意度也较高。而行政干部或其他学科教研员之所以兼任学前教育教研员,往往是因为所在地区没有配备专职学前教育教研员,领导又往往不太重视学前教育教研工作,因此,这一群体的满意度较低。

(5)乡镇级学前教育教研员的满意度最高

不同身份的学前教育教研员在总体满意度上差异显著($P<0.001$)。乡镇级学前教育教研员的满意度最高(3.39分),其次是区县级教研员(3.33分),再次是地市级教研员(3.22分),最低的是省级教研员(3.16分)。(图3-34)

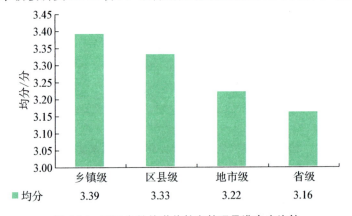

	乡镇级	区县级	地市级	省级
■均分	3.39	3.33	3.22	3.16

图3-34 不同身份的学前教育教研员满意度比较

这可能是因为乡镇级教研员主要负责一个乡镇中幼儿园的教研工作，面对的幼儿园的数量相对较少。而随着面对的幼儿园数量的增多，工作任务逐渐繁重，工作范围扩大，压力增加，挑战性也变大，满意度反而降低。

（6）没有幼儿园工作经验的教研员满意度最低

有无幼儿园工作经验的学前教育教研员在总体满意度上差异显著（$P = 0.012$）。拥有 20 年以上幼儿园工作经验的教研员满意度最高（3.35 分），其次是拥有 3～10 年及 11～20 年幼儿园工作经验的教研员（3.33 分），再次是拥有 3 年以下幼儿园工作经验的教研员（3.30 分），没有幼儿园工作经验的教研员满意度最低（3.27 分）。（图 3-35）

这可能是因为学前教育教研工作以幼儿园实践为中心，以教育教学改革为重点，幼儿园实践指导是学前教育教研员最主要的工作。没有过幼儿园工作经验的学前教育教研员难以很好地胜任幼儿园实践指导工作，因此其满意度最低；而随着幼儿园工作经验的增多，实践指导能力也不断提高，教研员越来越能够更好地胜任工作，其满意度也就越来越高。

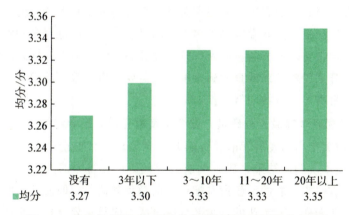

图 3-35　有无幼儿园工作经验的学前教育教研员满意度比较

（7）没有获得过荣誉的学前教育教研员满意度最低

获得过不同荣誉的学前教育教研员在总体满意度上差异显著（$P = 0.022$）。获得过国家级荣誉的教研员满意度最高（3.40 分），其次是获得过区县级荣誉的教研员（3.36 分），再次是获得过省级荣誉的教研员（3.31 分）和获得过地市级荣誉的教研员（3.28 分），没有获得过荣誉的教研员满意度最低（3.26 分）。（图 3-36）

荣誉一般是对工作的肯定和个人的表彰。没有获得过荣誉的教研员，其工作能力可能还不太被认可，自我效能感也较低，因此满意度也较低；而教研员获得的荣誉等级越高，其往往能得到领导、同事等的越多认可，越能够更好地胜任工作，所以，获得过国家级荣誉的教研员满意度最高。

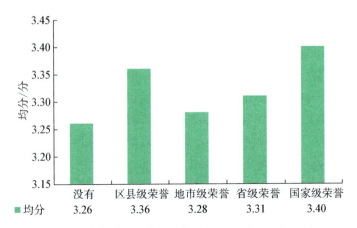

	没有	区县级荣誉	地市级荣誉	省级荣誉	国家级荣誉
■ 均分	3.26	3.36	3.28	3.31	3.40

图 3-36　获得过不同荣誉的学前教育教研员满意度比较

（三）努力提高学前教育教研员的满意度

从调查结果看，随着近年来国家对学前教育的重视和支持力度的加大，我国学前教育教研员队伍建设取得了多方面的显著成绩，但也存在一些亟待解决的问题，学前教育教研员满意度尚有较大的提高空间。努力办好人民满意的学前教育，提升人民对学前教育的满意度，还需要政府、教育部门、社会和学前教育教研员自身等多方共同努力。

1. 补足配齐学前教育教研员，健全学前教育教研指导网络

《国务院关于当前发展学前教育的若干意见》提出"健全学前教育教研指导网络"。但从本次调研结果来看，学前教育教研员配备方面的满意度最低。目前，我国尚有一半左右的区县没有配备学前教育教研员；即使已经配备，教研员也大多是非专职、非专业的，大部分区县级教研员需要承担100所以上幼儿园的指导任务。许多教研员抱怨，"没有专门的学前教研机构，上下无法贯通，各地教研基本处于自由发展状态，干成什么样算什么样，全凭自觉自愿"。人数不足、工作任务重是目前学前教育教研员面临的最突出的问题。为了健全学前教育教研指导网络，建议如下。

首先，补足配齐专兼职学前教育教研员。各级政府要设置学前教育教研专门机构，根据幼儿园数量配备专职教研员，承担辖区内幼儿园教育教学指导工作。鼓励各地聘请当地学科带头人、优秀园长、骨干教师、高校或科研部门中的专家学者等担任兼职教研员，壮大学前教育教研队伍。

其次，合理构建学前教育教研指导网络。各地要结合实际，充分考虑幼儿园的类型、数量、布局等，科学、合理地划分教研指导责任区，建立健全省—市—县—乡—校学前教育教研指导网络，覆盖辖区内所有公办、民办幼儿园。

最后，健全学前教育教研工作常规管理机制。各地要将服务教研作为学前教育行政管理方面的日常工作，明确教研指导责任区负责人，健全责任区工作制度，建立责任区考评机制。鼓励区域教研指导责任区之间的交流与合作，倡导开展分片联合的教研活动，分享经验、共同发展。

2. 加强学前教育教研员培训，提高教研员专业发展水平

《国务院关于当前发展学前教育的若干意见》强调，"建立幼儿园园长和教师培训体系，满足幼儿教师多样化的学习和发展需求"。《国务院关于加强教师队伍建设的意见》提出，"实行五年一周期不少于360学时的教师全员培训制度"。本次调研发现，72.5%的教研员认为培训机会少，参加培训成为学前教育教研员的第一需要。许多教研员反映："为了不在园长面前露怯，我们必须拼命学习。我们这些'老师的老师'当得很不容易啊！我们更需要学习和充电！"为了加强学前教育教研员培训，建议如下。

首先，将学前教育教研员培训纳入教师全员培训制度。各级政府要根据国家相关要求，将学前教育教研员培训纳入继续教育规划，培训时间和次数应不少于国家规定。领导要加强对学前教育教研员参加培训的认识和了解，建立学前教育教研员培训专项经费制度，鼓励和支持教研员参加专业培训。

其次，着力提升学前教育教研员培训质量。培训单位要通过问卷调查、访谈等多种方式全面了解学前教育教研员的学习需求，根据不同层次、不同地区、不同水平教研员的需求，设置与教研员实际需求相符的课程内容，以参与式培训为主，积极拓宽多样化的培训形式，提高教研员参与培训的积极性和主动性。

最后，提升学前教育教研员培训的组织管理水平。培训单位要制定好培训的规章制度和管理办法，切实加强培训过程管理；要建立科学、合理的教研员培训质量监测和评价体系，及时收集、反馈其意见和建议；要注重了解培训后仍然存在的问题与疑惑，切实解决培训后参训教研员的问题。

3. 完善学前教育教研员待遇保障机制，营造良好的工作和社会环境

《国务院关于加强教师队伍建设的意见》强调"切实保障教师合法权益和待遇"。本次调研发现，我国学前教育教研员队伍建设中仍然存在着评奖评优机会少(51.2%)、待遇低(41.0%)、经费短缺(39.8%)等权益和待遇得不到保障的问题。学前教育教研员普遍反映："学前教育教研员队伍的重要性还没有得到各级教育行政部门的重视，学前教育教研常被边缘化，学前教育教研员的待遇、经费、工作条件、职称等都得不到有效保障。"为了给学前教育教研员营造良好的工作和社会环境，建议如下。

首先，提高学前教育教研员待遇。依法保证学前教育教研员平均工资水平不低于或高于当地公务员的平均工资水平，并逐步提高。要按国家有关规定缴纳社会保险，使其依法享受社会保险待遇。

其次，加强学前教育教研的经费保障。各级政府要加大对学前教育教研的投入力度，建立学前教育教研专项经费制度，切实保障教研员培训、工资待遇等方面的经费投入。加强经费监管，确保专款专用，提高经费使用效益。

最后，营造良好的工作环境。各级领导要加强对学前教育教研工作的认识和了解，营造和谐的单位文化，建立以人为本的管理制度，构建科学、合理的用人机制，打造良好的办公条件，为学前教育教研员的工作和专业发展搭建平台。

4. 完善学前教育教研员评聘制度，确保参与评优评聘的机会公平

《国务院关于加强教师队伍建设的意见》强调"加快推进教师职务（职称）制度改革""完善教师表彰奖励制度"。本次调研发现，51.2％的教研员认为评奖评优机会少；调研还发现，在职称评审方面满意度也非常低。许多教研员反映："学前教育教研员的工作就是为他人搭人梯，自身没有太多机会去参加评优评奖，而且学前教育教研员的职称评定标准更高。"为了确保学前教育教研员有公平参与评优评聘的机会，建议如下。

首先，完善学前教育教研员表彰奖励制度。各地要完善重师德、重能力、重业绩、重贡献的教研员考核评价标准。开展教师表彰奖励工作时，要制定学前教育教研员表彰奖励标准，并且在评奖评优时，学前教育教研员要占一定的比例。

其次，推进学前教育教研员职称评审改革。各地应根据学前教育教研员的岗位职责和工作特点，研究符合学前教育教研员实际的职称评定标准，探索实行领导、同事、专家、社会等多方参与的职称评审评定办法，推进学前教育教研员职称评审制度改革。

最后，完善学前教育教研员聘用制度。建立专兼职教研员准入制度，选拔热爱学前教育事业、师德高尚、专业素养较高、工作责任心强的人员担任专兼职学前教育教研员。完善以合同管理为基础的用人制度，实现学前教育教研员职称评审与岗位聘用的有机结合。

第四章　学前教育教研队伍建设研究

加强教研队伍建设是促进学前教育教研工作高质量发展的关键。《中共中央　国务院关于深化教育教学改革全面提高义务教育质量的意见》强调"健全教研员准入、退出、考核激励和专业发展机制"。《教育部关于加强和改进新时代基础教育教研工作的意见》强调"加强教研队伍建设""严格专业标准""认真遴选配备""促进专业发展"。《中共中央　国务院关于学前教育深化改革规范发展的若干意见》强调"充实教研队伍"。《"十四五"学前教育发展提升行动计划》提出"加强学前教育教研工作，遴选优秀园长和教师充实教研岗位，每个区县至少配备一名学前教育专职教研员，形成一支专兼结合的高素质专业化学前教研队伍"。严格专业标准是健全学前教育教研员准入制度的基础，认真遴选配备是补足配齐学前教育教研队伍的根本之策，加强培训是促进学前教育教研员专业发展的主要途径，保障福利待遇是提高学前教育教研员职业吸引力的关键，只有减轻工作负担才能确保学前教育教研员静心工作，身心健康是从事学前教育教研工作的基本前提。本章主要对学前教育教研员的专业素养、遴选配备、培训状况、福利待遇、工作负担及身心健康状况进行了研究。

一、学前教育教研员的专业素养研究

严格专业标准是健全学前教育教研员准入制度的基础。调研发现，学前教育教研员的专业素养包括专业能力、专业知识、职业道德等；学前教育教研员的专业素养总体较好，但专业知识、专业能力仍有提升的空间；专业素养受到专业引领、领导重视及自身努力等因素的影响。为了提高学前教育教研员的专业素养，本研究提出如下对策与建议：一要加强自我修炼，提升内生动力；二要重构教研文化，促进共同发展；三要加大支持力度，营造良好氛围。

（一）教研员要具有多样化的专业素养

专业素养是一个人从事某种专门职业所具备的各方面素质和能力的总和。《国家教委关于改进和加强教学研究室工作的若干意见》提出，"教研员要加强学习，不断提高自身的思想政治和业务素质，努力使自己达到下列要求：1. 坚持四项基本原则，热爱教育事业，有较强的事业心和责任感，不断学习，勇于创新，注重师德，做中小学教师的表率。2. 有系统、扎实的学科基础理论和专业知识；有一定的教育科学理论素养和较丰富的教学实践经验；掌握教学工作的一般规律，能运用科学的方法开展研究；具有一定的指导教学工作的水平和组织管理工作的能力。3. 具有实事求是的思想作风和科学态度，一切从实际出发；理论联系实际，全心全意为教学第一线服务。专职教研员要定期轮流到学校上课，使教学研究与教学实践更紧密地结合起来，不断提高自身的业务能力"。《教育部关于加强和改进新时代基础教育教研工作的意见》强调，"严格专业标准""教研员一般应具备以下基本条件：（1）政治素质过硬。牢固树立'四个意识'，坚定'四个自信'，坚决做到'两个维护'，认真贯彻党的教育方针。（2）事业心责任感强。有教育理想和教育情怀，热爱教研工作，自觉为提高基础教育质量贡献智慧。（3）教育观念正确。遵循教育规律和学生身心发展规律，坚持德智体美劳全面培养，积极践行发展素质教育。（4）教研能力较强。具有扎实的教育理论功底，教学经验丰富，原则上应有 6 年以上教学工作经历，具有中级以上教师专业技术职称，在教育教学上取得优异成绩。（5）职业道德良好。遵守教研工作学术道德，作风民主，有较强的服务精神，善于听取和总结基层经验，勇于探索教育教学改革创新"。

随着国家重视度的提高，教研员专业素养也受到了研究者的关注和重视。吕春梅提出，教研员要具备良好的思想政治素质；要具备良好的师德；要掌握党的各项方针、政策，尤其是教育教学方面的各项政策和法规；要具备较高的业务素质。[①] 孙立春、张茂聪和张彩霞指出，教研员应具备崇高的品德修养、广博的文化素养、较高的理论水平、扎实的专业基础知识、旺盛的研究能力和独到的管理与指导艺术。[②] 张涛认为，教研员首先要具备高尚的职业理想和良好的职业道德；其次，要具备创新精神、理论水平和科研能力；最后，要具备运用现代教育信息技术的能力。[③] 宋林飞认为，教研员要拥有扎实的学科素养、良好的学科教学素养、良好的学科教学的心智技能等。[④] 宋崔归纳出教研员应具备的四种能力：学术研究能力、课程开发能力、专业指导能力和教育测评能力。[⑤] 罗滨构建了包括专业精神、专业知识和专业能力 3 个维度 10 项指标的教研员素养框架，并提出要在建立团队共同价值追求的基础上，通过积极

---

①　吕春梅：《浅谈中小学教研员的素质》，载《大连教育学院学报》，1995（3）。

②　孙立春、张茂聪、张彩霞：《基础教育教研工作的若干思考》，载《中国教育学刊》，1999（3）。

③　张涛：《新时期教研工作的几点思考》，载《大连教育学院学报》，2001（1）。

④　宋林飞：《区县教研员学科建设的领导力——关于培训者培训的定位与校本路径的思考》，载《中小学教师培训》，2007（8）。

⑤　宋崔：《论中国教研员作为专业领导者的新角色理论建构》，载《教师教育研究》，2012（1）。

优化队伍结构、创新研修机制、开展课题和项目研究等路径，多渠道、多方式提高教研员核心素养。① 方瑞华认为，阅读力、研究力、服务力和培养力是教研员最重要的核心素养。② 郭强提出，新时代教研员必备的专业素养包括会学习、会研究、会引领、会创新等方面，教研员需要通过持续学习有关教育法规政策、持续追踪学科前沿知识、持续开展课题研究和持续进行科学命题尝试等方式不断提升专业素养。③ 张贤金、吴新建提出，新时代教研员应该具备深厚的教育情怀和崇高的使命担当、丰富的教学经验和优秀的教学业绩、深刻的学科整体理解和认识、广博的专业知识和扎实的专业能力、强大的学科研究能力和引领能力五个方面的核心素养。④ 虽然研究者提出的专业素养结构各不相同，但一般认为教研员专业素养是由多个因素构成的。这些研究进一步加深了人们对教研员专业素养的认识和了解，丰富了相关研究成果。

学前教育教研员专业素养的水平直接影响着幼儿园教师队伍的质量。以往研究对学前教育教研员专业素养的关注较少，也缺乏对全国学前教育教研员专业素养状况的大样本调查。因此，对我国学前教育教研员专业素养现状进行调查研究具有重要的理论价值和实践意义。

(二)学前教育教研员的专业素养总体较好

1. 学前教育教研员的专业素养包括专业能力、专业知识等

从学前教育教研员需要具备的专业素养来看，选择专业能力(91.0%)、专业知识(90.4%)的比例超过了90.0%，选择职业道德(88.4%)、组织沟通能力(85.9%)、终身学习能力(81.8%)的比例超过了80.0%，其他依次是理想信念(70.9%)、自我认识与调节能力(68.8%)、仁爱之心(62.7%)以及其他素养(1.1%)。(图 4-1)

2. 学前教育教研员的专业能力包括教育科研能力、组织教研活动的能力、引领教师发展的能力等

从学前教育教研员需要具备的专业能力来看，超过 90.0% 的教研员认为应具备教育科研能力(91.0%)，选择组织教研活动的能力(88.3%)、引领教师发展的能力(85.8%)、提炼教育成果的能力(81.9%)的比例也都超过了 80.0%，其他依次是自我反思能力(77.9%)、幼儿园评价能力(64.8%)、服务教育决策的

① 罗滨：《教研员核心素养：教研转型背景下的新修炼》，载《中小学管理》，2016(4)。
② 方瑞华：《教研员的核心素养》，载《教学与管理》，2017(11)。
③ 郭强：《新时代教研员的角色定位、能力素养及成长路径》，载《教师教育论坛》，2020(10)。
④ 张贤金、吴新建：《新时代教研员应具备五个核心素养》，载《教学与管理》，2020(25)。

能力（64.7％）、引导社会舆论的能力（46.1％）以及其他能力（1.5％）。（图 4-2）

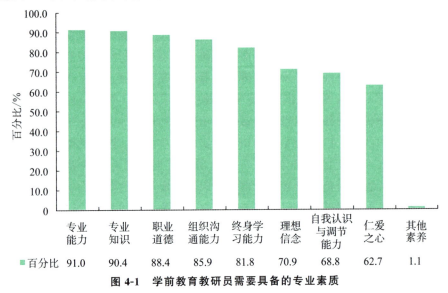

百分比	专业能力	专业知识	职业道德	组织沟通能力	终身学习能力	理想信念	自我认识与调节能力	仁爱之心	其他素养
	91.0	90.4	88.4	85.9	81.8	70.9	68.8	62.7	1.1

图 4-1　学前教育教研员需要具备的专业素质

百分比	教育科研能力	组织教研活动的能力	引领教师发展的能力	提炼教育成果的能力	自我反思能力	幼儿园评价能力	服务教育决策的能力	引导社会舆论的能力	其他能力
	91.0	88.3	85.8	81.9	77.9	64.8	64.7	46.1	1.5

图 4-2　学前教育教研员需要具备的专业能力

3. 学前教育教研员的专业知识包括幼儿发展特点、教育科研知识、学前教育政策等

从学前教育教研员需要掌握的专业知识来看，选择幼儿发展特点（89.2％）、教育科研知识（87.5％）、学前教育政策（85.0％）、保育教育知识（84.1％）、教师成长规律（81.7％）的比例超过了 80.0％，其他依次是幼儿园文化与管理（74.5％）、现代信息技术（71.5％）、教育舆情特点（53.7％）及其他

知识(1.2%)。（图 4-3）

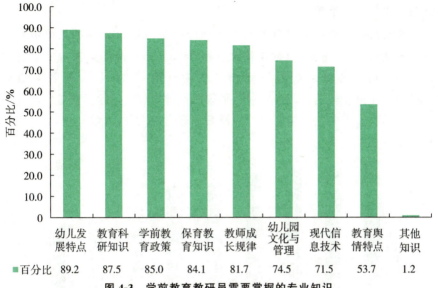

图 4-3 学前教育教研员需要掌握的专业知识

	幼儿发展特点	教育科研知识	学前教育政策	保育教育知识	教师成长规律	幼儿园文化与管理	现代信息技术	教育舆情特点	其他知识
■百分比	89.2	87.5	85.0	84.1	81.7	74.5	71.5	53.7	1.2

4. 学前教育教研员的职业道德包括爱岗敬业、有责任心、甘于奉献等

从学前教育教研员需要具备的职业道德来看，近 90.0% 的教研员认为应爱岗敬业(89.3%)，其他依次是有责任心(87.6%)、甘于奉献(85.5%)、有团队合作精神(84.6%)、积极乐观(81.6%)、遵纪守法(74.1%)、公平公正(73.8%)、诚实正直(69.4%)及其他职业道德(1.6%)。（图 4-4）

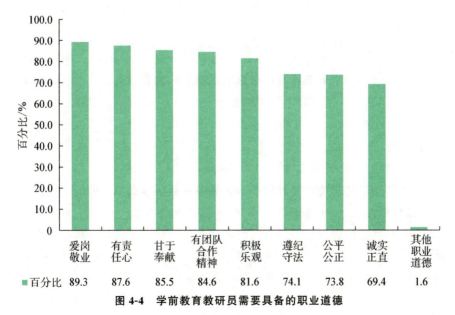

	爱岗敬业	有责任心	甘于奉献	有团队合作精神	积极乐观	遵纪守法	公平公正	诚实正直	其他职业道德
■百分比	89.3	87.6	85.5	84.6	81.6	74.1	73.8	69.4	1.6

图 4-4 学前教育教研员需要具备的职业道德

5. 学前教育教研员的专业理念包括具有服务意识、重视学前教育科研、注重教研文化的营造等

从学前教育教研员需要具备的专业理念来看，超 80.0% 的教研员认为要具有服务意识（85.1%）、重视学前教育科研（83.8%）及注重教研文化的营造（81.6%）。其他依次是重视环境和游戏的价值（79.9%）、尊重师幼差异（75.4%）、注重保教结合（74.4%）、平等对待教师（62.7%）、注重争取社会支持（60.5%）、注重舆论引导（58.2%）及其他理念（1.2%）。（图 4-5）

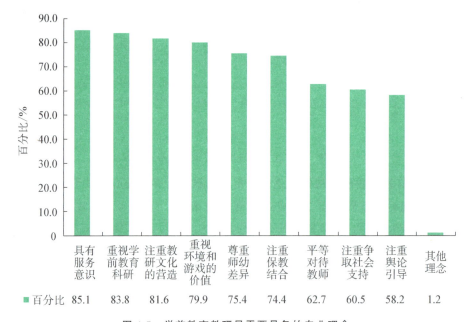

	具有服务意识	重视学前教育科研	注重教研文化的营造	重视环境和游戏的价值	尊重师幼差异	注重保教结合	平等对待教师	注重争取社会支持	注重舆论引导	其他理念
百分比	85.1	83.8	81.6	79.9	75.4	74.4	62.7	60.5	58.2	1.2

图 4-5　学前教育教研员需要具备的专业理念

6. 超 70.0% 的学前教育教研员感觉自身专业素养较好

学前教育教研员对自身专业素养的评价均分为 3.79 分。其中，8.5% 的教研员选择非常好，63.0% 选择比较好，27.4% 选择一般，0.7% 选择比较差，0.4% 选择非常差。总体来看，教研员感觉自身专业素养较好的比例达到 71.5%，较差的比例只有 1.1%。（图 4-6）

7. 超 50.0% 的学前教育教研员认为教研员队伍专业素养较好

学前教育教研员对教研员队伍专业素养的评价均分为 3.52 分。其中，5.3% 的教研员选择非常好，45.7% 选择比较好，45.0% 选择一般，3.7% 选择比较差，0.3% 选择非常差。可见，学前教育教研员觉得教研员队伍专业素养较好的比例达到 51.0%，较差的比例只有 4.0%。（图 4-7）

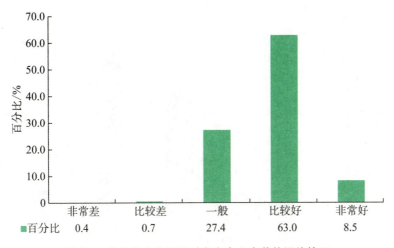

■百分比	非常差	比较差	一般	比较好	非常好
	0.4	0.7	27.4	63.0	8.5

图 4-6　学前教育教研员对自身专业素养的评价情况

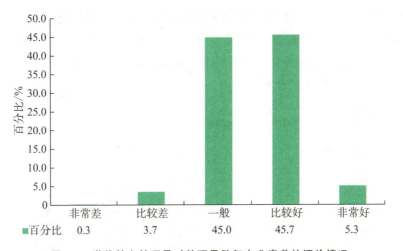

■百分比	非常差	比较差	一般	比较好	非常好
	0.3	3.7	45.0	45.7	5.3

图 4-7　学前教育教研员对教研员队伍专业素养的评价情况

从学前教育教研员对自身及教研员队伍专业素养的评价来看，均分均在3.50分以上，接近较高水平，说明教研员专业素养总体较好。教研员对自身专业素养的评价均分略高于对教研员队伍的评价均分，这可能是因为教研员对自身专业素养的评价存在一定的社会赞许效应。

8. 近60.0%的中小学教研员认为教研员队伍专业素养较好

从中小学教研员对教研员队伍专业素养的评价来看，9.8%的中小学教研员选择非常好，48.2%选择比较好，36.6%选择一般，4.2%选择比较差，1.2%选择非常差。（图4-8）

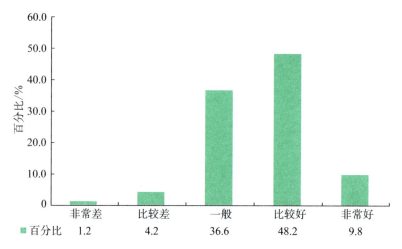

图 4-8　中小学教研员对教研员队伍专业素养的评价情况

9. 超 60.0％的园长认为学前教育教研员队伍专业素养较好

园长对学前教育教研员队伍专业素养的评价均分为 3.86 分。其中，24.8％的园长选择非常好，41.4％选择比较好，29.9％选择一般，2.9％选择比较差，1.0％选择非常差。（图 4-9）

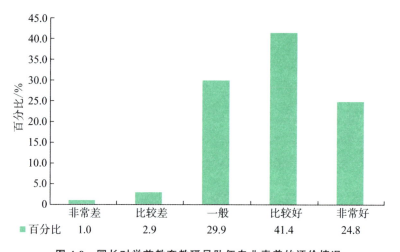

图 4-9　园长对学前教育教研员队伍专业素养的评价情况

10. 学前教育教研员的职业道德、组织沟通能力等比较好

从学前教育教研员做得比较好的方面来看，选择职业道德（88.8％）的教研员最多，其他依次是组织沟通能力（67.8％）、仁爱之心（67.4％）、终身学习能力（66.7％）、理想信念（66.3％）、自我认识与调节能力（64.0％）、专业能力

（62.1％）、专业知识（59.6％）和其他方面（1.0％）。（图 4-10）

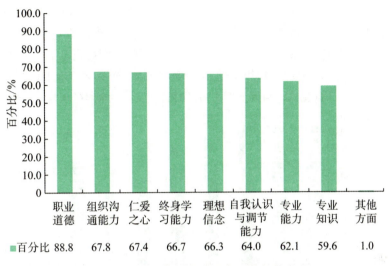

图 4-10　学前教育教研员做得比较好的方面

11. 专业知识、专业能力是学前教育教研员需要提高的方面

从学前教育教研员需要提高的方面来看，超 70.0％ 的教研员选择专业知识（75.3％）、专业能力（72.1％），其他依次是终身学习能力（48.6％）、组织沟通能力（47.6％）、自我认识与调节能力（37.1％）、理想信念（17.3％）、职业道德（9.9％）、仁爱之心（9.0％）和其他方面（0.9％）。（图 4-11）

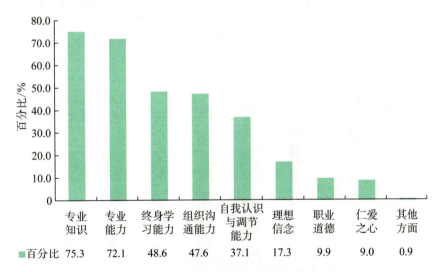

图 4-11　学前教育教研员需要提高的方面

12. 园长认为学前教育教研员的专业素养包括专业知识、职业道德、专业能力等

从园长认为学前教育教研员应该具备的专业素养来看，选择专业知识（94.7％）、职业道德（93.5％）、专业能力（90.8％）的比例均超过了90.0％，其他依次是理想信念（86.8％）、组织沟通能力（86.1％）、终身学习能力（83.0％）、仁爱之心（82.8％）、自我认识与调节能力（72.6％）以及其他素养（7.5％）。（图4-12）

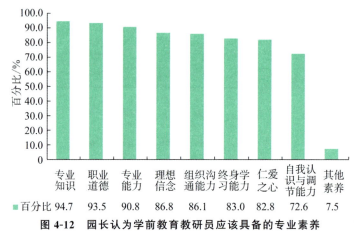

图4-12 园长认为学前教育教研员应该具备的专业素养

13. 园长认为学前教育教研员的基本条件包括教育观念正确、事业心和责任感强、教研能力突出等

从园长认为学前教育教研员应该具备的基本条件来看，选择教育观念正确（93.8％）、事业心和责任感强（92.9％）、教研能力突出（92.8％）的比例均超过了90.0％，其他依次是职业道德良好（88.0％）、政治素质过硬（87.4％）、经验丰富（84.4％）以及其他条件（8.8％）。（图4-13）

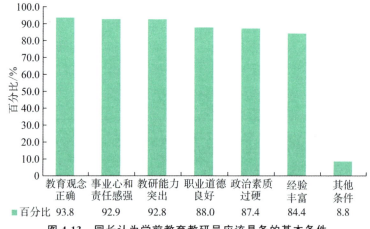

图4-13 园长认为学前教育教研员应该具备的基本条件

14. 影响学前教育教研员专业素养的因素有专业引领、领导重视、自身努力等

从影响学前教育教研员专业素养的因素来看，近 80.0% 的教研员选择了专业引领(79.7%)，其他依次是领导重视(65.4%)、自身努力(64.6%)、评价激励(56.4%)、自我反思(56.0%)、管理科学(54.9%)、机制健全(54.5%)、同事互助(35.7%)、家庭支持(26.4%)及其他因素(1.0%)。(图 4-14)

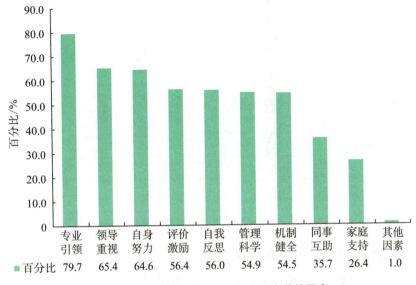

	专业引领	领导重视	自身努力	评价激励	自我反思	管理科学	机制健全	同事互助	家庭支持	其他因素
■百分比	79.7	65.4	64.6	56.4	56.0	54.9	54.5	35.7	26.4	1.0

图 4-14　影响学前教育教研员专业素养的因素

15. 提高学前教育教研员专业素养的策略有健全培训机制、加强理论学习、提高地位待遇等

从提高学前教育教研员专业素养的策略来看，超 80.0% 的学前教育教研员选择了健全培训机制(86.4%)和加强理论学习(82.0%)，其他依次是提高地位待遇(77.3%)、重视自我反思(54.0%)、优化评价机制(52.1%)、完善管理制度(48.1%)、改善工作环境(40.1%)、改善舆论环境(32.0%)及其他策略(1.4%)。(图 4-15)

(三)多措并举提高学前教育教研员的专业素养

随着社会的发展和教育的进步，特别是学前教育迈入普及普惠安全优质发展的新征程以来，内涵发展和质量提升成为学前教育事业发展的重点，国家对学前教育教研员的专业素养提出了更高的要求。调研发现，我国学前教育教研员的专业素养总体较好，他们的职业道德、组织沟通能力等比较好，但专业知识、专业能力仍有提升的空间。在访谈中，部分学前教育教研员也表示："目前教研员的综合素养离学前教育高质量发展的要求仍有一定距离，急需通过多种措施提高教研员的专业素养。"为进一步提高我国学前教育教研员的专业素养，本研究提出如下对策与建议。

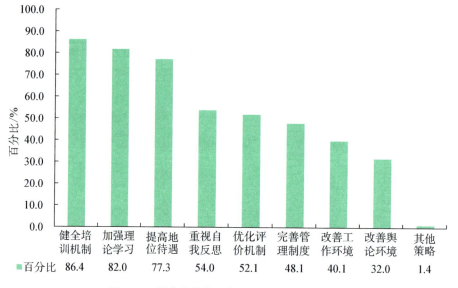

	健全培训机制	加强理论学习	提高地位待遇	重视自我反思	优化评价机制	完善管理制度	改善工作环境	改善舆论环境	其他策略
百分比	86.4	82.0	77.3	54.0	52.1	48.1	40.1	32.0	1.4

图 4-15　提高学前教育教研员专业素养的策略

1. 加强自我修炼，提升内生动力

教研员是学前教育专业的行家里手，要提高自主发展和终身成长的意识，以专业发展为核心，培养专业情怀，在不断提升自我修养和品格、专业知识与技能水平的过程中，充分发挥专业引领者的角色，做好园长、教师的引路人。

第一，加强自我学习。教研员既要了解国内外学前教育改革发展的基本趋势，掌握国家的教育方针和相关的法律法规，把握学前教育的发展方向；又要具有一定的自然科学和人文社会科学知识，掌握幼儿的身心发展特点；还要熟悉幼儿园环境创设、幼儿园教育活动组织与实施的知识和方法，掌握指导教师开展保育教育实践与研究的方法。因此，教研员要不断增强自我学习、自我发展的使命感，形成终身学习与持续发展的意识和能力，成为学习的先行者，做终身学习的典范，真正让学习成为一种习惯，在不断学习中提升专业素养。

第二，强化实践锻炼。教研员应立足于幼儿园教育教学实践，从教师日常生活中发现、捕捉和思考问题，从丰富多彩的实践问题中选择最迫切、最适合的问题，坚持以日常教育生活为载体，立足于日常教育事件，以现实的教育问题为切入点，在日常教育生活中着力研究解决现实问题的思路和有效策略，促进教师专业成长和幼儿全面发展。

第三，注重自我反思。教研贵在反思，反思贵在坚持。教研员要经常对自己的教研理念、教研方法、教研活动等进行反思，记录教研过程中的所得、所失和所感，以反思促教研，通过反思不断更新教研观念、改善教研行为，不断地在自我反思中完善自我、提升教研水平。长期积累，必有集腋成裘、聚沙成塔之收获，必能促进自身职业生涯的发展和业务素质的提高。

2. 重构教研文化，促进共同发展

文化具有潜移默化的教育功能。积极向上、宽容友善、健康活泼、和谐共享的教研文化能够净化心灵、陶冶情操、启迪智慧，为教研员专业发展提供物质和精神支持。

第一，改善工作环境。教研机构要加强基础设施建设，努力改善办公条件，着力构建布局合理、规划科学、优美典雅的物质环境，积极营造文明和谐、文化氛围浓厚的人文环境，创设自主、开放、富有人性化的教研氛围，用优美的环境愉悦教研员的身心，陶冶教研员的情操。

第二，完善内部管理。教研机构要制定发展规划，健全各项管理制度，建立便捷规范的办事程序，完善内部机构组织规则、议事规则等，坚持民主集中制，定期召开校务会议，严格落实岗位职责，健全学校教职工（代表）大会制度，尊重和保障教研员参与民主管理的权利，提高管理规范化、科学化水平。

第三，加强同伴交流。智慧在交流中闪烁，思想在碰撞中升华。教研机构要建立团队共同的价值追求，统一思想和行动，凝聚智慧和力量，积极倡导"合作共进"的良好风气，培育学术对话和学术批评的文化，营造教研员内部自由争论的良好气氛，为教研员之间的合作互助营造良好的文化氛围，使得教研员之间能够互相帮助、互相支援、互相学习、互相借鉴，不断取长补短，实现共同进步。

3. 加大支持力度，营造良好氛围

社会支持对学前教育教研员的专业素养具有重要的影响作用。良好的社会支持有助于提高教研员的专业素养，从而提高自我效能感；而社会支持的缺乏可能导致教研员的日常生活与工作中出现困难。

第一，加强专家引领。专家引领能为教研员的理论和实践提供必要的智力支持，促进教研员专业水平的提高。要坚持走出去与请进来相结合。一方面，通过邀请高等院校、科研院所等地的专家学者以举办专家讲座、进行教学现场指导以及提供教学专业咨询等形式，促进教研员理论素养和业务水平的不断提高；另一方面，鼓励和支持教研员通过访学、挂职锻炼、学术交流、脱产培训等方式学习、观摩、交流取经，开阔视野，促进自身专业发展。

第二，健全培训机制。目前，我国尚未建立教研员培训制度，教研员培训机会明显偏少，这严重制约了教研员专业素养的提高。国家应将学前教育教研员纳入教师"国培计划"，每年组织骨干教研员参加国家级示范培训；各级教育行政部门要建立教研员定期培训和全员轮训制度，将学前教育教研员培训纳入继续教育规划，保证每位教研员每5年接受不少于360学时的培训；各级教研部门要安排学前教育教研员培训专项经费，鼓励和支持教研员参加专业培训。

第三，提高工资待遇。各级政府要加大对学前教育教研的投入力度，建立学前教育教研专项经费制度，切实保障教研员培训、工资待遇等方面的经费投入。依法保证学前教育教研员的平均工资水平不低于或高于当地公务员的平均工资水平，并逐步提高。要按国家有关规定缴纳社会保险，使其依法享受社会保险待遇。

第四，改善舆论环境。各地要高度重视学前教育教研工作，把教研工作摆在优先发展的位置，集中宣传展示各地学前教育教研工作的典型经验，广泛宣传为学前教育教研工作做出突出贡献的先进个人事迹，大力营造全社会关心、支持学前教育教研工作的良好氛围。

二、学前教育教研员的遴选配备研究

认真遴选配备是补足配齐学前教育教研队伍的根本之策。调研发现，我国学前教育教研员配备总体不足，部分幼儿园配备了专兼职教研员；教研员目前以本科学历为主，但参加工作时以中专或高中学历为主；超70.0%的学前教育教研员为学前教育专业毕业，近80.0%的学前教育教研员拥有幼儿园工作经验；超50.0%的学前教育教研员从事教研员工作之前是基层教师。为加强学前教育教研员的遴选配备，一要补足配齐专兼职教研员，二要重视幼儿园实践锻炼，三要加强学前教育教研员职前培养。

（一）补足配齐学前教育教研员是开展教研工作的基础

《国家教委关于改进和加强教学研究室工作的若干意见》指出，"教研室的教学研究人员原则上应按中小学教学计划规定的课程门类进行配备。其编制数额，应本着精干原则，参照当地教育事业的规模，由各地教育行政部门商当地编制管理部门研究确定。教研室还可以选聘兼职教研员，组成专兼职结合的教研队伍"。《全国省级教研室主任会议纪要》提出，"要加强教研队伍的建设，对缺少教研员的学科要尽快调配或配齐教研员；已经配齐的要抓紧抓好对骨干的培养，提高他们的思想政治水平、业务水平和组织管理能力等"。《教育部关于加强和改进新时代基础教育教研工作的意见》指出，"严格按照专业标准和准入条件完善教研员遴选配备办法。建立专兼结合的教研队伍，省、市、县三级教研机构应按照国家课程方案配齐所有学科专职教研员，有条件的地方应分学段配齐所有学科专职教研员；各级教研机构可在中小学或其他相关机构聘请若干名符合条件的兼职教研员。优化教研队伍年龄结构，及时遴选优秀年轻教师充实教研队伍，保持教研队伍充满活力。建立专职教研员定期到中小学任教制度，教研员在岗工作满 5 年后，原则上要到中小学校从事 1 学年以上教育教学工作。对于不履行教研职责、违背教研员职业道德、不适宜继续从事教研工作的教研员，应及时调整出教研队伍"。《中共中央　国务院关于学前教育深化改革规范发展的若干意见》提出，"充实教研队伍"。《中共中央　国务院关于深化教育教学改革全面提高义务教育质量的意见》强调，"建立专兼结合的教研队伍，省、市、县三级教研机构应配齐所有学科专职教研员""健全教研员准入、退出、考核激励和专业发展机制"。

研究者对教研员配备进行了一定的研究。张薇发现，辽宁省区县教育系统专职体育行政人员与教研员数量少，不能满足学校体育管理的需要，在学历结构与专业结构上也存在不合理现象。[①] 李平发现，教研员数量不足；教研员队伍中缺少高学历的教研员，中、低学历的教研员所占比例较大，无法满足地区教育发展的需要；整体来看，受教研室编制及经费的影响，教研员学科结构不合理，学科教研员配备不齐；区县教研员队伍中常有一个教研员同时负责多个学科的教研工作的情况。[②] 张佐才等人建议按照国家标准配齐教研员。本区县专任教师不足 1000 人的，按照 13 人设编；超过 1000 人的，超过部分按照 0.3％增加编制。[③] 毛金莲调研发现，甘肃省区县教研员队伍结构存在的问题主要有：青年教研员补充不足，老年教研员偏多；部分区县教研员队伍职称水平偏低；部分区县教研员的学历水平偏低；教研员学科结构不合理，学科分布不均等问题。[④] 黄慧兰、孟繁慧、迟佳鸣调研发现，黑龙江省各地市学前教育

① 张薇：《辽宁省区县教育系统体育行政管理人员和教研员队伍状况的调查与分析——辽宁省区县教育系统学校体育管理机构状况及发展对策研究之二》，载《沈阳体育学院学报》，1999(2)。

② 李平：《湖北省体育教研员队伍现状的调研——市、区(县)体育教研员队伍基本情况的调查》，载《湖北教育学院学报》，2007(5)。

③ 张佐才等：《县级教研机构工作实践与探索》，8～10 页，北京，人民出版社，2013。

④ 毛金莲：《甘肃省区县教研员队伍结构现状调查研究》，硕士学位论文，西北师范大学，2019。

教研员的配备情况差异明显。在经济较发达的城市，各区县都设有学前教育教研室，并配备了专职教研员；但在偏远或相对落后的地区，学前教育教研员大多隶属于其他学科教研室，其他学科教研员和幼儿园园长兼任学前教育教研员的情况也较为普遍。黑龙江省学前教育教研员的年龄结构较为合理，30～50岁的学前教育教研员占总数的79％。46％的教研员接受过学前教育专业的培养，52％的教研员毕业于师范类专业，但也接受过教育学、心理学知识和教学技能的培训。学前教育教研员拥有较高的学历，拥有研究生学历的达到80％。[1] 从已有研究可以发现，我国教研员虽然人数不断增加，但仍难以满足教育改革发展的现实需要。

为了解我国学前教育教研员的基本配备情况，分析教研员的配备结构，本研究进行了下列调查。

（二）学前教育教研员配备明显不足

1. 学前教育教研员配备不足

（1）个别省份尚未配备省级专职学前教育教研员

2018年，我国共有省级专职学前教育教研员78人。其中，北京、吉林、黑龙江等地配备的省级专职学前教育教研员均超过了10人，而广西、青海等地尚没有配备。

（2）区县级专职学前教育教研员配备明显不足

据调查，2018年，全国共有2851个区县，但区县级专职学前教育教研员只有2777人，尚不能保证每个区县都配备专职学前教育教研员。相比之下，北京、辽宁、江苏、浙江、福建、山东、黑龙江、吉林、山西、安徽、湖北、河北、陕西、四川等地的各区县配备情况较好。

（3）不同学科专职教研员配备差异明显

对"三区三州"地区241个教研机构负责人的调查发现，教研机构中只有语文和数学学科的专职教研员超过了1人，其他学科的专职教研员配备明显不足。

（4）24.1％的教研机构中有学前教育教研员

从"三区三州"地区教研机构中有无学前教育教研员的情况来看，在241个教研机构中，有学前教育教研员的机构为58个，占比24.1％。其中，6个省级机构中5个有学前教育教研员，38个地市级教研机构中9个有学前教育教研员，197个区县级教研机构中45个有学前教育教研员。（表4-1）

---

① 黄慧兰、孟繁慧、迟佳鸣：《黑龙江省学前教育教研员专业发展需求调研报告》，载《黑龙江教育学院学报》，2016(7)。

表 4-1　教研机构中有无学前教育教研员的情况

级别	机构总数/个	有学前教育教研员的机构数/个	占比/%
省级	6	5	83.3
地市级	38	9	23.7
区县级	197	45	22.8

（5）14.9%的教研机构有专职学前教育教研员

从"三区三州"地区教研机构中有无专职学前教育教研员的情况来看，在241个教研机构中，有专职学前教育教研员的机构为36个，占比14.9%。其中，6个省级机构中1个有专职学前教育教研员，38个地市级教研机构中6个有专职学前教育教研员，197个区县级教研机构中29个有专职学前教育教研员。（表4-2）

表 4-2　教研机构中有无专职学前教育教研员的情况

级别	机构总数/个	有专职学前教育教研员的机构数/个	占比/%
省级	6	1	16.7
地市级	38	6	15.8
区县级	197	29	14.7

（6）专职学前教育教研员只占专职教研员的4.3%

在"三区三州"地区1619名专职教研员中，有69名专职学前教育教研员，占比4.3%。其中，133名省级专职教研员中，只有1名专职学前教育教研员；300名地市级专职教研员中，只有9名专职学前教育教研员；1186名区县级专职教研员中，只有59名专职学前教育教研员。（表4-3）

表 4-3　专职教研员中专职学前教育教研员的占比情况

级别	专职教研员/人	专职学前教育教研员/人	学前教育教研员占比/%
省级	133	1	0.8
地市级	300	9	3.0
区县级	1186	59	5.0

（7）学前教育教研员中兼职教研员占比达到34.3%

在"三区三州"地区105名学前教育教研员中，69名为专职教研员，占比

65.7%；36 名为兼职教研员，占比 34.3%。其中，5 名省级学前教育教研员中，只有 1 名专职学前教育教研员；14 名地市级学前教育教研员中，只有 9 名专职学前教育教研员；86 名区县级学前教育教研员中，只有 59 名专职学前教育教研员。（表 4-4）

表 4-4　学前教育教研员中专职、兼职教研员的占比情况

级别	总数/人	专职教研员/人	兼职教研员/人	专职教研员占比/%	兼职教研员占比/%
省级	5	1	4	20.0	80.0
地市级	14	9	5	64.3	35.7
区县级	86	59	27	68.6	31.4

（8）近一半学前教育教研员觉得教研员配备不足

从学前教育教研员的配备情况来看，14.3%的学前教育教研员感觉本地区的教研员配备严重不足，33.4%感觉比较不足，36.7%感觉一般，14.1%感觉比较充足，1.5%感觉非常充足。（图 4-16）

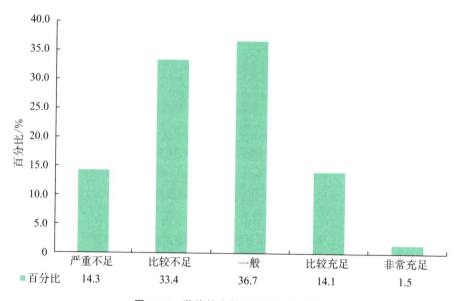

图 4-16　学前教育教研员的配备情况

（9）不足 30.0%的中小学教研员觉得教研员配备充足

从中小学教研员的配备情况来看，14.6%的中小学教研员感觉任教学科的教研员配备严重不足，17.3%感觉比较不足，40.3%感觉一般，23.5%感觉比较充足，4.3%感觉非常充足。（图 4-17）

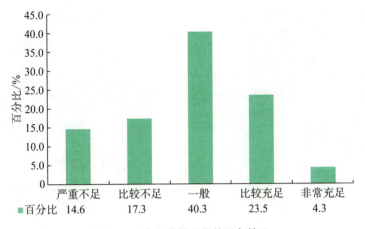

百分比	严重不足	比较不足	一般	比较充足	非常充足
	14.6	17.3	40.3	23.5	4.3

图 4-17　中小学教研员的配备情况

(10)超 60.0％的幼儿园园长反映所在区县配备了专职学前教育教研员

从所在区县有无专职学前教育教研员的情况来看，31.2％的园长表示有 1 人，33.2％表示有 2 人或以上，18.5％表示没有，17.1％表示不清楚。（图 4-18）

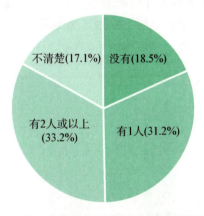

图 4-18　所在区县有无专职学前教育教研员的情况

2. 部分幼儿园配备了专兼职教研员

(1)有专职教研员的幼儿园不足一半

从幼儿园有无专职教研员的情况来看，32.6％的园长表示有 1 人，16.3％表示有 2 人或以上，49.7％表示没有，1.4％表示不清楚。（图 4-19）

(2)超 60.0％的幼儿园有兼职教研员

从幼儿园有无兼职教研员的情况来看，38.2％的园长表示有 1 人，26.3％表示有 2 人或以上，33.9％表示没有，1.6％表示不清楚。（图 4-20）

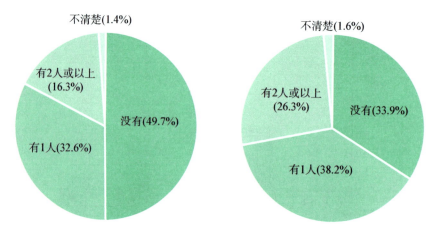

图 4-19　幼儿园有无专职教研员的情况　　　图 4-20　幼儿园有无兼职教研员的情况

3. 教研员目前以本科学历为主，但参加工作时以中专或高中学历为主

(1)超 60.0％的学前教育教研员参加工作时为中专或高中学历

从学前教育教研员参加工作时的学历来看，0.4％的教研员为初中及以下学历，61.6％为中专或高中学历，20.9％为专科学历，13.9％为本科学历，3.2％为研究生及以上学历。（图 4-21）

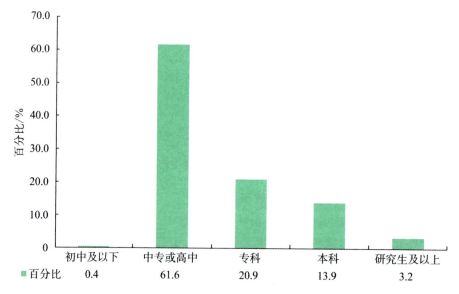

图 4-21　学前教育教研员参加工作时的学历

(2)不同身份的学前教育教研员参加工作时的学历有差异

从不同身份的学前教育教研员参加工作时的学历来看，省级教研员以本

科、研究生及以上学历为主，地市级、区县级和乡镇级教研员以中专或高中学历为主。（图 4-22）

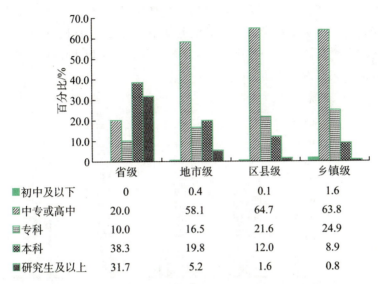

	省级	地市级	区县级	乡镇级
■初中及以下	0	0.4	0.1	1.6
▨中专或高中	20.0	58.1	64.7	63.8
▤专科	10.0	16.5	21.6	24.9
▩本科	38.3	19.8	12.0	8.9
▦研究生及以上	31.7	5.2	1.6	0.8

图 4-22 不同身份的学前教育教研员参加工作时的学历

（3）学前教育教研员目前以本科学历为主

从学前教育教研员目前的学历来看，1.2％的教研员为中专或高中学历，13.5％为专科学历，78.0％为本科学历，7.3％为研究生及以上学历。（图 4-23）

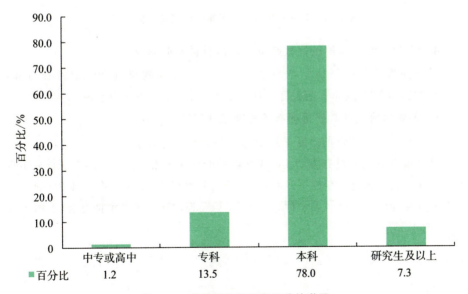

	中专或高中	专科	本科	研究生及以上
■百分比	1.2	13.5	78.0	7.3

图 4-23 学前教育教研员目前的学历

（4）不同身份的学前教育教研员目前的学历有差异

从不同身份的学前教育教研员目前的学历来看，省级教研员中48.3%为研究生及以上学历，51.7%为本科学历；地市级教研员中14.2%为研究生及以上学历，79.8%为本科学历；区县级教研员中4.6%为研究生及以上学历，84.5%为本科学历；乡镇级教研员中1.2%为研究生及以上学历，59.5%为本科学历，34.2%为专科学历。（图4-24）

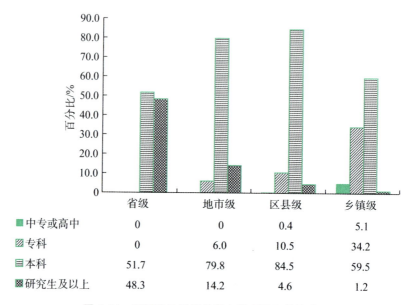

	省级	地市级	区县级	乡镇级
■中专或高中	0	0	0.4	5.1
▨专科	0	6.0	10.5	34.2
▤本科	51.7	79.8	84.5	59.5
▨研究生及以上	48.3	14.2	4.6	1.2

图4-24　不同身份的学前教育教研员目前的学历

4. 超70.0%的学前教育教研员为学前教育专业毕业

从学前教育教研员所学的专业来看，70.7%的教研员为学前教育专业，26.4%为教育学类但非学前教育专业，2.9%为其他专业。（图4-25）

5. 多数学前教育教研员拥有幼儿园工作经验

（1）近80.0%的学前教育教研员拥有幼儿园工作经验

从学前教育教研员有无幼儿园工作经验的情况来看，22.3%的教研员表示没有，10.6%表示拥有3年以下经验，8.9%表示拥有3～5年经验，14.2%表示拥有6～10年经验，27.1%表示拥有11～20年经验，16.9%表示拥有20年以上经验。（图4-26）

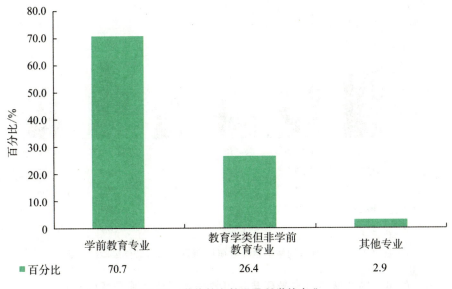

百分比	学前教育专业	教育学类但非学前教育专业	其他专业
	70.7	26.4	2.9

图 4-25　学前教育教研员所学的专业

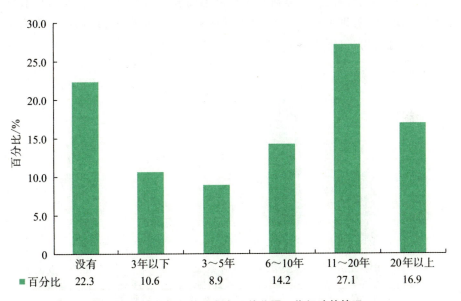

百分比	没有	3年以下	3～5年	6～10年	11～20年	20年以上
	22.3	10.6	8.9	14.2	27.1	16.9

图 4-26　学前教育教研员有无幼儿园工作经验的情况

(2)不同身份的学前教育教研员在有无幼儿园工作经验上有差异

从不同身份的学前教育教研员有无幼儿园工作经验的情况来看，43.3％的省级教研员没有，25.4％的地市级教研员没有，19.2％的区县级教研员没有，25.3％的乡镇级教研员没有。(图 4-27)

第四章　学前教育教研队伍建设研究

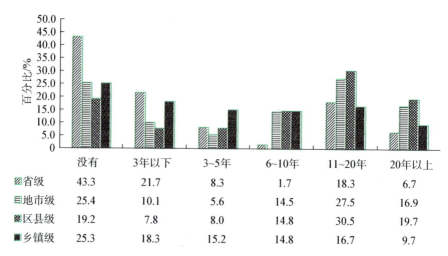

	没有	3年以下	3~5年	6~10年	11~20年	20年以上
省级	43.3	21.7	8.3	1.7	18.3	6.7
地市级	25.4	10.1	5.6	14.5	27.5	16.9
区县级	19.2	7.8	8.0	14.8	30.5	19.7
乡镇级	25.3	18.3	15.2	14.8	16.7	9.7

图 4-27　不同身份的学前教育教研员有无幼儿园工作经验的情况

6. 超 50.0%的学前教育教研员从事教研员工作之前是基层教师

从学前教育教研员从事教研员工作之前的身份来看，52.5%是基层教师，32.3%是幼儿园管理干部，5.2%是大学毕业生，4.4%是行政部门工作人员，5.6%是其他身份。（图 4-28）

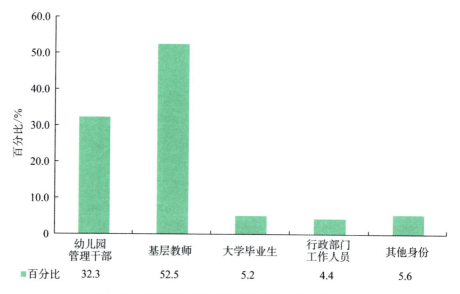

	幼儿园管理干部	基层教师	大学毕业生	行政部门工作人员	其他身份
百分比	32.3	52.5	5.2	4.4	5.6

图 4-28　学前教育教研员从事教研员工作之前的身份

不同身份的学前教育教研员从事教研员工作之前的身份有差异。省级教研员从大学毕业生中而来的比例最高（33.3%），地市级、区县级和乡镇级教研员

从基层教师中而来的比例最高。（图 4-29）

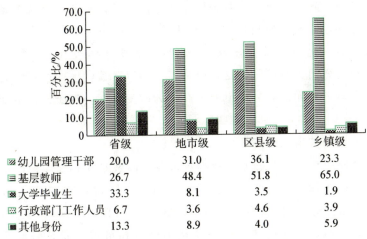

	省级	地市级	区县级	乡镇级
幼儿园管理干部	20.0	31.0	36.1	23.3
基层教师	26.7	48.4	51.8	65.0
大学毕业生	33.3	8.1	3.5	1.9
行政部门工作人员	6.7	3.6	4.6	3.9
其他身份	13.3	8.9	4.0	5.9

图 4-29 不同身份的学前教育教研员从事教研员工作之前的身份

7. 学前教育教研员的职前教育中存在没有入职前培训、学校层次参差不齐、课程设置脱离实际等问题

从学前教育教研员的职前教育中存在的主要问题来看，68.3％的教研员反映没有入职前培训，其他依次是学校层次参差不齐（48.6％）、课程设置脱离实际（37.3％）、无相关专业（34.4％）、学校教育质量不高（26.6％）、男女比例失衡（26.0％）以及其他问题（2.1％）。（图 4-30）

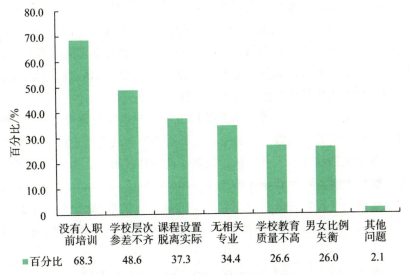

	没有入职前培训	学校层次参差不齐	课程设置脱离实际	无相关专业	学校教育质量不高	男女比例失衡	其他问题
百分比	68.3	48.6	37.3	34.4	26.6	26.0	2.1

图 4-30 学前教育教研员的职前教育中存在的主要问题

（三）通过多种方式补足配齐学前教育教研员

调研发现，我国学前教育教研员配备总体不足，教研员遴选配备过程中还存在较多问题。有教研员反映："幼儿园数量比中小学数量多，但是一个区县往往只有一名学前教育教研员，人数不到中小学教研员人数的十分之一，学前教育教研力量严重不足，教师工作难以覆盖辖区内所有幼儿园。教研力量薄弱制约着学前教育质量的提高。"为改变现状，本研究提出如下对策与建议。

1. 补足配齐专兼职教研员

各级政府要根据幼儿园专任教师数量或园所数量配备专职教研员，承担辖区内的教研工作。建议30万人口以上县（市、区）按不低于幼儿园专任教师总数的0.8％至1‰配备专职教研员，30万人口以下县（市、区）至少配备一名专职教研员，教育行政部门不得挤占或变相挤占专职教研员的专用编制。① 鼓励各地聘请当地学科带头人、优秀校长或园长、骨干教师、高校或科研部门的专家学者等担任兼职教研员，壮大教研队伍。各县（市、区）按照每1～2个乡镇（街道）配备1～2名兼职教研员的规模，组建县区级兼职教研团队。幼儿园要按照园所规模配备专兼职教研员，建议6个班级及以上规模的幼儿园配备一名专职教研员，5个班级及以下规模的幼儿园配备一名兼职教研员。

2. 重视幼儿园实践锻炼

当园长和教师在工作中遇到困难或获得成功时，特别希望学前教育教研员能够与他们产生共鸣，帮助他们解决遇到的问题，发现他们成功的经验。因此，学前教育教研员不仅要能够指导、示范，更重要的是要能够参与和体验，要能够与园长、教师共同成长，需要具有较强的幼儿园工作实践指导能力。为了提高学前教育教研员的实践指导能力，建议如下。

一是将拥有幼儿园工作经验作为教研员准入与选拔的重要标准。要聘任、选拔具有一定的幼儿园实践工作经验，能够引领当地幼儿园发展、为幼儿教师提供教育教学实践指导的人员担任专兼职学前教育教研员，为学前教育质量的持续提升提供业务支持和专业支撑。

二是加强幼儿园实践操作与指导方面的培训。根据"缺什么补什么""按需培训"的原则，适当加强对学前教育教研员在科学保教、园本教研、园务管理、

---

① 康天明、贺茂义：《关于县级教研室建设标准及需要注意的几个问题的思考》，载《教育理论与实践》，2012(8)。

文化建设、队伍发展、卫生保健、家长工作等方面的培训。

三是自身注重积累幼儿园实践经验。学前教育教研员不仅要通过跟岗学习、园所观摩等深入了解幼儿园工作，而且要通过参加培训、自学、自我反思等积累幼儿园实践经验，还要通过参加教育教学调研、组织教研活动等不断丰富幼儿园教育教学经验，不断提高自身的实践指导能力。

3. 加强学前教育教研员职前培养

学前教育教研员是促进学前教育质量提升和内涵发展的重要力量，但是，目前我国学前教育教研员培养制度还不健全。建议如下。

一是高校设立学前教育教研专业。教研员是专业性较强的职业。目前，由于我国高校尚没有学前教育教研相关专业，因此，我国的学前教育教研员一部分从幼儿园教师队伍中选拔，另一部分从高校学前教育专业等相关专业的毕业生中招聘。这些人员都没有接受过系统的、专业的学前教育教研培训，难以尽快适应教研员工作。为了提高学前教育教研员的专业化水平，建议国家尽快在部分高校设置学前教育教研专业，扩大专业化学前教育教研队伍的培养规模。

二是提高学前教育教研员入职时的学历水平。调查发现，虽然目前学前教育教研员以本科学历为主，但是超 60.0% 的学前教育教研员参加工作时为中专或高中学历。建议扩大本科以上层次学前教育相关专业的培养规模，同时要求新入职教研员达到本科或以上学历水平。

三是完善职前培养培训课程体系。调研发现，没有入职前培训及课程设置脱离实际是职前教育中存在的主要问题。因此，一方面要加强教研员入职前的培训，帮助教研员树立教育信念，构建教育知识体系和技能结构等；另一方面要完善职前培养课程，增加教研员相关工作实践锻炼机会，强化对学前教育教研员实践性技能的培养。

三、学前教育教研员的培训状况研究

加强培训是促进教研员专业发展的重要途径。调查发现，学前教育教研员对培训的满意度一般；学前教育教研员培训中存在培训机会少、内容缺乏针对性、培训经费少等问题；近 60.0% 的教研员参加培训的频率为 1 年或以上 1 次，每年参加培训的时间不足 5 天；学前教育教研员最希望学习教研经验、科研方法、实践操作等方面的内容，希望采取园所观摩、案例培训、参与式培训等培训方式。为了加强学前教育教研员培训，本研究提出如下对策与建议：一是健全培训制度，增加参与培训的机会；二是完善培训内容，提高培训的针对性；三是优化培训形式，提高形式的多样性；四是规范培训管理，提高培训的保障水平。

（一）学前教育教研员培训仍待加强

国家高度重视教师培训工作。《国家中长期教育改革和发展规划纲要（2010—2020年）》提出，"切实加强幼儿教师培养培训，提高幼儿教师队伍整体素质"。《国务院关于当前发展学前教育的若干意见》提出，"多种途径加强幼儿教师队伍建设""完善学前教育师资培养培训体系""建立幼儿园园长和教师培训体系，满足幼儿教师多样化的学习和发展需求"。教育部、财政部从2011年起实施"幼儿教师国家级培训计划"，对中西部地区农村幼儿园园长、骨干教师和转岗教师进行专业培训，着力提高学前教育师资的整体素质。

国家相关政策对教研员培训也提出了明确要求。《国家教委关于改进和加强教学研究室工作的若干意见》提出，"教研员要加强学习，不断提高自身的思想政治和业务素质"。《中共中央　国务院关于深化教育教学改革全面提高义务教育质量的意见》强调，"健全教研员准入、退出、考核激励和专业发展机制"。《教育部关于加强和改进新时代基础教育教研工作的意见》强调"加强教研员培训，将其纳入教师'国培计划'，教育部每年组织骨干教研员国家级示范培训；省、市、县级教育行政部门要建立教研员全员培训制度，每位教研员每年接受不少于72课时的培训"。

培训对教研员专业发展具有重要的作用。付钰雯发现，教研员队伍的整体素质和教研员个人的专业素质与教研员的培训机会和培训体系成正相关，也就是说，培训体系的完善和教研培训机会的增加是教研员素质提高的重要途径。[①] 近年来，我国教研员培训规模有所扩大、培训形式日趋多元、培训课程不断完善，但是也存在一定的问题。高金洋研究发现，教研员对培训有很强的参与兴趣，希望可以通过培训解决部分工作、教学中遇到的难题，但是大部分教研员没有固定的培训周期，参加国家级培训的机会少。[②] 王凤鸣发现，绝大多数教研员认同专业培训的重要性，但是，对培训的满意度却不高，这说明目前进行的培训仍与教研员的需求有一段距离，需要在方式、方法上进行变革和改进；同时也发现，目前的培训存在培训形式单一、内容脱离实际、效果不明

---

① 付钰雯：《学前教研员队伍建设现状及路径研究——以山西省Y市为例》，硕士学位论文，山西师范大学，2020。

② 高金洋：《对教育部"国培计划"的中小学体育教研员培训需求的分析研究》，硕士学位论文，首都体育学院，2016。

显和目的不明确等问题。① 黄甫全、李佩珊、苏颖仪等人发现，民族地区教研员培训存在培训时间安排欠妥当、培训形式单一、培训内容脱离实际等问题。② 因此，教研员虽然渴望更多的专业培训。但目前，我国针对学前教育教研员的"国培"项目还比较少，各地的重视程度还不够，难以满足学前教育教研队伍快速发展的需要。

为进一步探寻学前教育教研员的培训需求，全面分析教研员的培训现状，深刻剖析存在的突出问题，本研究对学前教育教研员的培训状况进行了调查与分析。

（二）学前教育教研员培训难以满足多样化的需求

1. 学前教育教研员对培训的满意度一般

从学前教育教研员对本地区教研员培训的满意度来看，6.7%的教研员表示非常不满意，15.8%表示比较不满意，48.0%表示一般，25.4%表示比较满意，4.1%表示非常满意。（图4-31）

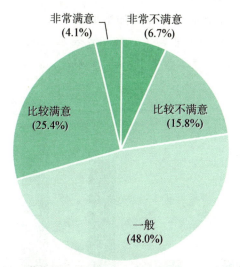

图 4-31　学前教育教研员对本地区教研员培训的满意度

超60.0%的中小学教研员对培训满意。从中小学教研员对参加过的培训的满意度来看，13.4%表示非常满意，48.3%表示比较满意，31.9%表示一般，3.6%表示比较不满意，2.8%表示非常不满意。（图4-32）

---

① 王凤鸣：《基于新课改的初中英语教研员专业发展问题研究——以黑龙江省为例》，硕士学位论文，哈尔滨师范大学，2016。

② 黄甫全、李佩珊、苏颖仪等：《民族地区兼职教研员专业发展的困境与对策——来自广西G县的调查》，载《岭南师范学院学报》，2019(2)。

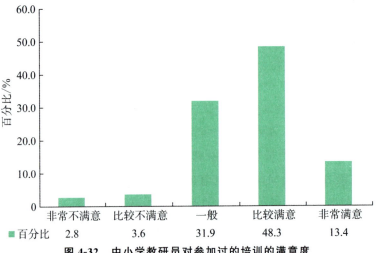

图 4-32 中小学教研员对参加过的培训的满意度

近 60.0%的中小学教研员感觉参加培训收获大。从中小学教研员参加培训的收获来看,12.4%表示非常大,46.5%表示比较大,31.4%表示一般,4.9%表示比较小,4.8%表示非常小。(图 4-33)

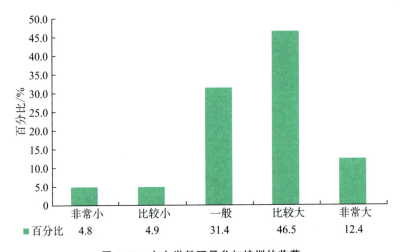

图 4-33 中小学教研员参加培训的收获

2. 近 60.0%的学前教育教研员参加培训的频率为 1 年或以上 1 次

从学前教育教研员参加培训的频率来看,6.5%的教研员表示没有参加过培训,22.0%表示 2 年以上参加 1 次,30.9%表示 1 年参加 1 次,25.6%表示半年参加 1 次,11.6%表示 2~3 个月参加 1 次,3.4%表示 1 个月参加 1 次。(图 4-34)

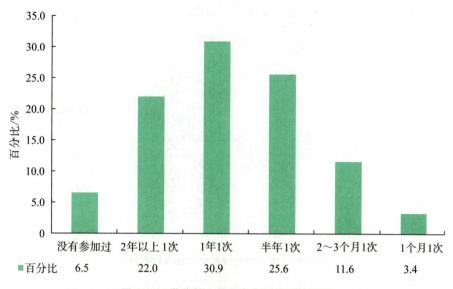

■百分比	6.5	22.0	30.9	25.6	11.6	3.4
	没有参加过	2年以上1次	1年1次	半年1次	2~3个月1次	1个月1次

图4-34　学前教育教研员参加培训的频率

超70.0％的中小学教研员参加培训的频率为1年或以上1次。从中小学教研员参加培训的频率来看，15.4％的教研员表示没有参加过培训，27.6％表示2年以上参加1次，33.7％表示1年参加1次，15.2％表示半年参加1次，6.6％表示2~3个月参加1次，1.5％表示1个月参加1次。（图4-35）

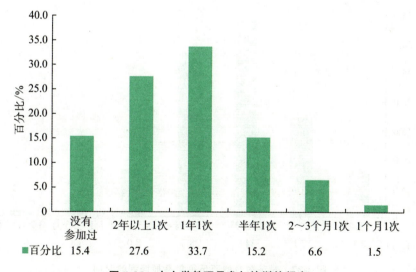

■百分比	15.4	27.6	33.7	15.2	6.6	1.5
	没有参加过	2年以上1次	1年1次	半年1次	2~3个月1次	1个月1次

图4-35　中小学教研员参加培训的频率

中小学教研员参加培训的机会较少。从中小学教研员参加培训的机会来看，2.2％的教研员认为非常多，11.8％认为比较多，34.6％认为一般，

24.6％认为比较少，26.8％认为非常少。（图4-36）

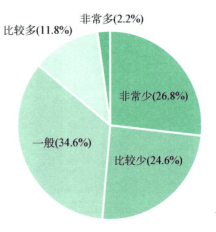

图4-36　中小学教研员参加培训的机会

3. 近60.0％的学前教育教研员每年参加培训的时间不足5天

从学前教育教研员每年参加培训的时间来看，8.1％的教研员表示没有，17.1％表示1～2天，34.0％表示3～5天，28.3％表示1～2周，8.0％表示3～4周，3.8％表示1～3个月，0.7％表示3个月以上。（图4-37）

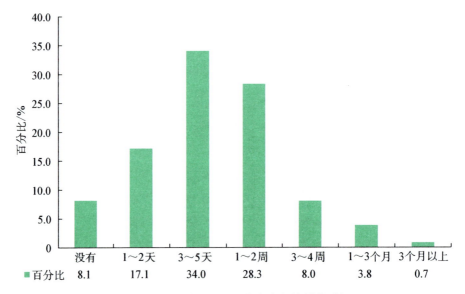

图4-37　学前教育教研员每年参加培训的时间

4. 学前教育教研员最希望学习教研经验、科研方法、实践操作等方面的内容

从学前教育教研员最希望学习的内容来看，84.1%的教研员选择了教研经验，选择科研方法(67.0%)和实践操作(63.3%)的比例也超过了60.0%，其他依次是教育理论(57.9%)、业务管理(55.5%)、技能技巧(47.4%)、通识性知识(35.7%)以及其他方面(1.2%)。（图4-38）

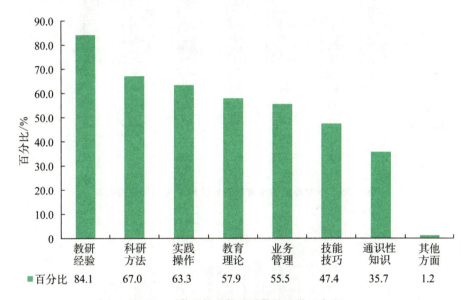

	教研经验	科研方法	实践操作	教育理论	业务管理	技能技巧	通识性知识	其他方面
■百分比	84.1	67.0	63.3	57.9	55.5	47.4	35.7	1.2

图4-38 学前教育教研员最希望学习内容

不同身份的学前教育教研员最希望学习的内容略有差异。省级教研员最希望学习教研经验(86.7%)、实践操作(61.7%)和科研方法(61.7%)等方面的内容；地市级教研员最希望学习教研经验(86.3%)、科研方法(71.4%)和教育理论(65.7%)等方面的内容；区县级教研员最希望学习教研经验(86.5%)、科研方法(68.6%)和实践操作(63.8%)等方面的内容；乡镇级教研员最希望学习教研经验(72.8%)、业务管理(67.7%)和技能技巧(65.0%)等方面的内容。（图4-39）

不同专兼职情况的学前教育教研员最希望学习的内容略有差异。专职教研员最希望学习教研经验(87.2%)、科研方法(62.9%)和实践操作(61.7%)等方面的内容。在兼职教研员中，若其是行政干部，最希望学习教研经验(83.4%)、科研方法(71.5%)和业务管理(68.5%)等方面的内容；若其承担幼儿园工作，最希望学习教研经验(81.8%)、科研方法(72.2%)和实践操作(72.2%)等方面的内容；若其兼任其他学科教研员，最希望学习教研经验（76.2％）、科研方法（68.9％）和实践操作（57.6％）等方面的内容。（图4-40）

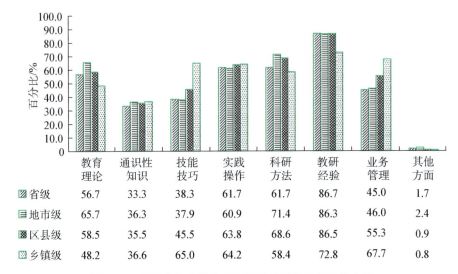

	教育理论	通识性知识	技能技巧	实践操作	科研方法	教研经验	业务管理	其他方面
省级	56.7	33.3	38.3	61.7	61.7	86.7	45.0	1.7
地市级	65.7	36.3	37.9	60.9	71.4	86.3	46.0	2.4
区县级	58.5	35.5	45.5	63.8	68.6	86.5	55.3	0.9
乡镇级	48.2	36.6	65.0	64.2	58.4	72.8	67.7	0.8

图4-39　不同身份的学前教育教研员最希望学习的内容

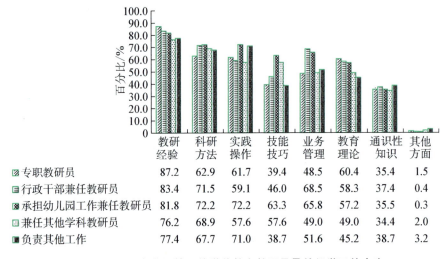

	教研经验	科研方法	实践操作	技能技巧	业务管理	教育理论	通识性知识	其他方面
专职教研员	87.2	62.9	61.7	39.4	48.5	60.4	35.4	1.5
行政干部兼任教研员	83.4	71.5	59.1	46.0	68.5	58.3	37.4	0.4
承担幼儿园工作兼任教研员	81.8	72.2	72.2	63.3	65.8	57.2	35.5	0.3
兼任其他学科教研员	76.2	68.9	57.6	57.6	49.0	49.0	34.4	2.0
负责其他工作	77.4	67.7	71.0	38.7	51.6	45.2	38.7	3.2

图4-40　不同专兼职情况的学前教育教研员最希望学习的内容

中小学教研员最希望学习技能技巧、教研经验等方面内容。从中小学教研员最希望学习的内容来看，64.9％的教研员选择了技能技巧，其他依次是教研经验（62.7％）、教育理论（58.6％）、实践操作（57.9％）、科研方法（41.4％）、业务管理（31.6％）、通识性知识（28.5％）以及其他方面（5.7％）。（图4-41）

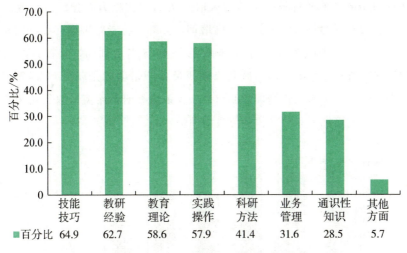

百分比	64.9	62.7	58.6	57.9	41.4	31.6	28.5	5.7
	技能技巧	教研经验	教育理论	实践操作	科研方法	业务管理	通识性知识	其他方面

图 4-41 中小学教研员最希望学习的内容

5. 学前教育教研员希望采取的培训方式有园所观摩、案例培训、参与式培训等

从学前教育教研员希望采取的培训方式来看，选择园所观摩（77.6%）、案例培训（77.2%）和参与式培训（75.9%）的比例都超过了 70.0%，其他依次是跟岗学习（63.4%）、专题讲授（59.0%）、师徒结对（37.4%）、在线学习（22.6%）及其他方式（0.8%）。（图 4-42）

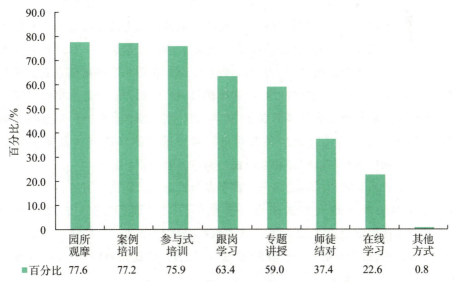

百分比	77.6	77.2	75.9	63.4	59.0	37.4	22.6	0.8
	园所观摩	案例培训	参与式培训	跟岗学习	专题讲授	师徒结对	在线学习	其他方式

图 4-42 学前教育教研员希望采取的培训方式

不同身份的学前教育教研员希望采取的培训方式略有差异。省级教研员希望采取的是参与式培训（78.3%）、案例培训（73.3%）、专题讲授（61.7%）和园所观摩（61.7%）；地市级教研员希望采取的是参与式培训（77.4%）、案例培训（74.2%）和园所观摩（70.2%）；区县级教研员希望采取的是园所观摩（79.5%）、案例培训（79.4%）和参与式培训（78.6%）；乡镇级教研员希望采取的是园所观摩（82.1%）、案例培训（73.5%）和参与式培训（64.2%）。（图 4-43）

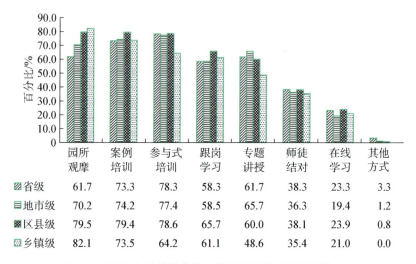

	园所观摩	案例培训	参与式培训	跟岗学习	专题讲授	师徒结对	在线学习	其他方式
省级	61.7	73.3	78.3	58.3	61.7	38.3	23.3	3.3
地市级	70.2	74.2	77.4	58.5	65.7	36.3	19.4	1.2
区县级	79.5	79.4	78.6	65.7	60.0	38.1	23.9	0.8
乡镇级	82.1	73.5	64.2	61.1	48.6	35.4	21.0	0.0

图 4-43 不同身份的学前教育教研员希望采取的培训方式

不同专兼职情况的学前教育教研员希望采取的培训方式略有差异。专职教研员希望采取的培训方式是案例培训（78.0%）、参与式培训（76.5%）和园所观摩（75.6%）。在兼职教研员中，若其是行政干部，希望采取的培训方式是参与式培训（80.9%）、园所观摩（77.4%）和案例培训（76.2%）；若其承担幼儿园工作，希望采取的培训方式是园所观摩（85.3%）、案例培训（76.7%）和参与式培训（73.5%）；若其兼任其他学科教研员，希望采取的培训方式是案例培训（78.1%）、园所观摩（74.8%）和参与式培训（70.9%）。（图 4-44）

中小学教研员希望采取的培训方式有参与式培训、跟岗学习等。从中小学教研员希望采取的培训方式来看，选择参与式培训（29.3%）、跟岗学习（22.2%）的比例都超过了 20.0%，其他依次是案例培训（11.1%）、园所观摩（10.9%）、专题讲授（9.8%）、在线学习（7.4%）、师徒结对（7.3%）及其他方式（2.0%）。（图 4-45）

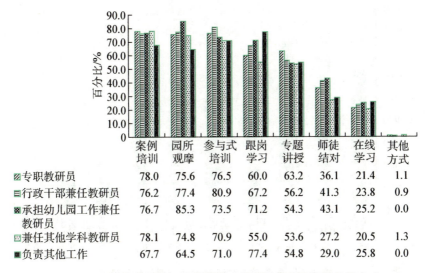

	案例 培训	园所 观摩	参与式 培训	跟岗 学习	专题 讲授	师徒 结对	在线 学习	其他 方式
专职教研员	78.0	75.6	76.5	60.0	63.2	36.1	21.4	1.1
行政干部兼任教研员	76.2	77.4	80.9	67.2	56.2	41.3	23.8	0.9
承担幼儿园工作兼任 教研员	76.7	85.3	73.5	71.2	54.3	43.1	25.2	0.0
兼任其他学科教研员	78.1	74.8	70.9	55.0	53.6	27.2	20.5	1.3
负责其他工作	67.7	64.5	71.0	77.4	54.8	29.0	25.8	0.0

图 4-44　不同专兼职情况的学前教育教研员希望采取的培训方式

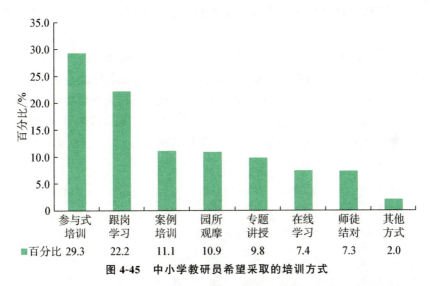

	参与式 培训	跟岗 学习	案例 培训	园所 观摩	专题 讲授	在线 学习	师徒 结对	其他 方式
百分比	29.3	22.2	11.1	10.9	9.8	7.4	7.3	2.0

图 4-45　中小学教研员希望采取的培训方式

6. 学前教育教研员参加培训的保障条件有培训有质量、经费有保障、领导支持等

从学前教育教研员参加培训的保障条件来看，选择最多的是培训有质量（85.3%），选择经费有保障（79.3%）、领导支持（74.6%）以及内容满足需要（70.9%）的比例也超过了70.0%，其他依次是时间有保障（69.3%）、培训机会多（59.3%）、培训机制健全（56.1%）、培训管理规范（27.9%）、培训机构多（20.0%）以及其他条件（0.7%）。（图 4-46）

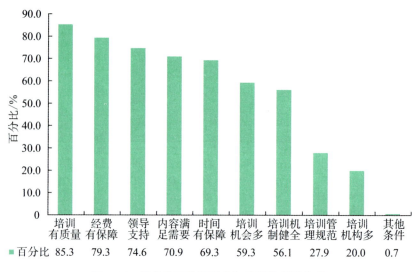

图 4-46　学前教育教研员参加培训的保障条件

7. 学前教育教研员培训中存在培训机会少、内容缺乏针对性、培训经费少等问题

从本地区学前教育教研员培训中存在的主要问题来看，选择培训机会少的教研员最多（72.6%），选择内容缺乏针对性（50.3%）的比例超过了 50.0%，选择培训经费少（46.5%）、培训时间短（46.0%）、形式缺乏创新性（44.7%）、培训与工作冲突（40.7%）的比例超过了 40.0%，其他依次是培训方式陈旧（26.8%）、目标不明确（20.8%）、管理不严格（12.5%）及其他问题（1.8%）。（图 4-47）

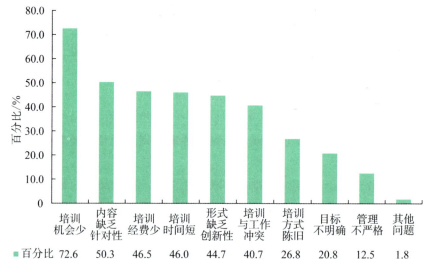

图 4-47　本地区学前教育教研员培训中存在的主要问题

（三）切实加强学前教育教研员培训

调查发现，学前教育教研员培训中存在培训机会少、内容缺乏针对性、培训经费少等问题。访谈中，许多教研员认为："虽然已经面向园长和教师建立了全员培训制度，但是由于教研员并不属于教师，所以针对教研员的培训机会、培训经费等都非常少，严重制约了教研员队伍的专业发展。"为了加强学前教育教研员培训，本研究提出如下对策与建议。

1. 健全培训制度，增加参与培训的机会

只有持续学习才能使得教研员与时俱进地开展工作，更好地促进专业发展。自《国家中长期教育改革和发展规划纲要（2010—2020年）》颁布实施以来，我国逐步构建起了精准、专业、多维的幼儿园园长和教师培训体系，在造就高素质专业化的幼儿园教师队伍、建成中国特色的培训制度体系等方面发挥了重要作用。目前，我国虽然对教研员培训提出了要求，但是尚没有建立完善的教研员培训制度，学前教育教研员参加培训的机会和时间还比较少。2020年，我国幼儿园专任教师年人均培训次数超过了6次。本次调研发现，学前教育教研员的培训时间短，培训次数也少于幼儿园专任教师。因此，需要进一步建立健全学前教育教研员培训制度，完善教研员培训体系。

第一，要健全学前教育教研员全员培训制度。要实行学前教育教研员5年一周期不少于360学时的全员培训制度，将学前教育教研员的培训纳入各级政府教师队伍继续教育规划，确保学前教育教研员能够享受到培训与学习的机会，为学前教育教研员参加专业培训提供制度保障。第二，要建立学前教育教研员培训经费保障机制，加大对学前教育教研员培训经费的投入，培训经费纳入财政预算，教研机构要安排一定比例的学前教育教研员培训专项经费，确保学前教育教研员的培训经费达到一定的水平。第三，要实施学前教育教研员专项培训计划，逐步扩大学前教育教研员国家级培训计划的实施规模。各级政府应积极创造学前教育教研员专项培训机会，教研机构每年要对学前教育教研员进行全员培训。第四，要鼓励和支持学前教育教研员参加专业培训。各级领导要加强学前教育教研员对参加培训的认识和了解，建立学前教育教研员培训激励机制，将培训与聘任、考核、晋升、评优、奖励等联系起来，鼓励和支持教研员参加专业培训，并给予其时间、经费、工作等方面的支持和保障。

2. 完善培训内容，提高培训的针对性

目前，学前教育教研员培训的课程内容大多是由少数教育专家、教育主管部门或者培训机构根据自己掌握的信息或现有教学条件、培训师资队伍确定的，在内容的选取上，往往难以充分考虑不同区域、不同类型教研员的差异。由于不同地区教研员的水平参差不齐，起点和要求也不尽相同，学前教育教研员对培训

内容的需求呈现出多样化的态势。本研究发现，不同身份及不同专兼职情况的教研员最希望学习的内容略有差异，超过一半的教研员认为培训内容缺乏针对性。

精准的培训更能增强培训效果。一是做好学前教育教研员培训需求调研。只有对学前教育教研员进行全面的调查和了解，才能更好地了解不同地区、不同专业背景、不同年龄、不同身份的教研员的培训需求，制定的培训内容才能做到有的放矢。二是着力建构符合学前教育教研员实际需求的培训内容体系。培训机构既要考虑到教研员在入职时间上的不同，也要兼顾到不同专兼职情况、不同身份、不同教育背景的教研员的不同特点，根据教研员的需求设置与之相符的更具针对性和实用性的课程内容，满足不同层次、不同发展水平的学前教育教研员的培训需求，使所有教研员都能受益。三是培训专家要灵活调整培训内容，要以学前教育教研员工作实践过程中遇到的困难为依据，充分考虑学前教育教研员必需的本体性知识、实践性知识以及文化知识等，围绕教研经验、科研方法、实践操作、教育理论、业务管理、技能技巧、通识性知识等方面设置培训内容，真正帮助学前教育教研员解决实践中的重点和难点问题，使不同的学前教育教研员通过培训能够学有所得、学有所获。

3. 优化培训方式，提高形式的多样性

培训方式的适宜性与科学性是影响培训效果的关键因素。目前的学前教育教研员培训模式主要为"集中选培"，即把学前教育教研员抽调出来，选送到项目承训机构中进行集中培训。同时，目前教研员培训大多采取集体讲授的形式，教研员大多处于被动接受的状态，与专家、优秀教师进行讨论、交流的机会偏少。在这种以集中培训、专家讲授为主的培训中，教研员机械记忆、模仿练习较多，实践专业能力难以得到有效提高，这在很大程度上违背了教研员"职业自律性"提高的科学规律，也忽视了教研员的主体地位。本研究发现，园所观摩、案例培训、参与式培训是教研员希望采取的培训方式，超 40.0%的教研员感觉培训形式缺乏创新性，近 30.0%的教研员感觉培训方式陈旧。

灵活多样的培训方式更能提高教研员参加培训的积极性和主动性。一是培训单位要积极采用多样化的培训方式。除了把学前教育教研员抽调到承训单位进行集中培训外，考虑到学前教育教研员数量短缺与抽调困难的实际情况，更应该采取灵活多元的培训方式，如通过"线下培训"与"线上指导"相结合的方式，解决教研员工作与培训时间矛盾的问题。二要灵活采取在线学习、微格教学、自选式培训、专家讲座等形式，提高教研员参与培训的积极性。三要充分发挥学前教育教研员的主动性。多开展一些有利于学前教育教研员积极、主动参与进来的活动，避免学前教育教研员做被动的聆听者，更多采取园所观摩、听课评课、小组研讨、案例分析、课例研究等参与式培训形式，真正做到"以

参训者为中心"，提高培训者参与的主动性。

4. 规范培训管理，提高培训的保障水平

规范管理是有效培训的重要保证，但目前的学前教育教研员培训模式和管理模式往往难以适应学前教育教研员的实际需求，参训人员审核不严格、管理制度不健全、缺少培训效果的评估和反馈、缺少培训的后续支持等问题在一定程度上仍然存在[①]。本研究发现，教研员培训中存在时间安排不合理、培训管理不严格、培训目标不明确等问题。

为了提高培训管理的规范性，需要做好以下工作。一要做好对承训机构的建设和督导。教育主管部门要加强对承训单位资质的审理，保证承训机构的质量；要加大对承训机构经费投入、硬件设施、师资力量、办学质量等方面的支持力度，加强对教研员培训工作的指导和管理，着力培育一批面向学前教育教研员的培训机构的先行者和引领者。二要加强对培训过程的组织和管理。要根据教研员的需求灵活调整参加培训的时间和地点，认真做好培训的报名、食宿安排等培训组织工作；制定好参加培训的规章制度和管理办法，严格审查参训教研员的资格，严格执行考勤、培训考核等管理制度，切实加强培训过程管理，确保培训顺利实施。三要做好对培训效果的评估和反馈。要建立科学合理的教研员培训质量监测和评价体系，通过问卷调查、座谈、访谈和课堂观察等多种形式，了解参训教研员对学习内容的掌握情况，及时收集、反馈其意见和建议，并将这些意见和建议作为改进工作的依据和参考。四要加大培训后的支持力度。要重视和加强对参训教研员培训结束后的追踪管理，了解其培训后仍然存在的问题与疑惑，并给予其及时的解答、指导、帮助，切实解决培训后参训教研员存在的问题，建立培训长效机制。

四、学前教育教研员的福利待遇研究

保障福利待遇是提高学前教育教研员职业吸引力的关键。调研发现，超过一半的学前教育教研员的月工资为 3001～5000 元；对职称评审表示满意的教研员不足 20.0%；40.6% 的学前教育教研员获得过省级及以上荣誉；只有21.2% 的教研员感觉福利待遇比较好。为了提高学前教育教研员的福利待遇，建议一要提高教研员的工资水平，二要深化教研员职称制度改革，三要完善教研员荣誉表彰制度。

(一)国家高度重视教研员的福利待遇

良好的福利待遇是吸引优秀人才从教的外部动力，是提高教师职业吸引力

---

① 高丙成：《学前教研员渴望"精而实"的培训》，载《中国教育报》，2017-08-27。

和工作积极性的因素之一。待遇可分为物质待遇和精神待遇。物质待遇指的是外在物质层面的客观存在的实物，如薪水、津贴、奖金等；精神待遇主要涉及个人的自我实现，如工作的成就感、受重视程度、个人影响力等。为了稳定和扩大教师队伍、提高教师队伍素质以及激励教师积极性，党和政府出台了一系列政策保障教师的福利待遇。《中华人民共和国教育法》规定，"国家保护教师的合法权益，改善教师的工作条件和生活条件，提高教师的社会地位。教师的工资报酬、福利待遇，依照法律、法规的规定办理"。《中华人民共和国教师法（修订草案）（征求意见稿）》强调，教师享有"按时获取工资报酬，享受国家规定的福利待遇以及寒暑假期的带薪休假"的权利，"教师的医疗同当地公务员享受同等的待遇""定期组织教师进行身体健康检查和心理健康评测，并因地制宜安排教师进行休养""教师退休或者退职后，享受国家规定的退休或者退职待遇"。《中共中央　国务院关于全面深化新时代教师队伍建设改革的意见》强调，"完善中小学教师待遇保障机制""完善教师收入分配激励机制，有效体现教师工作量和工作绩效，绩效工资分配向班主任和特殊教育教师倾斜"。《国务院关于当前发展学前教育的若干意见》强调，"依法落实幼儿教师地位和待遇。切实维护幼儿教师权益，完善落实幼儿园教职工工资保障办法、专业技术职称（职务）评聘机制和社会保障政策。对长期在农村基层和艰苦边远地区工作的公办幼儿教师，按国家规定实行工资倾斜政策。对优秀幼儿园园长、教师进行表彰"。《中共中央　国务院关于学前教育深化改革规范发展的若干意见》强调"依法保障幼儿园教师地位和待遇。各地要认真落实公办园教师工资待遇保障政策，统筹工资收入政策、经费支出渠道，确保教师工资及时足额发放、同工同酬。有条件的地方可试点实施乡村公办园教师生活补助政策"。

国家相关政策对教研员的福利待遇做出了系列部署。《国家教委关于改进和加强教学研究室工作的若干意见》提出，"教研室的教学研究人员可以按中小学教师职务系列评聘职务。设在教科所或教育学院的教研人员，也可根据实际情况按科研或高教职务系列评聘职务，并享受相应的职务待遇。教研室评聘高级教师职务的限额可根据教研室工作需要、队伍结构及编制的实际情况确定""鼓励教研人员创造性的劳动。对在教学研究工作中做出优异成绩的人员，要给予表彰、奖励"。《教育部关于加强和改进新时代基础教育教研工作的意见》强调"教研员专业技术职称原则上执行中小学教师职称系列，也可根据自身情况，选择社会科学研究系列；各地要充分考虑教研员岗位专业要求高、指导责任重的特殊性，适当提高教研机构专业技术高级岗位比例。依法依规保障教研员工资待遇，对作出突出贡献的教研员应予以表彰奖励"。

近年来，教研员的福利待遇问题也受到了研究者的关注和重视。杨鲁新、王素娥调研发现，89.4％的教研员认为工资待遇低。[1] 中国教育科学研究院和民族教育研究中心对 3165 名中小学教研员调研发现，59.3％的教研员认为待遇低，30.4％的教研员月工资在 3000 元以内，48.8％的教研员认为职称评定不科学。

为了解我国学前教育教研员的福利待遇状况，本研究对我国学前教育教研员进行了调查研究。

(二)学前教育教研员待遇有待提高

1. 近 60.0％的学前教育教研员月工资为 3001～5000 元

从学前教育教研员的月工资情况来看，2.7％的教研员为 2000 元及以下，12.1％为 2001～3000 元，30.2％为 3001～4000 元，26.6％为 4001～5000 元，16.4％为 5001～6000 元，9.2％为 6001～8000 元，2.1％为 8001～10000 元，0.7％为 10000 元以上。（图 4-48）

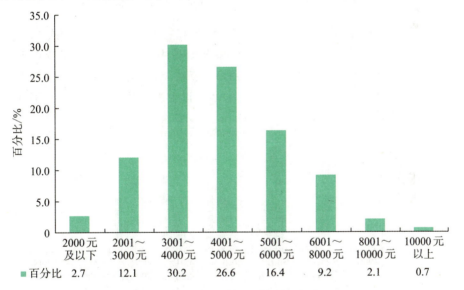

图 4-48　学前教育教研员的月工资情况

不同身份的学前教育教研员的月工资情况有差异。56.7％的省级教研员月工资在 5000 元以上，36.3％的地市级教研员月工资在 5000 元以上，29.4％的区县级教研员月工资在 5000 元以上，10.5％的乡镇级教研员月工资在 5000 元以上。（图 4-49）

---

① 杨鲁新、王素娥：《我国中小学英语教研员现状调查研究》，载《基础外语教育》，2017(3)。

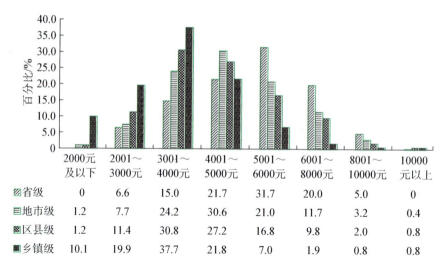

	2000元及以下	2001～3000元	3001～4000元	4001～5000元	5001～6000元	6001～8000元	8001～10000元	10000元以上
省级	0	6.6	15.0	21.7	31.7	20.0	5.0	0
地市级	1.2	7.7	24.2	30.6	21.0	11.7	3.2	0.4
区县级	1.2	11.4	30.8	27.2	16.8	9.8	2.0	0.8
乡镇级	10.1	19.9	37.7	21.8	7.0	1.9	0.8	0.8

图 4-49 不同身份的学前教育教研员的月工资情况

不同年龄的学前教育教研员的月工资情况有差异。35 岁及以下教研员中，8.0％的月工资在 5000 元以上；36～40 岁教研员中，15.6％的月工资在 5000 元以上；41～45 岁教研员中，23.6％的月工资在 5000 元以上；46～50 岁教研员中，37.6％的月工资在 5000 元以上；50 岁以上教研员中，61.2％的月工资在 5000 元以上。（图 4-50）

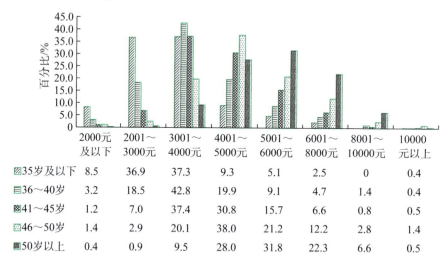

	2000元及以下	2001～3000元	3001～4000元	4001～5000元	5001～6000元	6001～8000元	8001～10000元	10000元以上
35岁及以下	8.5	36.9	37.3	9.3	5.1	2.5	0	0.4
36～40岁	3.2	18.5	42.8	19.9	9.1	4.7	1.4	0.4
41～45岁	1.2	7.0	37.4	30.8	15.7	6.6	0.8	0.5
46～50岁	1.4	2.9	20.1	38.0	21.2	12.2	2.8	1.4
50岁以上	0.4	0.9	9.5	28.0	31.8	22.3	6.6	0.5

图 4-50 不同年龄学前教育教研员的月工资情况

不同学历的学前教育教研员的月工资情况有差异。专科学历教研员中，12.2％的月工资在 5000 元以上；本科学历教研员中，28.5％的月工资在 5000 元以上；研究生及以上学历教研员中，58.6％的月工资在 5000 元以上。（图 4-51）

154

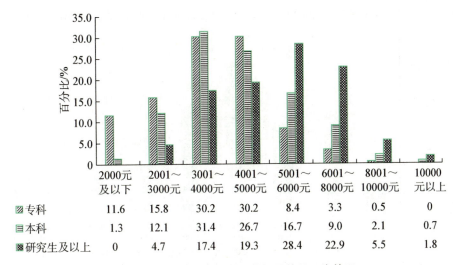

	2000元 及以下	2001~ 3000元	3001~ 4000元	4001~ 5000元	5001~ 6000元	6001~ 8000元	8001~ 10000元	10000 元以上
专科	11.6	15.8	30.2	30.2	8.4	3.3	0.5	0
本科	1.3	12.1	31.4	26.7	16.7	9.0	2.1	0.7
研究生及以上	0	4.7	17.4	19.3	28.4	22.9	5.5	1.8

图 4-51　不同学历学前教育教研员的月工资情况

　　不同职称的学前教育教研员的月工资情况有差异。小学（或中学）二级教师及以下职称教研员中，2.5％的月工资在 5000 元以上；小学（或中学）一级教师职称教研员中，11.7％的月工资在 5000 元以上；小学高级教师职称教研员中，19.7％的月工资在 5000 元以上；中学高级教师职称教研员中，55.4％的月工资在 5000 元以上。（图 4-52）

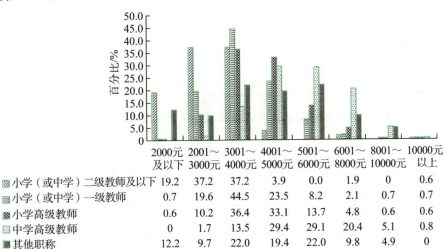

	2000元 及以下	2001~ 3000元	3001~ 4000元	4001~ 5000元	5001~ 6000元	6001~ 8000元	8001~ 10000元	10000元 以上
小学（或中学）二级教师及以下	19.2	37.2	37.2	3.9	0.0	1.9	0	0.6
小学（或中学）一级教师	0.7	19.6	44.5	23.5	8.2	2.1	0.7	0.7
小学高级教师	0.6	10.2	36.4	33.1	13.7	4.8	0.6	0.6
中学高级教师	0	1.7	13.5	29.4	29.1	20.4	5.1	0.8
其他职称	12.2	9.7	22.0	19.4	22.0	9.8	4.9	0

图 4-52　不同职称学前教育教研员的月工资情况

　　超 40.0％的中小学教研员月工资为 3001~5000 元。从中小学教研员的月工资情况来看，5.9％的教研员为 2000 元及以下，8.5％为 2001~3000 元，16.3％为 3001~4000 元，25.5％为 4001~5000 元，19.5％为 5001~6000 元，14.3％为

6001～8000 元，8.1％为 8001～10000 元，1.9％为 10000 元以上。（图 4-53）

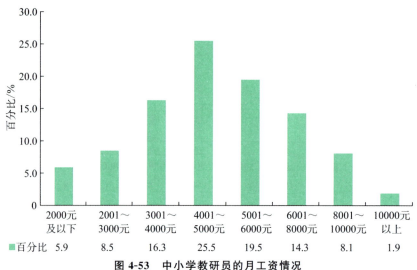

百分比	5.9	8.5	16.3	25.5	19.5	14.3	8.1	1.9

图 4-53　中小学教研员的月工资情况

2. 学前教育教研员对职称评审表示满意的不足 20.0％

从学前教育教研员对本地区职称评审的满意度来看，14.7％的教研员表示非常不满意，16.7％表示比较不满意，48.8％表示一般，17.9％表示比较满意，1.9％表示非常满意。（图 4-54）

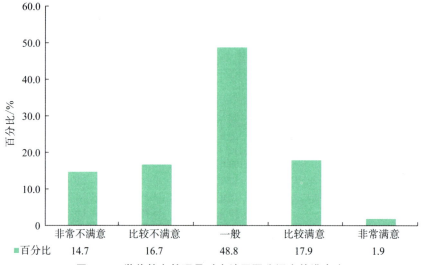

	非常不满意	比较不满意	一般	比较满意	非常满意
百分比	14.7	16.7	48.8	17.9	1.9

图 4-54　学前教育教研员对本地区职称评审的满意度

中小学教研员对职称评审表示满意的不足 40.0％。从中小学教研员对职称评审的满意度来看，12.1％的教研员表示非常不满意，12.6％表示比较不满意，39.0％表示一般，30.0％表示比较满意，6.3％表示非常满意。（图 4-55）

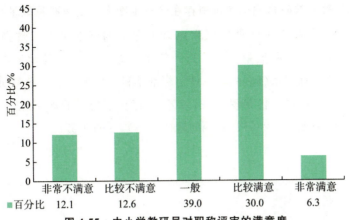

	非常不满意	比较不满意	一般	比较满意	非常满意
百分比	12.1	12.6	39.0	30.0	6.3

图4-55　中小学教研员对职称评审的满意度

3. 近70.0%的学前教育教研员获得了小学高级教师或中学高级教师职称

从学前教育教研员的职称情况来看，3.7%的教研员未评职称，6.9%获得了小学(或中学)二级教师及以下职称，19.1%获得了小学(或中学)一级教师职称，35.3%获得了小学高级教师职称，31.7%获得了中学高级教师职称，0.5%获得了正高级教师职称，2.8%获得了其他职称。[①]（图4-56）

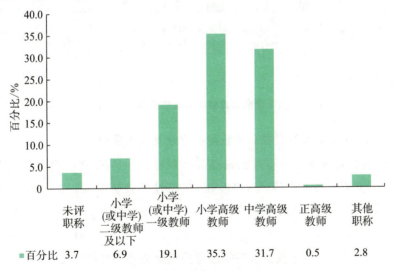

	未评职称	小学(或中学)二级教师及以下	小学(或中学)一级教师	小学高级教师	中学高级教师	正高级教师	其他职称
百分比	3.7	6.9	19.1	35.3	31.7	0.5	2.8

图4-56　学前教育教研员的职称情况

---

① 我国从2009年启动中小学教师职称制度改革试点；2011年起试点范围开始扩大；2015年，人力资源社会保障部、教育部印发《关于深化中小学教师职称制度改革的指导意见》，在全国范围内全面推开中小学教师职称制度改革。但是，由于各地职称制度改革有快有慢，参与调研的教研员对新政策的理解有先有后，加上近年来的中国教育统计年鉴也使用了原有的职称表述方式，大部分教研员可能对此更熟悉，因此，本研究使用了原有的职称表述方式。

4. 学前教育教研员职称评审中存在晋升难度大、高级职称数量少等问题

从本地区学前教育教研员职称评审中存在的问题来看，选择晋升难度大（69.0%）和高级职称数量少（68.1%）的比例近 70.0%，其他依次是没有独立的学前教育职称体系（56.6%）、评定标准不科学（30.2%）、重科研轻实践业绩（26.0%）、存在论资排辈现象（24.7%）、存在不公平的评审之风（13.2%）、存在弄虚作假现象（11.2%）、其他问题（2.2%）。（图 4-57）

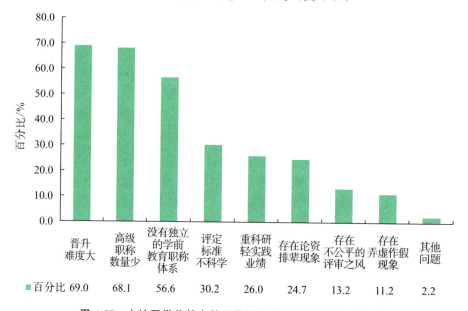

图 4-57　本地区学前教育教研员职称评审中存在的突出问题

5. 40.6%的学前教育教研员获得过省级及以上荣誉

从学前教育教研员获得过的最高荣誉来看，3.9%的教研员没有获得过荣誉，4.9%获得过单位级荣誉，19.4%获得过区县级荣誉，31.2%获得过地市级荣誉，32.9%获得过省级荣誉，7.3%获得过国家级荣誉，0.4%获得过其他荣誉。（图 4-58）

6. 大部分学前教育教研员获得过优秀教师和骨干教师称号

从学前教育教研员获得过的称号来看，62.7%的教研员获得过优秀教师称号，50.3%获得过骨干教师称号，24.6%获得过学科带头人称号，18.7%获得过师德标兵称号，3.7%获得过特级教师称号，13.2%获得过其他称号。（图 4-59）

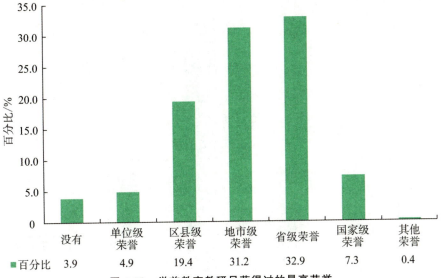

| 百分比 | 3.9 | 4.9 | 19.4 | 31.2 | 32.9 | 7.3 | 0.4 |

图 4-58　学前教育教研员获得过的最高荣誉

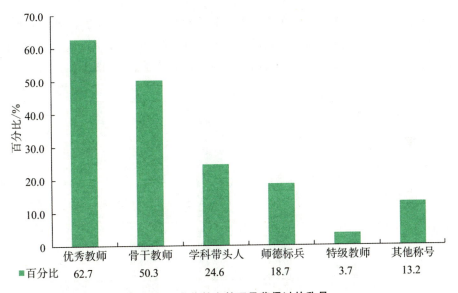

| 百分比 | 62.7 | 50.3 | 24.6 | 18.7 | 3.7 | 13.2 |

图 4-59　学前教育教研员获得过的称号

7. 只有 21.2% 的学前教育教研员认为福利待遇较好

从学前教育教研员对单位福利待遇的评价来看，2.9% 的教研员认为非常差，11.4% 认为比较差，64.5% 认为一般，20.4% 认为比较好，0.8% 认为非常好。（图 4-60）

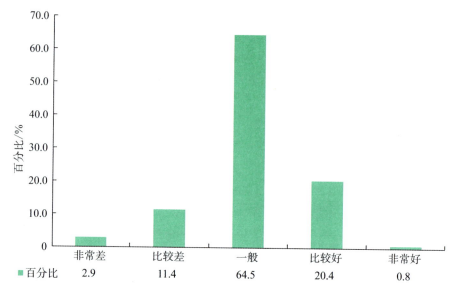

百分比	非常差	比较差	一般	比较好	非常好
	2.9	11.4	64.5	20.4	0.8

图 4-60　学前教育教研员对单位福利待遇的评价

不足 20.0％的中小学教研员认为福利待遇较好。从中小学教研员对单位福利待遇的评价来看，2.5％的教研员认为非常好，14.7％认为比较好，60.2％认为一般，16.5％认为比较差，6.1％认为非常差。（图 4-61）

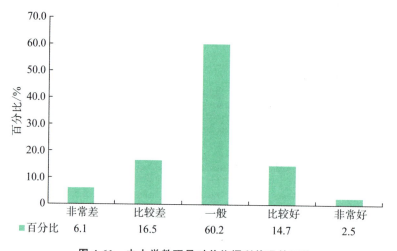

百分比	非常差	比较差	一般	比较好	非常好
	6.1	16.5	60.2	14.7	2.5

图 4-61　中小学教研员对单位福利待遇的评价

（三）着力提高学前教育教研员的福利待遇

提高福利待遇是提高教研员职业吸引力的重要举措。调研发现，学前教育教研员的月工资总体偏低，他们对职称评审等的满意度也较低。访谈中，有教研员提出："学前教育教研员没有统一的评聘标准，完全参照一线教师评聘标准的做法不科学，评聘的比例也低于一线教师。应该建立符合教研员岗位特点的科学的评聘标准。"也有教研员提出："教研员的工作就是为他人搭人梯、做嫁衣，我们自己很少有机会获得各种表彰、奖励等。"要想让教研员成为令人羡慕的职业，吸引高质量人才加入教研员队伍中来，可从以下方面入手。

1. 提高教研员的工资水平

在教研员福利待遇的诸多构成之中，工资水平最直观、最具代表性。根据效率工资理论，较高的工资水平对不断激励优秀的人才从事工作具有重要作用。一定的工资水平体现一定的经济地位，进而影响着对某一职业的社会评价。因此，工资水平是教研员关注的热点。

长期以来，许多地方对学前教育的性质和地位认识不够，教研机构中学前教育教研员往往处于边缘化位置，工资水平也不高。因此，要健全学前教育教研员工资长效联动机制，确保学前教育教研员的平均工资水平不低于或高于当地公务员的平均工资水平；要健全教研员工作绩效奖励制度，确保教研员的津补贴水平不低于当地中小学教师的津补贴水平；要积极推进教研机构内部分配制度改革，规范收入分配管理，建立公平合理、公开透明、有效激励、管理规范的分配制度，进一步调动教研员的工作积极性和创造性；要按多劳多得、优劳优酬的原则发放绩效工资，做到绩效工资发放公开、公正、公平。

2. 深化教研员职称制度改革

《中华人民共和国学前教育法草案（征求意见稿）》强调，"幼儿园教师的职务评审标准应当符合学前教育的专业特点和要求"。但是，由于《中华人民共和国学前教育法》尚未正式出台，《关于深化中小学教师职称制度改革的指导意见》也没有明确幼儿园独立的职称评聘标准与任职条件；因此，我国幼儿园教师的职称评聘一直参考中小学教师的职称评聘进行。但是，幼儿园教师的教育技能和中小学教师是有区别的，套用中小学教师职称系列难以很好地反映幼儿园教师的专业化发展水平和专业特点，保育、教育并重的工作性质使得幼儿园教师在职称评聘特别是高级职称评聘过程中难以与中小学教师竞争。而学前教育教研员的职称评聘一般也参考中小学教研员的职称评聘进行，使得学前教育教研员晋升高级职称的难度更大。

虽然我国尚没有建立符合学前教育特点的职称评聘制度，但国家相关政策为学前教育教研员职称改革指明了方向。《中共中央　国务院关于全面深化新时代教师队伍建设改革的意见》强调，"深化中小学教师职称和考核评价制度改革"。因此，要尽快建立符合事业发展需要的学前教育教研员职称评聘标准，根据教研员的岗位职责和工作特点，重点从德、能、勤、绩等方面制定全面、科学、合理的评价指标体系；教育行政部门应当会同有关部门科学、合理地制定学前教育教研员岗位设置指导意见，适当提高高级职称岗位比例，副高级以上岗位设置应当平衡考虑教研员的专业能力和师德状况等；积极探索业内评价与政府评价相互兼顾的评价机制，不断完善领导、同事、专家、社会等多方参与的职称评审评价办法；加强监管力度，执行严格的公示制度，完善评审结果复议程序，健全申诉渠道，提高评审公信力。

3. 完善教研员荣誉表彰制度

荣誉表彰制度具有价值导向、教育示范、强化驱动等一系列功能，对培育和弘扬社会主义核心价值观，增强中国特色社会主义事业凝聚力和感召力具有重要意义。《教师和教育工作者奖励规定》初步建立了"全国优秀教师""全国优秀教育工作者"称号制度。但研究发现，学前教育教研员中获得过国家级荣誉的比例较低，许多学前教育教研员获得各种荣誉的机会不仅少于中小学教研员，也少于幼儿园园长和教师。

设立教师荣誉表彰制度既是全社会重视教育的重要体现，能提高教师职业的吸引力、荣誉感，也是国家荣誉表彰制度的重要组成部分。设立学前教育教研员荣誉表彰制度也同样如此。因此，应根据教研员的职责任务和从业特点，提高荣誉评审标准的科学性、专业性和可操作性，适当提高学前教育教研员中获得各种荣誉的比例；要通过教研员自我评价、单位内部评价、领导专家评价、群众评价等多种方式，进一步提高获奖人员公示和认证审查程序的公开透明度；要坚持物质奖励与精神奖励相结合的原则，做到两者兼而有之，切实激发教研员的主动性和创造性；要利用报纸、广播、电视、微博、微信等渠道，积极宣传优秀人物及其先进事迹，多渠道、多方面宣传和展示先进典型经验，大力营造全社会支持学前教育教研员发展的良好氛围。

五、学前教育教研员的工作负担研究

只有减轻工作负担，才能确保学前教育教研员静心工作、安心从教。研究发现，学前教育教研员工作时间总体较长，60.0%的教研员每天工作时间超过8小时；超80.0%的教研员喜欢自己的工作，工作投入程度较高，有职业倦怠的教研员比例不足5.0%；近60.0%的教研员工作压力较大，教研团队力量薄弱、工作量大、工作职责不清晰等是工作压力的主要来源。为了减轻学前教育教研员的工作负担，本研究提出如下对策与建议：一是精简与教育教学无关的事项，减少对主责主业的干扰；二是明晰教研员的工作职责范围，确保本职工作趋向合理；三是依法保障教研员的各项权益，提高教研员的职业获得感；四是营造风清气正的工作环境，提高教研员的工作满意度；五是注重加强教研员自身修养，提升教研员的自我效能感。

（一）教研员的工作负担状况需要引起重视

工作负担是个体在工作环境中承担的工作职责、压力以及由此付出的代价等。[①] 过高的工作负担不仅会对员工的工作投入度及工作满意度产生负面影响，而且还会导致工作倦怠和情绪衰竭，降低员工对组织的职业承诺，导致员工因工作时间失衡而降低组织认同感，甚至引发员工离职、过劳死等严重后果。[②] 教师负担过重不仅可能会致使教师罹患多种疾病，如头痛、颈椎病等，进而影响教师的工作表现，而且会使教师感受到较大的工作压力，降低职业认同感、自我效能感低，出现消极应对工作、工作效率降低、选择兼职或离职等现象。[③] 因此，教师工作负担过重会损害教师的身心健康，弱化教师的自我效能感，不利于教师专心从教，影响教师队伍的稳定和教育质量的提升。[④] 近年来，减轻教师工作负担，为教师安心、静心、舒心从教创造更加良好的环境成为社会关注的热点。中共中央办公厅、国务院办公厅印发的《关于减轻中小学教师负担进一步营造教育教学良好环境的若干意见》强调，要进一步营造宽松、宁静的教育教学环境和校园氛围，确保中小学教师潜心教书、静心育人，全面吹响了为教师减负的"集结号"。

近年来，教师工作负担问题也越来越引起研究者的关注和重视，学者们开展了多方面的研究工作。一方面，大部分研究发现我国中小学教师工作负担较重。例如，艾则孜江·亚森发现，32.4%的教师的周课时超过了标准，每周有21~26节课时，而且还要开展其他教学工作。[⑤] 李新发现，教师每周用于教学支持、行政和辅助工作的时间远超课堂教学时间，时间分配结构不合理且严重失衡，这使得教师的工作负担呈现加重的趋势。[⑥] 另一方面，研究发现，教师

① 张雅静：《小学教师工作负担问题及对策研究——以西安市 M 小学与 J 小学为例》，硕士学位论文，陕西师范大学，2019。

② 刘昕、曾琦：《工作负担为何不一定削弱组织认同感？——基于工作负担和工作回报的响应面分析》，载《经济与管理研究》，2021(3)。

③ 张迪：《中小学教师负担的多源分析及其缓解之道》，载《教育导刊》，2021(6)。

④ 赵钱森、陈禄禄、兰丹：《中小学教师工作负担的内涵、类型与减负策略探究》，载《教师教育论坛》，2020(10)。

⑤ 艾则孜江·亚森：《喀什地区中小学少数民族师资队伍建设研究》，硕士学位论文，新疆大学，2014。

⑥ 李新：《教师的工作负担及其影响因素研究——基于中国教育追踪调查（2014~2015 学年）数据的实证分析》，载《上海教育科研》，2019(3)。

工作负担来源多样，受到个人、组织和社会等多种因素的影响。赵小雅认为，社会上一些不应该由教师来完成的社会性事务（即非教育性事务）占用了中小学教师太多的时间和精力，使得他们无法静下心来钻研教育、传道授业解惑，为教师减负减的就是这些"非教育性负担"。① 熊建辉、姜蓓佳认为，检查评比等非教学任务、工作考核及职位晋升、学生学习成绩、薪酬收入、学生家长期待等方面构成了教师负担的主体部分，使得 90.0% 以上的教师工作时间延长、工作强度增大、工作疲惫感突出。② 另外，许多学者对减轻教师工作负担提出了建议。张雅静提出，要创设尊师重教的社会氛围，提升教师职业幸福感；改善教育生态环境，回归教育生态本源；引进科学的管理理念与管理方式，提供教师专业支持；完善教师制度与法律，促进教师专业发展。③ 赵钱森、陈禄禄、兰丹认为，要想实现中小学教师减负，校长需要改进治理方式，重构制度体系，完善管理方式，给予教师专业支持。④ 总之，已有研究对教师工作负担的现状、来源以及减轻工作负担的策略等进行了多方面探讨，取得了重要进展，丰富了相关研究成果。

学前教育教研员是促进幼儿教师专业成长、提升学前教育质量的核心力量。对学前教育教研员的工作负担进行研究，不仅能够更好地了解教研员工作负担现状，为减轻教研员工作负担提供借鉴参考，而且有利于进一步完善工作负担相关研究成果，具有重要的理论价值和实践意义。本研究对学前教育教研员的工作负担进行了调查研究。

（二）学前教育教研工作负担总体较重

1. 教研员工作时间总体较长

（1）60.0% 的学前教育教研员每天工作时间超过 8 小时

调研显示，学前教育教研员每天工作时间约为 8.8 小时。其中，少于 8 小时的占 6.9%，等于 8 小时的占 33.1%，8～10 小时的占 47.3%，10～12 小时的占 10.3%，12 小时以上的占 2.4%。可见，60.0% 的教研员每天工作时间超过 8 小时。（图 4-62）

① 赵小雅：《为教师减负，还教书育人以宁静 所有对学生发展的期望都离不开教师的指导与引领》，载《中国民族教育》，2019(3)。

② 熊建辉、姜蓓佳：《中小学教师工作负担现状调查与减负对策》，载《中国教师》，2019(9)。

③ 张雅静：《中小学教师工作负担的来源与排解》，载《教育科学论坛》，2019(2)。

④ 赵钱森、陈禄禄、兰丹：《中小学教师工作负担的内涵、类型与减负策略探究》，载《教师教育论坛》，2020(10)。

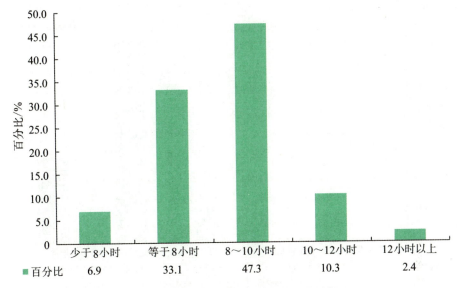

	少于8小时	等于8小时	8～10小时	10～12小时	12小时以上
■ 百分比	6.9	33.1	47.3	10.3	2.4

图 4-62　学前教育教研员每天的工作时间

从不同身份的学前教育教研员每天的工作时间来看，71.7%的省级教研员超过8小时，61.3%的地市级教研员超过8小时，55.7%的区县级教研员超过8小时。

从不同专兼职情况的学前教育教研员每天的工作时间来看，55.0%的专职教研员超过8小时。在兼职教研员中，若其是行政干部，超过8小时的占比62.6%；若其承担幼儿园工作，超过8小时的占比69.4%；若其兼任其他学科教研员，超过8小时的占比61.6%。

《中华人民共和国劳动法》规定，"劳动者每天工作时间不超过八小时"。目前，我国教师工作时间总体偏长。例如，李新翠调研发现，中小学教师工作日每天工作时间8.8小时。[①] 本次研究发现，我国学前教育教研员工作时间达到8.8小时，这与已有研究是一致的。未来需要减少学前教育教研员工作时间。

（2）近90.0%的学前教育教研员感觉投入工作的程度较高

从学前教育教研员投入工作的程度来看，平均得分为4.13分，略高于比较高的水平。其中，选择非常低的占0.2%，选择比较低的占0.9%，选择一般的占10.5%，选择比较高的占62.4%，选择非常高的占26.0%。（图4-63）

---

① 李新翠：《中小学教师工作量的超负荷与有效调适》，载《中国教育学刊》，2016(2)。

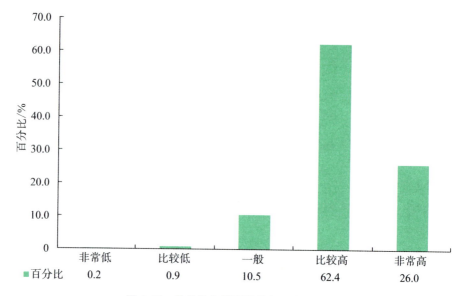

图 4-63　学前教育教研员投入工作的程度

进一步分析发现，35 岁及以下教研员得分最低（4.06 分），而 36～40 岁教研员得分最高（4.22 分）；兼任其他学科教研员的得分最低（4.01 分），而承担幼儿园工作的得分最高（4.19 分）；地市级教研员得分最低（4.08 分），而省级教研员得分最高（4.18 分）；专科学历教研员得分最低（3.99 分），而研究生及以上学历教研员得分最高（4.24 分）；获小学（或中学）二级教师及以下职称的教研员得分最低（4.08 分），而获中学高级教师职称的教研员得分最高（4.17分）；没有幼儿园工作经验的教研员得分最低（4.01 分），而拥有 11～20 年幼儿园工作经验的教研员得分最高（4.21 分）。

2. 大部分教研员愿意积极投入工作中

（1）超 80.0％的学前教育教研员喜欢自己的工作

从学前教育教研员是否喜欢自己的工作来看，平均得分为 4.04 分，总体而言比较喜欢。其中，选择非常不喜欢的占 1.7％，选择比较不喜欢的占 2.1％，选择一般的占 14.8％，选择比较喜欢的占 53.0％，选择非常喜欢的占 28.4％。（图 4-64）

进一步分析发现，36～40 岁教研员得分最低（3.97 分），而 46～50 岁教研员得分最高（4.14 分）；兼任其他学科教研员的得分最低（3.85 分），而专职教研员得分最高（4.11 分）；省级教研员得分最低（3.93 分），而区县级教研员得分最高（4.08 分）；专科学历教研员得分最低（3.95 分），而研究生及以上学历教研员得分最高（4.11 分）；获小学高级教师职称的教研员得分最低（3.96 分），而获中学高级教师职称的教研员得分最高(4.16分);没有幼儿园工作经验的教研员得分最低(3.87分),而拥有20年以上幼儿园工作经验的教研员得分最高(4.15分),总体呈现工作经验越丰富,越喜欢自己的工作的趋势。

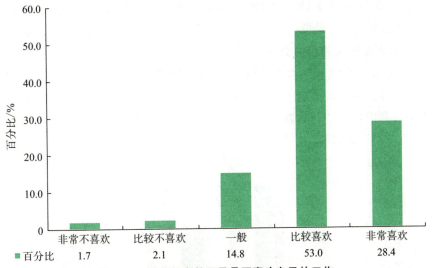

图 4-64 学前教育教研员是否喜欢自己的工作

(2)学前教育教研员有职业倦怠的比例不足5.0%

从学前教育教研员有无职业倦怠的情况来看,平均得分为3.82分,接近较少水平。其中,2.4%的教研员选择经常,2.3%选择较多,24.1%选择一般,53.3%选择较少,17.9%选择从来没有。(图 4-65)

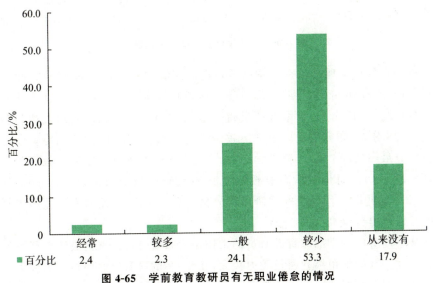

图 4-65 学前教育教研员有无职业倦怠的情况

进一步分析发现，36～40岁教研员得分最低（3.71分），而50岁以上教研员得分最高（3.99分）；兼任其他学科教研员的得分最低（3.62分），而专职教研员得分最高（3.93分）；拥有3年以下幼儿园工作经验的教研员得分最低（3.74分），而拥有20年以上幼儿园工作经验的教研员得分最高（3.90分）；研究生及以上学历教研员得分最低（3.78分），而专科学历教研员得分最高（3.96分）。

3. 教研员的工作压力总体较大

（1）近60.0％的学前教育教研员的工作压力较大

从学前教育教研员的工作压力来看，平均得分为2.3分，接近压力比较大的水平。其中，13.9％的教研员选择非常大，45.5％选择比较大，34.1％选择一般，5.1％选择比较小，1.4％选择非常小。（图4-66）

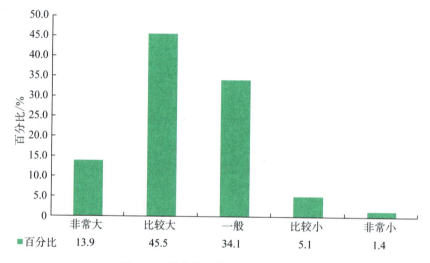

图 4-66　学前教育教研员的工作压力

进一步分析发现，36～40岁教研员得分最低（2.22分），而46～50岁教研员得分最高（2.46分）；行政干部兼任教研员得分最低（2.11分），而专职教研员得分最高（2.45分）；省级教研员得分最低（2.05分），而区县级教研员得分最高（2.38分）；研究生及以上学历教研员得分最低（2.29分），而专科学历教研员得分最高（2.46分）；获小学（或中学）二级教师及以下职称的教研员得分最低（2.30分），而获中学高级教师职称的教研员得分最高（2.37分）；拥有11～20年幼儿园工作经验的教研员得分最低（2.29分），而没有幼儿园工作经验的教研员得分最高（2.42分）。

从不同身份的学前教育教研员的工作压力来看，75.0％的省级教研员压力较大，58.5％的地市级教研员压力较大，57.8％的区县级教研员压力较大。

从不同专兼职情况的学前教育教研员的工作压力来看，53.8％的专职教研员工作压力较大。在兼职教研员中，若其是行政干部，压力较大的占比71.5％；若其承担幼儿园工作，压力较大的占比66.5％；若其兼任其他学科教研员，压力较大的占比55.6％。

（2）近60.0％的中小学教研员的工作压力较大

从中小学教研员的工作压力来看，17.0％的教研员选择非常大，38.1％选择比较大，35.4％选择一般，7.5％选择比较小，2.0％选择非常小。（图4-67）

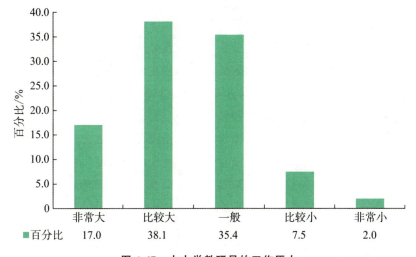

	非常大	比较大	一般	比较小	非常小
■百分比	17.0	38.1	35.4	7.5	2.0

图4-67　中小学教研员的工作压力

（3）教研团队力量薄弱、工作量大、工作职责不清晰等是学前教育教研员工作压力的主要来源

从学前教育教研员工作压力的主要来源来看，选择教研团队力量薄弱（69.3％）的教研员最多，其他依次是工作量大（57.9％）、工作职责不清晰（42.9％）、工作经验不足（32.8％）、自己要求高（32.3％）、工资低（27.4％）、工作安排不合理（26.4％）、单位制度僵化（21.1％）、领导要求高（14.5％）、工作环境差（14.1％）、单位人际关系难处理（13.2％）及其他来源（3.5％）。（图4-68）

（4）加强自我调节、健全教研队伍、提高自身专业水平等是减轻工作压力的有效方法

从减轻学前教育教研员工作压力的方法来看，70.9％的教研员选择加强自我调节，选择健全教研队伍（68.5％）、提高自身专业水平（68.3％）的比例也接近70.0％，选择营造和谐的工作氛围（46.8％）、合理安排工作（44.9％）、明确工作职责（44.5％）、提高工作待遇（43.3％）、加强人文关怀（41.4％）的比例也超过了40.0％，其他依次是改善管理制度（37.8％）、改善工作环境

（34.8％）、减少工作量（21.8％）及其他方法（1.2％）。（图4-69）

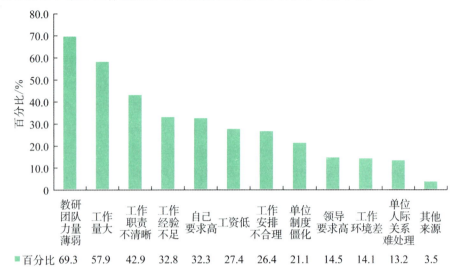

百分比	69.3	57.9	42.9	32.8	32.3	27.4	26.4	21.1	14.5	14.1	13.2	3.5
	教研团队力量薄弱	工作量大	工作职责不清晰	工作经验不足	自己要求高	工资低	工作安排不合理	单位制度僵化	领导要求高	工作环境差	单位人际关系难处理	其他来源

图4-68　学前教育教研员工作压力的主要来源

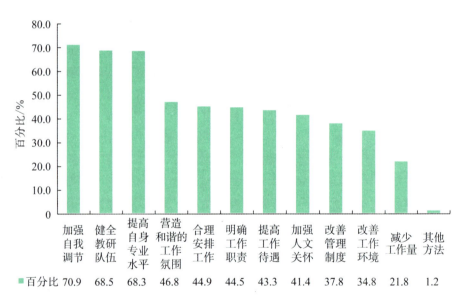

百分比	70.9	68.5	68.3	46.8	44.9	44.5	43.3	41.4	37.8	34.8	21.8	1.2
	加强自我调节	健全教研队伍	提高自身专业水平	营造和谐的工作氛围	合理安排工作	明确工作职责	提高工作待遇	加强人文关怀	改善管理制度	改善工作环境	减少工作量	其他方法

图4-69　减轻学前教育教研员工作压力的方法

（三）切实减轻学前教育教研员的工作负担

中共中央办公厅、国务院办公厅印发的《关于减轻中小学教师负担进一步营造教育教学良好环境的若干意见》强调，"切实减少对中小学校和教师不必要的干扰，把宁静还给学校，把时间还给教师"。调研发现，虽然超80.0％的学前教育教研员喜欢工作，但工作时间总体较长，工作压力较大。访谈中，许多教研员也提出："除了做好本职工作外，还要应付各种检查、评比，参加各种与工作不相关的会议、培训等。这些增加了工作负担，严重干扰了本职工作的开展。"学前教育教研员的工作负担受多种因素的影响，需要内外联动、标本兼治。为此，本研究提出如下对策与建议。

1. 精简与教育教学无关的事项，减少对主责主业的干扰

教育外部事务繁多是造成教研员工作负担过重的直接原因，而接受各级部门、机构、社区等形形色色的督查，参加会议等非教育教学工作是教研员工作负担的主要来源。要清理精简不必要的督查、检查、评比、考核事项，能合并的尽量合并，能取消的坚决取消，不能层层加码、扩大范围、增加环节、延长时间，从根源上减少对教研员工作的干扰和外部干涉，减轻教研员不合理的工作投入。要规范各类报表填写，严把各类报表填写入口关，精简内容和次数，统筹安排，坚决杜绝多头填报、重复填报。要坚决制止影响正常教研工作的官僚主义和形式主义做法，严格管控、合理安排名目繁多、花样翻新的各类社会性事务进校园活动，不得以迎接各类创建为名随意挤占或取消教研员的各种节假日。要建立健全共建、共治、共享的共同治理体制，调动各级各部门、社会各界力量，形成合力，让不同部门、不同岗位的治理者形成共同遵守的减负工作规程或行动准则，形成党委政府统筹协调、条块协同、共建共享的减负工作新格局。

2. 明晰教研员的工作职责范围，确保本职工作趋向合理

中华人民共和国劳动法规定实行劳动者每日的工作时间不超过 8 小时，平均每周的工作时间不超过 44 小时的工时制度。但是调研发现，60.0%的教研员每日工作时间超过 8 小时。工作职责不清晰，教研员承担了大量与本职工作职责相距甚远的工作任务，这是造成教研员工作负担过重的重要影响因素。要进一步明晰教研员服务学校教育教学、服务教师专业成长、服务学生全面发展以及服务教育管理决策的主要工作职责，使教研员回归研究、服务、指导等主责主业。要出台教研员工作量指导意见，结合实际科学制定学前教育教研员工作量标准，明确规定教研员的工作任务和工作总量。教研部门要统筹教研员的安排使用，严格限制和规范有关部门对教研员的抽调借用。

3. 依法保障教研员的各项权益，提高教研员的职业获得感

一方面，我国学前教育教研员配备总体不足，许多地方甚至尚未配备专职教研员，难以满足学前教育事业快速发展的要求，导致教研员工作负担过重；另一方面，教研员工资水平低、福利待遇不高等使得教研员缺乏职业吸引力，付出和收入不成正比，进一步加大了教研员的心理负担。要按照园所

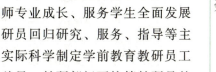

数量或教职工数量制定教研员配备标准，按要求补足配齐各级学前教育教研员，满足新时代学前教育改革发展的需求。要依法保证学前教育教研员的平均工资收入水平不低于或高于当地公务员的平均工资收入水平，并逐步提高。要明确加班报酬、津贴补助及奖励等与教研员密切相关的福利待遇内容。

4. 营造风清气正的工作环境，提高教研员的工作满意度

良好的环境和氛围能够让教研员身心愉悦、情感放松，进而减轻工作压力和工作负担，而过重的工作负担往往与教研机构的管理理念、管理体制、管理方式、考核评价的不科学、不规范有一定关系。教研机构要为教研员配备良好的教育教学设施，为教研员完成各项教育教学工作和其他工作提供方便。要结合现代教育评价的手段和方法，结合单位实际情况，采用定量和定性相结合的方法，主观与客观相统一，对教研员进行全方位、多角度的综合评价，使得评价考核能够激励教研员在工作中绽放光芒、释放魅力、铸造辉煌。要创设积极愉悦的工作环境与氛围，关心教研员在职务评审、福利待遇、培养培训、评优评先等方面的诉求，善于倾听教研员的合理意见和建议，当他们遇到家庭、工作等方面的困难时给予其及时的帮助和关怀，经常性地给予其积极的关心、支持和表扬，使教研员在工作中体会到归属感。

5. 注重加强教研员自身修养，提升教研员的自我效能感

除了外部力量的帮助，教研员自身的认识观念、心态及专业发展水平等也会影响到对工作负担的态度和感知。教研员要不断加强理论、政策和实践学习，落实立德树人根本任务，践行社会主义核心价值体系，不断提高教育理念，优化知识结构，提高专业能力，提升文化素养，培养终身学习与持续发展的意识和能力，做终身学习的典范。要提高时间管理意识与能力，掌握时间管理的策略，制订较为完善、合理的工作计划，学会对工作进行分类，提升工作效率，做时间的主人。要正确认识自己，学会面对各种压力和处理问题的技能、技巧，掌握心理分析法、精神宣泄法、认知改良法、情绪调节法等一些"自我治疗"的方法，用以缓解自身压力。要着眼于养成良好的生活习惯和兴趣爱好等，使自己在遇到困难和压力的时候能够通过参加体育锻炼等方式增强应对压力的能力，减轻或消除一些压力对自己的影响。

六、学前教育教研员的身心健康状况研究

身心健康是从事学前教育教研工作的基本前提。调研发现，学前教育教研员的身心健康状况总体一般，出现过乏力困倦、腰酸背痛等躯体症状以及记忆

力减退、压力大、焦虑烦躁等心理症状；工作负担重、社会认同度低等是影响教研员身心健康的主要因素。为进一步提高学前教育教研员的身心健康水平，建议采取如下对策：一是加大社会支持力度，培育良好的外部环境；二是改善教育管理方式，为教研员成长搭建平台；三是发挥个人主观能动性，提高自我调节能力。

（一）教师的健康问题需要关注

身体是革命的本钱，健康是人生的财富。世界卫生组织认为，健康是一种完全的身体、精神和社会健康的状态，而不仅仅是没有疾病或虚弱。教师身心不健康不仅会给个人的职业发展带来负面影响，而且不利于教育事业的发展。吴爱惠发现，心理健康水平是教师问题行为的重要影响因素。[①] 吴炜发现，高校青年教师健康状况差与不良的生活方式有关，尤其与工作压力、工作环境、工作方式、体育参与等因素相关。[②] 朱明发现，工作状况（工作量大、压力过大等）、生活方式（饮食不规律、经常熬夜等）、健身状况（健身次数少、强度小等）等对教师身体健康具有重要的影响作用。[③] 张继发现，如果教师长时间面临高负荷的职业压力，那么很容易导致睡眠质量差、内分泌失调、胸闷等。[④] 范晓宇发现，中小学教师职业压力对心理健康状况起到反向预测作用，心理弹性对心理健康状况起到正向预测作用；职业压力可直接作用于心理健康，也可通过心理弹性间接地影响心理健康。[⑤] 刘艳娜发现，中小学教师心理健康与心理弹性呈现负相关关系，心理健康与工作压力呈现显著的正相关关系，心理弹性在心理健康及工作压力之间起到了一定的中介作用。[⑥]

《中共中央　国务院关于全面深化新时代教师队伍建设改革的意见》强

---

① 吴爱惠：《上海市中小学教师问题行为和心理健康状况的调查研究》，硕士学位论文，上海师范大学，2005。

② 吴炜：《杭州市高校青年教师健康状况和生活方式现状的调查分析》，硕士学位论文，北京体育大学，2006。

③ 朱明：《北京体育大学教师身体健康状况及影响因素的调查研究》，硕士学位论文，北京体育大学，2009。

④ 张继：《高中班主任职业压力分析及调整策略——以中山市小榄中学为例》，硕士学位论文，华中师范大学，2016。

⑤ 范晓宇：《农村中小学教师职业压力、心理弹性与心理健康三者关系研究》，硕士学位论文，扬州大学，2016。

⑥ 刘艳娜：《乡镇中小学教师工作压力、心理弹性及心理健康的关系研究——以图们市为例》，硕士学位论文，延边大学，2018。

调，"关心教师身心健康，克服职业倦怠，激发工作热情"。已有研究发现，教师的身心健康状况并不乐观。例如，张宇发现，高校教师的亚健康发生率是 34.7%，工作压力大、家庭压力大、人际关系不良、生活方式不良、生活习惯不良、体育锻炼较少等是主要的影响因素。[①] 张文革调查发现，有34.8%的教师有慢性病，运动器官类疾病、消化系统类疾病等的发生率较高。[②] 刘海灯研究发现，年龄对教师的生理健康水平具有显著影响，随着年龄的不断增长，生理健康水平不断下降；心理健康水平与年龄没有明显关系。[③] 于涛发现，天津市高校教师的健康状况、工作压力在年龄及工作年限、职称及文化程度、工作单位及岗位等方面存在差异性。[④] 教师的身心健康状况有待引起更多的关注和重视。

近年来，教师队伍健康问题引起了越来越多的关注和重视。学前教育教研员作为幼儿园教师的引领者，其身心健康状况对幼儿园教师队伍建设及学前教育发展具有重要的影响作用。但目前对学前教育教研员身心健康状况的关注还比较少，本研究对我国学前教育教研员的身心健康状况进行了调查，并提出了相应的对策和建议。

(二)学前教育教研员的身心健康状况总体一般

1. 约 40.0% 的学前教育教研员身体健康状况较好

从学前教育教研员的身体健康状况来看，0.7%的教研员认为非常差，7.8%认为比较差，50.5%认为一般，35.9%认为比较好，5.1%认为非常好。(图 4-70)

不同年龄的学前教育教研员的身体健康状况差异显著($F=31.67$，$P=0.013$)。35 岁及以下教研员中，身体健康状况较好的占比 50.0%；36~40 岁教研员中，身体健康状况较好的占比 37.7%；41~45 岁教研员中，身体健康状况较好的占比 39.4%；46~50 岁教研员中，身体健康状况较好的占比 39.9%；50 岁以上教研员中，身体健康状况较好的占比 39.8%。(图 4-71)

---

① 张宇：《太原市普通高校教师亚健康状态现状及分析》，硕士学位论文，北京体育大学，2005。

② 张文革：《河南省示范性高中教师体育锻炼现状及影响因素分析》，硕士学位论文，河南大学，2007。

③ 刘海灯：《连云港市高职院校教师健康水平与体育锻炼现状的调查研究》，硕士学位论文，苏州大学，2014。

④ 于涛：《天津市部分高校教师身心健康状况与工作压力的相关研究》，载《体育文化导刊》，2016(6)。

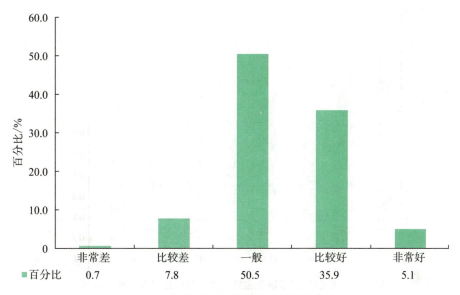

	非常差	比较差	一般	比较好	非常好
百分比	0.7	7.8	50.5	35.9	5.1

图 4-70　学前教育教研员的身体健康状况

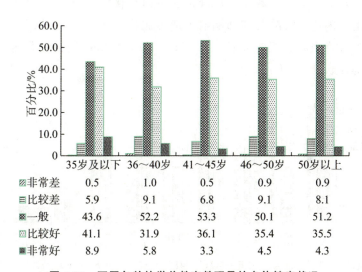

	35岁及以下	36～40岁	41～45岁	46～50岁	50岁以上
非常差	0.5	1.0	0.5	0.9	0.9
比较差	5.9	9.1	6.8	9.1	8.1
一般	43.6	52.2	53.3	50.1	51.2
比较好	41.1	31.9	36.1	35.4	35.5
非常好	8.9	5.8	3.3	4.5	4.3

图 4-71　不同年龄的学前教育教研员的身体健康状况

2. 学前教育教研员出现过乏力困倦、腰酸背痛等躯体症状

从学前教育教研员在过去 3 个月内出现过的躯体症状来看，出现过乏力困倦的比例达到 60.3%，出现过腰酸背痛的比例达到 59.9%，其他依次是失眠（46.1%）、咽喉不适（43.0%）、头疼（39.3%）、胃部不适（32.9%）、头晕目眩（31.0%）、心慌虚汗（19.8%）、其他症状（1.4%）。（图 4-72）

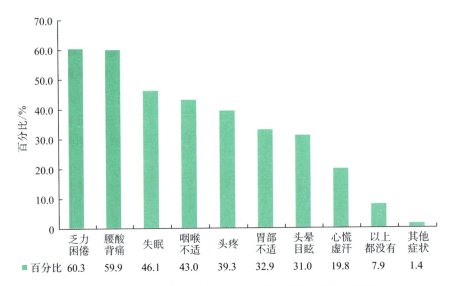

百分比	乏力困倦	腰酸背痛	失眠	咽喉不适	头疼	胃部不适	头晕目眩	心慌虚汗	以上都没有	其他症状
百分比	60.3	59.9	46.1	43.0	39.3	32.9	31.0	19.8	7.9	1.4

图 4-72 学前教育教研员在过去 3 个月内出现过的躯体症状

不同年龄的学前教育教研员出现过的躯体症状有差异。35 岁及以下教研员出现过乏力困倦、腰酸背痛和咽喉不适等症状；36～45 岁教研员出现过乏力困倦、腰酸背痛和失眠等症状；46 岁以上教研员出现过腰酸背痛、乏力困倦和失眠等症状。（图 4-73）

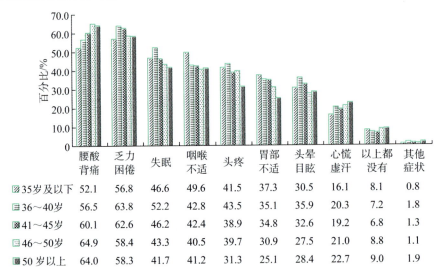

	腰酸背痛	乏力困倦	失眠	咽喉不适	头疼	胃部不适	头晕目眩	心慌虚汗	以上都没有	其他症状
35岁及以下	52.1	56.8	46.6	49.6	41.5	37.3	30.5	16.1	8.1	0.8
36～40岁	56.5	63.8	52.2	42.8	43.5	35.1	35.9	20.3	7.2	1.8
41～45岁	60.1	62.6	46.2	42.4	38.9	34.8	32.6	19.2	6.8	1.3
46～50岁	64.9	58.4	43.3	40.5	39.7	30.9	27.5	21.0	8.8	1.1
50 岁以上	64.0	58.3	41.7	41.2	31.3	25.1	28.4	22.7	9.0	1.9

图 4-73 不同年龄的学前教育教研员在过去 3 个月内出现过的躯体症状

3. 学前教育教研员出现过记忆力减退、压力大、焦虑烦躁等心理症状

从学前教育教研员在过去 3 个月内出现过的心理症状来看，出现最多的是

176

记忆力减退(63.9%)，其他依次是压力大(52.7%)、焦虑烦躁(48.5%)、注意力不集中(37.3%)、抑郁(30.8%)、职业倦怠(26.9%)、神经衰弱(24.5%)、强迫症状(24.0%)、孤独(14.2%)、其他症状(1.0%)。（图4-74）

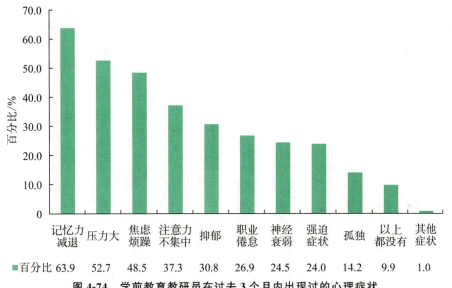

	记忆力减退	压力大	焦虑烦躁	注意力不集中	抑郁	职业倦怠	神经衰弱	强迫症状	孤独	以上都没有	其他症状
百分比	63.9	52.7	48.5	37.3	30.8	26.9	24.5	24.0	14.2	9.9	1.0

图 4-74　学前教育教研员在过去 3 个月内出现过的心理症状

不同年龄的学前教育教研员出现过的心理症状有差异。35 岁及以下教研员出现过压力大、记忆力减退和焦虑烦躁等症状；36～40 岁教研员出现过压力大、焦虑烦躁、记忆力减退等症状；41 岁以上教研员出现过记忆力减退、压力大和焦虑烦躁等症状。（图 4-75）

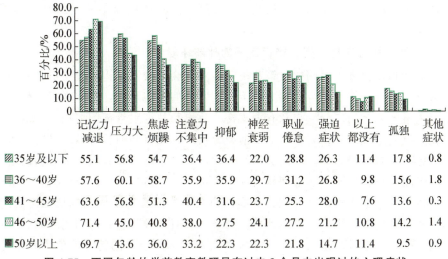

	记忆力减退	压力大	焦虑烦躁	注意力不集中	抑郁	神经衰弱	职业倦怠	强迫症状	以上都没有	孤独	其他症状
35岁及以下	55.1	56.8	54.7	36.4	36.4	22.0	28.8	26.3	11.4	17.8	0.8
36～40岁	57.6	60.1	58.7	35.9	35.9	29.7	31.2	26.8	9.8	15.6	1.8
41～45岁	63.6	56.8	51.3	40.4	31.6	23.7	25.3	28.0	7.6	13.6	0.3
46～50岁	71.4	45.0	40.8	38.0	27.5	24.1	27.2	21.2	10.8	14.2	1.4
50岁以上	69.7	43.6	36.0	33.2	22.3	22.3	21.8	14.7	11.4	9.5	0.9

图 4-75　不同年龄的学前教育教研员在过去 3 个月内出现过的心理症状

4. 工作负担重、社会认同度低等是影响教研员身心健康的主要因素

从影响学前教育教研员身心健康的主要因素来看，73.2％的教研员选择的是工作负担重，其他依次是社会认同度低（50.9％）、管理制度僵化（42.1％）、存在认知误区（27.0％）、媒体的负面宣传（13.5％）、人际关系不良（13.0％）、缺乏家庭支持（8.6％）、个体遗传（5.6％）及其他因素（1.9％）。（图 4-76）

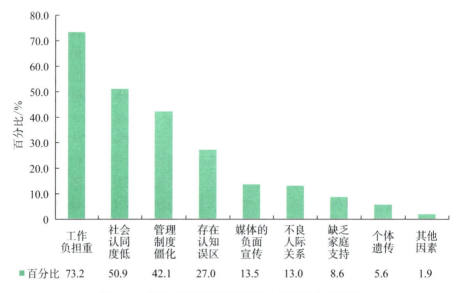

	工作负担重	社会认同度低	管理制度僵化	存在认知误区	媒体的负面宣传	不良人际关系	缺乏家庭支持	个体遗传	其他因素
百分比	73.2	50.9	42.1	27.0	13.5	13.0	8.6	5.6	1.9

图 4-76　影响学前教育教研员身心健康的主要因素

（三）注重提高学前教育教研员身心健康水平

研究发现，学前教育教研员身心健康状况总体一般，出现过乏力困倦、压力大、焦虑烦躁等躯体或心理症状。为提高学前教育教研员身心健康水平，现提出如下对策与建议。

1. 加大社会支持力度，培育良好的外部环境

政府和教育主管部门的决策和举动，对社会、教研机构和教研员都有巨大的影响，社会支持和配合是相关政策得到实现的坚实基础，学前教育教研员的健康离不开社会的广泛参与和有力支持。政府和教育主管部门要进一步落实国家相关政策法规，有计划地增加学前教育投入，改善学前教育教研员的工资收入等各项待遇，努力提高教研员的经济地位，给予学前教育教研员更多的自由支配时间，减轻教研员的心理压力和工作负荷，保障教研员的合法权益，吸引更多优秀人才加入教研员行列，提高教研员对学前教育工作的热情和满意度，提高教研员的工作积极性和能动性。同时，政府和教育主管部门还应充分利用电视、网络、报纸和杂志等大力宣传学前教育教研工作的特殊价值和复杂性，对教研工作多进行正面的、先进事迹的宣传报道，给予教研员更多的理解和宽

容，引导社会关心学前教育事业，进一步推动尊师重教社会风气的形成，为教研工作提供良好的社会环境，更好地满足教研员的精神需要，为促进教研员身心健康创造和谐、愉快的社会环境。

2. 改善教育管理方式，为教研员成长搭建平台

教研机构是教研员工作生活的主要场所和第二个家，它既是教研员快乐耕耘的乐园，也可能是身心健康问题滋生的土壤，对教研员的身心健康水平具有直接而深刻的影响。因此，教研机构要改善教育管理方式，营造良好的工作环境和教研文化，这是教研员身心健康水平有效、快速、持续提升的重要保障。教研机构要从物质上、精神上关心、支持和帮助教研员，维护和保障教研员的生存发展权益，为其提供良好的专业发展平台。要尊重教职工的主人翁地位，不断完善教职工代表大会制度，提高管理工作的透明度，提高教研员对单位工作的参与度，鼓励教研员大胆工作，充分发挥个性。要通过专题学习、培训、专家讲座等多种形式使广大教研员思想上有提高、政治上有进步、观念上有转变，提高教研员的职业道德和师德修养，形成爱岗、敬业、奉献的良好育人氛围。要通过开展各种心理培训，提高教研员的心理健康水平，如通过引导教研员学习心理学知识来完善心理品质，通过各种个别和团体心理辅导服务来缓解心理压力，通过各种心理培训来提高心理素质等。

3. 发挥个人主观能动性，提高自我调节能力

"解铃还须系铃人。"学前教育教研员在面对身心健康问题时，要想真正改变，从根本上来说还需自身努力。教研员要充分利用好课后的休闲时间，选择适合自己的运动方式来缓解因工作产生的压力和紧张感。要在日常的工作中采取措施降低疾病发生的概率。例如，对于颈椎病的预防，在需要长时间使用电脑或者伏案工作时，将密集的工作时间进行划分，每隔一小段时间提醒自己起身走动，来缓解颈部的压力，保护颈椎。要学会正确、客观地看待和评价自己，既要看到自己的优势，也要承认自己的不足，认真分析自身的个性特征、自身职业的特点以及社会环境，为自己制定恰当的、符合自身能力的发展目标，在面对压力时积极应对，主动参与竞争，不断提高自己解决各种问题的能力。要学习一些适当的情绪宣泄方法，如适度地发泄、自我安慰、自我情绪转移、意志控制等，建立心理防御机制，努力使自己保持愉悦的心情来工作和生活，从而达到维护心理健康的目的。要努力提高自我调节能力，不断提高适应环境的能力。例如，当感到心理压力较大时，可通过游泳、散步、做操、洗热水澡、听音乐、和家人或朋友聊天、外出旅游等来缓解压力；面对事物不利的一面时，学会从反方向看问题，发现其有利的一面，从而保持心境开阔、精神愉悦。

第五章　学前教育教研保障机制研究

健全教研保障机制是促进学前教育教研工作健康发展的基础。《教育部关于加强和改进新时代基础教育教研工作的意见》强调要"完善保障机制""加强组织领导""加大经费投入""强化督导评估"。加强组织领导是确保学前教育教研工作高质量推进的关键，加大经费投入是确保学前教育教研工作顺利推进的基础，加强社会支持是营造良好学前教育教研工作生态的基本要求，强化督导评估是确保学前教育教研政策落地的关键。本章重点对学前教育教研的组织领导、经费投入、社会支持、督导评估进行了研究。

一、学前教育教研的组织领导研究

加强组织领导是确保学前教育教研工作高质量推进的关键。调研发现，只有 20.8% 的学前教育教研员感觉政府重视学前教育教研员的工作，约一半的园长感觉政府重视学前教育教研工作，近 70.0% 的幼儿园教师感觉领导重视学前教育教研工作。学前教育教研员期待政府能加强培训与指导、提高福利待遇、加大教研经费投入等，期待单位能为教研员发展搭建平台、建立以人为本的管理制度、实施合理的考评与激励机制等。为进一步加强学前教育教研的组织领导，本研究提出如下对策与建议：一是全面加强党的领导，二是完善部门协同机制，三是健全学前教育教研制度。

（一）领导重视是做好教研工作的重要保障

坚强的组织领导是完成好各项工作任务的根本保证。《国家教委关于改进和加强教学研究室工作的若干意见》提出，"各级教育行政部门要提高对教研工作重要性的认识，加强对教研室工作的领导"。《教育部关于加强和改进新时代基础教育教研工作的意见》强调，"加强组织领导。各地教育行政部门要高度重视教研工作，将其摆在更加突出的重要位置，切实加强工作指导，确保教研工作正确方向，及时研究解决教研工作中遇到的困难和问题，保障教研工作有效开展"。虽然国家高度重视教研工作，但是有的地区对教研工作的重视度不够。例如，刘敏发现，部分幼儿园对园本教研的意义、基本理念及操作方法等认识不到位、不深刻，存在观望、等待的现象，对园本教研的积极性不高；不少管理者更多关注的是幼儿园的声誉、形象，关注少数优秀的培养对象，放弃了大多数教师，使得教研活动超越或脱离广大教师的现有水平，最终不能解决广大教师群体中真实存在的教研问题。① 杨燕发现，超 10.0％的校长对校本教研不重视，认为只要把教师的责任心抓好，把学校的成绩抓好就行；近 70.0％的校长对校本教研比较重视，但认为教研是教研室的工作，校本教研跟着教研室来做就可以。② 夏彩云认为，学校校本教研管理机构不够完善、运行效果不太明显，主要原因在于学校对校本教研重视程度不够，校本教研活动中的形式主义严重，只提倡不落实、只求热闹不求实效、只看形式不看内容。③ 毛金莲发现，受经济发展水平等因素的影响，教育局领导更多将注意力放在行政性任务、相关政策的执行以及经济发展方面，对教研员的工作往往没有较高的期待，重视程度相对不足。因此，领导对教研工作的重视程度影响着教研员队伍的补充及教研工作的开展。④ 祖丽亚·多力孔发现，教育管理部门对教研员和教研工作的重视度不够。⑤ 付钰雯发现，超过一半的教研员认为教研中缺乏行政支持。⑥ 可见，目前对教研工作不够重视的情况还比较普遍。

虽然已有研究者对教研的组织领导状况进行了一定的研究，但是尚未发现对学前教育教研组织领导状况的大样本调查。本研究对我国学前教育教研的组织领导状况进行了全国性的调查。

（二）学前教育教研需要加强组织领导

1. 只有 20.8％的学前教育教研员感觉政府重视学前教育教研员的工作

从学前教育教研员对政府重视程度的认知来看，12.3％的学前教育教研员感觉政府对教研员的工作非常不重视，21.9％感觉比较不重视，45.0％感觉一般，18.8％感觉比较重视，2.0％感觉非常重视。（图 5-1）

① 刘敏：《农村幼儿园园本教研及其制约因素分析——以成都市 X 区农村幼儿园为例》，硕士学位论文，四川师范大学，2008。

② 杨燕：《河北省磁县农村中小学校本教研存在问题及对策研究》，硕士学位论文，山东师范大学，2010。

③ 夏彩云：《小学校本教研保障体系存在的问题与对策研究——以重庆市沙坪坝区A、B、C 三所小学为例》，硕士学位论文，重庆师范大学，2013。

④ 毛金莲：《甘肃省区县教研员队伍结构现状调查研究》，硕士学位论文，西北师范大学，2019。

⑤ 祖丽亚·多力孔：《新疆吐鲁番市教研员队伍现状调查研究》，硕士学位论文，新疆师范大学，2019。

⑥ 付钰雯：《学前教研员队伍建设现状及路径研究——以山西省 Y 市为例》，硕士学位论文，山西师范大学，2020。

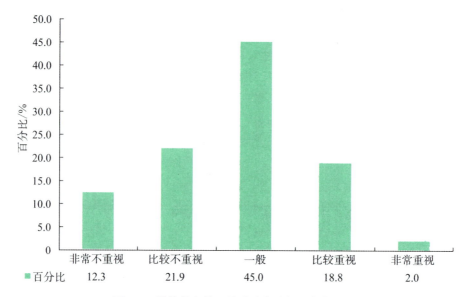

	非常不重视	比较不重视	一般	比较重视	非常重视
百分比	12.3	21.9	45.0	18.8	2.0

图 5-1　学前教育教研员对政府重视程度的认知

不同身份的学前教育教研员对政府重视程度的认知略有差异。46.6％的省级教研员感觉政府不重视，39.5％的地市级教研员感觉政府不重视，35.9％的区县级教研员感觉政府不重视，20.2％的乡镇级教研员感觉政府不重视。（图 5-2）

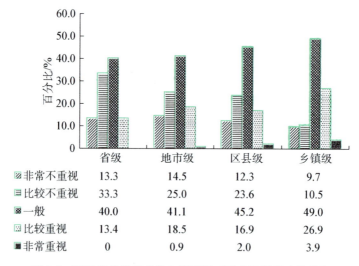

	省级	地市级	区县级	乡镇级
非常不重视	13.3	14.5	12.3	9.7
比较不重视	33.3	25.0	23.6	10.5
一般	40.0	41.1	45.2	49.0
比较重视	13.4	18.5	16.9	26.9
非常重视	0	0.9	2.0	3.9

图 5-2　不同身份的学前教育教研员对政府重视程度的认知

不同专兼职情况的学前教育教研员对政府重视程度的认知有差异。37.4％

的专职教研员感觉政府不重视。在兼职教研员中，若其是行政干部，感觉政府不重视的占比38.7%；若其承担幼儿园工作，感觉政府不重视的占比22.3%；若其兼任其他学科教研员，感觉政府不重视的占比35.8%。（图5-3）

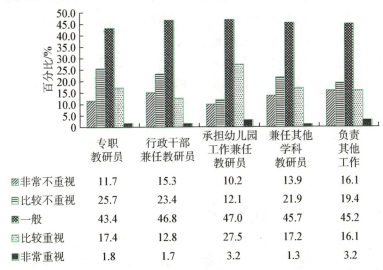

图5-3 不同专兼职情况的学前教育教研员对政府重视程度的认知

约50.0%的中小学教研员感觉政府重视教研员的工作。11.8%的中小学教研员感觉非常重视，38.1%感觉比较重视，38.3%感觉一般，7.0%感觉比较不重视，4.8%感觉非常不重视。可见，在教研员看来，政府对中小学教研员工作的重视程度略高于对学前教育教研员工作的重视程度。（图5-4）

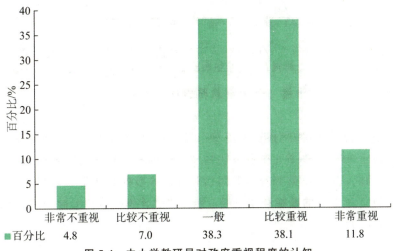

图5-4 中小学教研员对政府重视程度的认知

2. 学前教育教研员期待政府能加强培训与指导、提高福利待遇、加大教研经费投入等

在对政府如何保障学前教育教研员的发展的期待上，学前教育教研员选择最多的是加强培训与指导（87.2%），选择提高福利待遇（78.2%）、加大教研经费投入（75.6%）的比例也超过了70.0%，其他依次是补足配齐教研员（65.8%）、完善职前培养机制（58.4%）、健全教研员管理制度（57.1%）、把好教研员准入关（54.1%）、健全法律法规（51.2%）及其他措施（1.2%）。（图 5-5）

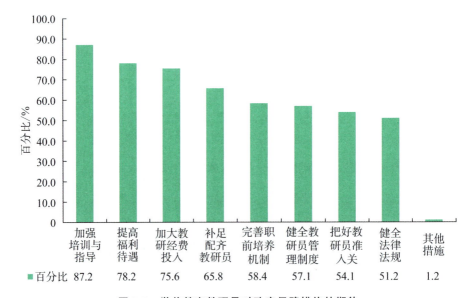

| 百分比 | 87.2 | 78.2 | 75.6 | 65.8 | 58.4 | 57.1 | 54.1 | 51.2 | 1.2 |

图 5-5　学前教育教研员对政府保障措施的期待

不同身份的学前教育教研员对政府保障措施的期待较为一致。省级、地市级、区县级和乡镇级教研员均认为需要通过加强培训与指导、提高福利待遇、加大教研经费投入等措施促进教研员的发展。（图 5-6）

不同专兼职情况的学前教育教研员对政府保障措施的期待略有差异。专职教研员认为重要的是加强培训与指导、提高福利待遇、加大教研经费投入；行政干部兼任教研员和承担幼儿园工作的教研员认为重要的是加强培训与指导、加大教研经费投入、提高福利待遇；兼任其他学科教研员的学前教育教研员认为重要的是加强培训与指导、加大教研经费投入、补足配齐教研员。（图 5-7）

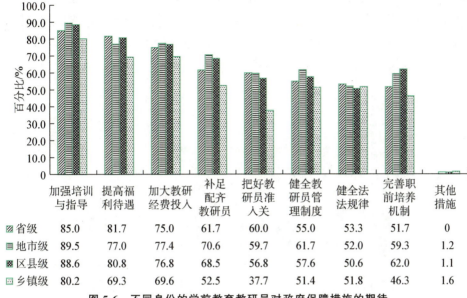

	加强培训与指导	提高福利待遇	加大教研经费投入	补足配齐教研员	把好教研员准入关	健全教研员管理制度	健全法法规律	完善职前培养机制	其他措施
省级	85.0	81.7	75.0	61.7	60.0	55.0	53.3	51.7	0
地市级	89.5	77.0	77.4	70.6	59.7	61.7	52.0	59.3	1.2
区县级	88.6	80.8	76.8	68.5	56.8	57.6	50.6	62.0	1.1
乡镇级	80.2	69.3	69.6	52.5	37.7	51.4	51.8	46.3	1.6

图 5-6 不同身份的学前教育教研员对政府保障措施的期待

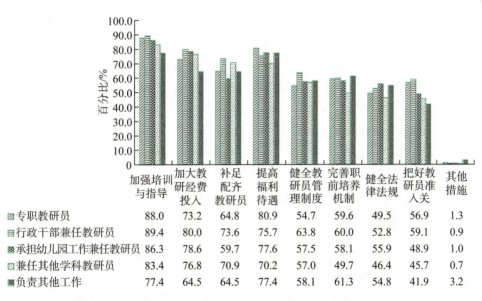

	加强培训与指导	加大教研经费投入	补足配齐教研员	提高福利待遇	健全教研员管理制度	完善职前培养机制	健全法律法规	把好教研员准入关	其他措施
专职教研员	88.0	73.2	64.8	80.9	54.7	59.6	49.5	56.9	1.3
行政干部兼任教研员	89.4	80.0	73.6	75.7	63.8	60.0	52.8	59.1	0.9
承担幼儿园工作兼任教研员	86.3	78.6	59.7	77.6	57.5	58.1	55.9	48.9	1.0
兼任其他学科教研员	83.4	76.8	70.9	70.2	57.0	49.7	46.4	45.7	0.7
负责其他工作	77.4	64.5	64.5	77.4	58.1	61.3	54.8	41.9	3.2

图 5-7 不同专兼职情况的学前教育教研员对政府保障措施的期待

3. 学前教育教研员期待单位能为教研员发展搭建平台、建立以人为本的管理制度、实施合理的考评与激励机制等

在对单位如何支持学前教育教研员的发展的期待上，超 80.0% 的学前教育教研员选择为教研员发展搭建平台（84.0%），选择建立以人为本的管理制度(66.2%)、实施合理的考评与激励机制(65.6%)的比例也超过了 60.0%，其他依次是营造和谐的单位文化(59.0%)、构建科学的育人用人机制(59.0%)、打造良好的办公条件(48.6%)、与政府和社区建立良好的关系(36.4%)以及其他措施(1.4%)。(图 5-8)

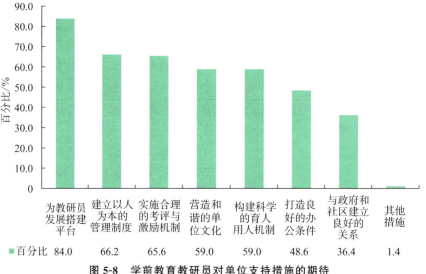

	为教研员发展搭建平台	建立以人为本的管理制度	实施合理的考评与激励机制	营造和谐的单位文化	构建科学的育人用人机制	打造良好的办公条件	与政府和社区建立良好的关系	其他措施
百分比	84.0	66.2	65.6	59.0	59.0	48.6	36.4	1.4

图 5-8　学前教育教研员对单位支持措施的期待

不同身份的学前教育教研员对单位支持措施的期待略有差异。省级、区县级、乡镇级教研员选择最多的是为教研员发展搭建平台、建立以人为本的管理制度、实施合理的考评与激励机制；地市级教研员选择最多的是为教研员发展搭建平台、实施合理的考评与激励机制、建立以人为本的管理制度。(图 5-9)

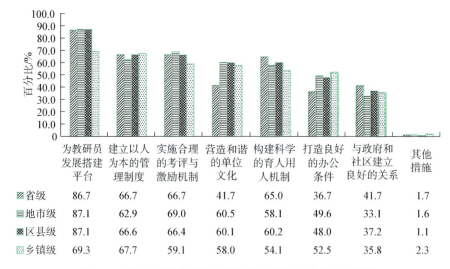

	为教研员发展搭建平台	建立以人为本的管理制度	实施合理的考评与激励机制	营造和谐的单位文化	构建科学的育人用人机制	打造良好的办公条件	与政府和社区建立良好的关系	其他措施
省级	86.7	66.7	66.7	41.7	65.0	36.7	41.7	1.7
地市级	87.1	62.9	69.0	60.5	58.1	49.6	33.1	1.6
区县级	87.1	66.6	66.4	60.1	60.2	48.0	37.2	1.1
乡镇级	69.3	67.7	59.1	58.0	54.1	52.5	35.8	2.3

图 5-9　不同身份的学前教育教研员对单位支持措施的期待

不同专兼职情况的学前教育教研员对单位支持措施的期待略有差异。专职教研员、行政干部兼任教研员选择最多的是为教研员发展搭建平台、实施合理的考评与激励机制、建立以人为本的管理制度；承担幼儿园工作及兼任其他学科教研员的学前教育教研员选择最多的是为教研员发展搭建平台、建立以人为本的管理制度、实施合理的考评与激励机制。（图5-10）

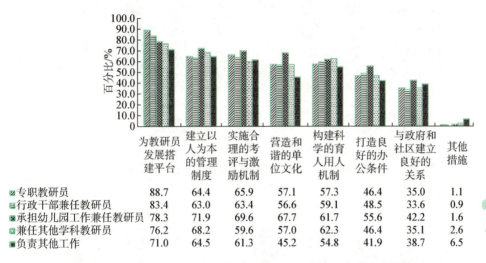

	为教研员发展搭建平台	建立以人为本的管理制度	实施合理的考评与激励机制	营造和谐的单位文化	构建科学的育人用人机制	打造良好的办公条件	与政府和社区建立良好的关系	其他措施
专职教研员	88.7	64.4	65.9	57.1	57.3	46.4	35.0	1.1
行政干部兼任教研员	83.4	63.0	63.4	56.6	59.1	48.5	33.6	0.9
承担幼儿园工作兼任教研员	78.3	71.9	69.6	67.7	61.7	55.6	42.2	1.6
兼任其他学科教研员	76.2	68.2	59.6	57.0	62.3	46.4	35.1	2.6
负责其他工作	71.0	64.5	61.3	45.2	54.8	41.9	38.7	6.5

图5-10　不同专兼职情况的学前教育教研员对单位支持措施的期待

4. 学前教育教研员期待单位营造支持教研员发展、领导专业素质高、领导班子凝聚力强、公平公正、民主管理的氛围

从学前教育教研员期待单位营造的管理氛围来看，选择最多的是支持教研员发展（85.0%），选择领导专业素质高（77.2%）、领导班子凝聚力强（74.2%）、公平公正（71.2%）、民主管理（70.1%）的比例也都超过了70.0%，其他依次是规章制度健全（69.2%）、人文管理（68.2%）、制度落实到位（64.3%）以及其他氛围（2.4%）。（图5-11）

不同身份的学前教育教研员对单位管理氛围的期待有差异。省级教研员期待的是支持教研员发展（90.0%）、公平公正（78.3%）和民主管理（76.7%）；地市级教研员期待的是支持教研员发展（91.9%）、领导专业素质高（77.4%）和民主管理（73.8%）；区县级教研员期待的是支持教研员发展（88.9%）、领导专业素质高（79.1%）和领导班子凝聚力强（74.8%）；乡镇级教研员期待的是领导班子凝聚力强（79.8%）、领导专业素质高（71.6%）和规章制度健全（67.3%）。（图5-12）

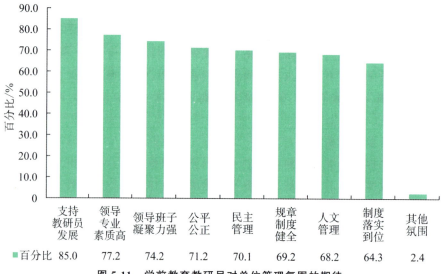

图 5-11　学前教育教研员对单位管理氛围的期待

	支持教研员发展	领导专业素质高	领导班子凝聚力强	公平公正	民主管理	规章制度健全	人文管理	制度落实到位	其他氛围
百分比	85.0	77.2	74.2	71.2	70.1	69.2	68.2	64.3	2.4

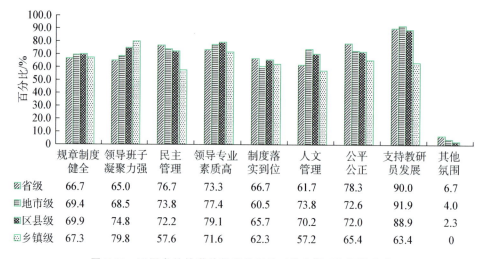

	规章制度健全	领导班子凝聚力强	民主管理	领导专业素质高	制度落实到位	人文管理	公平公正	支持教研员发展	其他氛围
省级	66.7	65.0	76.7	73.3	66.7	61.7	78.3	90.0	6.7
地市级	69.4	68.5	73.8	77.4	60.5	73.8	72.6	91.9	4.0
区县级	69.9	74.8	72.2	79.1	65.7	70.2	72.0	88.9	2.3
乡镇级	67.3	79.8	57.6	71.6	62.3	57.2	65.4	63.4	0

图 5-12　不同身份的学前教育教研员对单位管理氛围的期待

　　不同专兼职情况的学前教育教研员对单位管理氛围的期待有差异。专职教研员期待的是支持教研员发展（91.4％）、领导专业素质高（78.7％）和公平公正（72.4％）；行政干部兼任教研员期待的是支持教研员发展（85.5％）、领导班子凝聚力强（79.6％）和领导专业素质高（77.4％）；承担幼儿园工作的教研员期待的是领导班子凝聚力强（81.2％）、领导专业素质高（75.1％）和民主管理（72.8％）；兼任其他学科教研员的学前教育教研员期待的是支持教研员发展（84.1％）、领导专业素质高（74.8％）和公平公正（67.5％）。（图5-13）

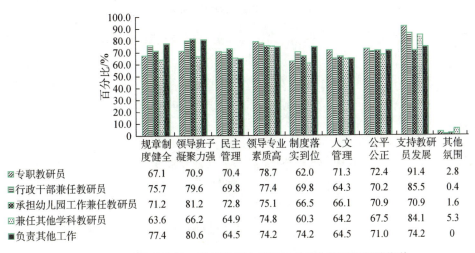

	规章制度健全	领导班子凝聚力强	民主管理	领导专业素质高	制度落实到位	人文管理	公平公正	支持教研员发展	其他氛围
专职教研员	67.1	70.9	70.4	78.7	62.0	71.3	72.4	91.4	2.8
行政干部兼任教研员	75.7	79.6	69.8	77.4	69.8	64.3	70.2	85.5	0.4
承担幼儿园工作兼任教研员	71.2	81.2	72.8	75.1	66.5	66.1	70.9	70.9	1.6
兼任其他学科教研员	63.6	66.2	64.9	74.8	60.3	64.2	67.5	84.1	5.3
负责其他工作	77.4	80.6	64.5	74.2	74.2	64.5	71.0	74.2	0

图 5-13　不同专兼职情况的学前教育教研员对单位管理氛围的期待

57.9％的中小学教研员感觉领导班子凝聚力强。其中，15.0％感觉非常强，42.9％感觉比较强，33.4％感觉一般，5.5％感觉比较弱，3.2％感觉非常弱。（图 5-14）

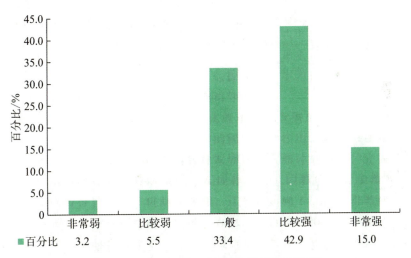

	非常弱	比较弱	一般	比较强	非常强
百分比	3.2	5.5	33.4	42.9	15.0

图 5-14　中小学教研员对领导班子凝聚力的认知

5. 约一半的园长感觉政府重视学前教育教研工作

从园长对政府重视程度的认知来看，17.8％的园长认为政府对学前教育教研工作非常重视，32.9％认为比较重视，33.3％认为一般，8.9％认为比较不重视，7.1％认为非常不重视。（图 5-15）

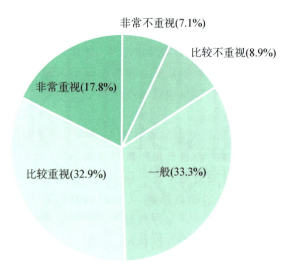

图 5-15　园长对政府重视程度的认知

6. 学前教育教研保障条件有领导的重视、教研经费的支持、教师教研能力的提升等

从学前教育教研的保障条件来看，园长选择最多的是领导的重视（88.1%），其他依次是教研经费的支持（86.6%）、教师教研能力的提升（82.4%）、教师教研意识的提高（80.3%）、充足的时间（79.2%）、专家的指导（71.0%）、良好的教研管理服务（65.7%）、充足的图书或期刊资料（64.8%）及其他条件（6.1%）。（图 5-16）

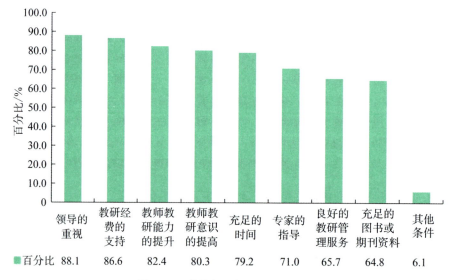

图 5-16　学前教育教研的保障条件

7. 近70.0%的幼儿园教师感觉领导重视学前教育教研工作

从幼儿园教师对领导重视程度的认知来看，32.8%的教师认为领导对学前教育教研工作非常重视，34.8%认为比较重视，25.6%认为一般，3.9%认为比较不重视，2.9%认为非常不重视。（图5-17）

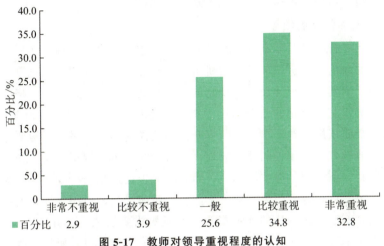

	非常不重视	比较不重视	一般	比较重视	非常重视
百分比	2.9	3.9	25.6	34.8	32.8

图 5-17　教师对领导重视程度的认知

8. 幼儿园教师期待幼儿园营造领导班子凝聚力强、领导专业素质高、规章制度健全的氛围

从幼儿园教师期待幼儿园营造的管理氛围来看，选择最多的是领导班子凝聚力强（74.6%），选择领导专业素质高（72.5%）、规章制度健全（72.4%）、民主管理（71.4%）、公平公正（70.5%）的超过了70.0%，其他依次是制度落实到位（64.7%）、人文管理（60.2%）、支持教研员发展（50.4%）及其他氛围（9.1%）。（图5-18）

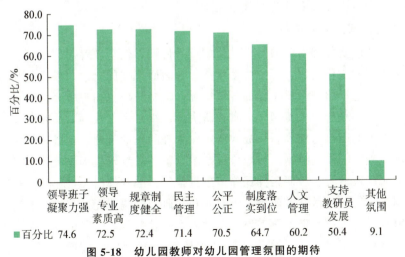

	领导班子凝聚力强	领导专业素质高	规章制度健全	民主管理	公平公正	制度落实到位	人文管理	支持教研员发展	其他氛围
百分比	74.6	72.5	72.4	71.4	70.5	64.7	60.2	50.4	9.1

图 5-18　幼儿园教师对幼儿园管理氛围的期待

（三）全面加强党对学前教育教研的组织领导

调研发现，只有20.8％的学前教育教研员感觉政府重视学前教育教研员的工作，学前教育教研员期待政府能加强培训与指导、提高福利待遇、加大教研经费投入等，政府对学前教育教研工作的重视程度有待提高。为加强学前教育教研的组织保障，本研究提出如下对策与建议。

1. 全面加强党的领导

各地教育行政部门要高度重视教研工作，进一步完善党建工作机制，严把教研工作的政治关。进一步完善教研机构的领导体制和党建工作机制。加强教研机构中党的基层组织建设，实现党的组织和党的工作全覆盖。严格落实意识形态工作责任制，以党的政治建设为统领，将党的建设与业务工作紧密融合，认真落实全面从严治党要求，不断提升党建工作科学化水平。各地要把教研工作纳入当地教育事业发展的总体规划，及时研究与解决困扰教研工作有效开展的体制机制、条件配备等关键问题，建立与完善促进教研持续稳定发展的长效机制。各级教育行政部门要加强对学前教育教研机构的组织领导，上级教研机构要加强对下级教研机构的业务指导，教研机构要加强与幼儿园、高等学校、科研院所等单位的协作，形成以教育行政部门为主导、以教研机构为主体、以幼儿园为基地、相关单位通力协作的教研工作新格局。要加强教研机构领导班子建设，为教研机构高效运转提供组织保障。要理顺教研工作管理运行机制，进一步明确教研机构的工作职责、业务范围和工作任务，建立健全教研人员研究教育、指导实践、服务决策的工作制度，认真履行人员保障、条件保障和时间保障的工作职责，帮助教研员从烦琐的事务性工作中解脱出来，专注于为教育改革发展提供专业服务和支持，进一步强化教研机构的专业属性，切实提升教研工作的科学化、专业化和规范化水平。

2. 完善部门协同机制

各级政府要加强对学前教育教研的统筹协调，健全教育部门主管、有关部门分工负责的工作机制，形成推动学前教育教研工作的合力。教研行政部门要经常了解、定期检查教研工作的开展情况，支持教研机构与教育培训等部门建立协同创新、联合攻关机制，丰富教研资源、视角和方式等，及时研究与解决教研工作中的困难与问题，形成教研工作管理的长效机制；各级教育督导机构要将本地教研工作统筹纳入督导检查范围，重点对教研机构设置、教研队伍建设、教研职责落实、教研条件保障等进行督导；编制部门要增加学前教育教研员编制数量，认真做好教研机构负责人和教研员的遴选配备工作；财政部门要完善财政支持政策，把教研工作经费纳入本级教育事业经费预算，保障预算内教研经费稳步增长；人力资源和社会保障部门要制定与完善教研员人事（劳动）、工资待遇、社会保障和职称评聘政策，在高级专业技术岗位的设置上予以政策倾斜，保证在特级教师、正高级教师、优秀教师等的评选中，教研员占一定比例；宣传部门要广泛宣传各地开展学前教育教研工作的典型经验，大力营造全社会关心、支持学前教育教研的良好氛围。

3. 健全学前教育教研制度

制度是保障工作开展的必要约定。国家应尽快出台新时代加强学前教育教研工作的指导意见，明晰新时代学前教育教研工作的目标和任务；建立健全国家、省、市、县、校五级学前教育教研工作体系，构建上下联动、运行高效的学前教育教研工作机制；明确新时代学前教育教研工作的重点内容，改进教研工作方式；加强学前教育教研员的遴选配备，配齐专职教研员，建立专兼结合的教研队伍；强化对学前教育教研员的培养培训，促进教研员专业发展。各级教研机构要结合单位实际，不断充实、完善学前教育相关制度，除了常规的职业道德建设、日常管理和考核等制度外，还要根据学前教育教研员自身的工作性质，制定相应的教研工作管理制度，如教研员绩效工资奖励制度、教研员职称评审制度、教研活动质量评估制度等。幼儿园要建立健全教研常规制度，使教研工作有章可循，构建促使所有教师实现共同发展的多元学习体系，完善重师德、重能力、重业绩、重贡献的考核评价机制，健全激励教师个性化发展的多层次评价体系。

二、学前教育教研的经费投入研究

加大经费投入是确保学前教育教研工作顺利推进的基础。调研发现，"三区三州"地区教研经费占教研机构总经费的比例不足 40.0%；29.2% 的园长认为幼儿园教研经费充足，有专门教研经费的幼儿园不足 40.0%，近 70.0% 的幼儿园教研经费来源于幼儿园自筹；幼儿园教研经费近年来有所增加的不足 40.0%；幼儿园有教研经费管理制度的不到一半；超一半的幼儿园能做到教研经费专款专用。为进一步提高教研经费的使用效益，本研究提出如下对策与建议：一是加大学前教育教研经费投入力度，二要合理使用学前教育教研经费，三要科学管理学前教育教研经费。

（一）经费投入是教研工作开展的基本保障

经费投入是发展教育事业的物质基础，是教研工作开展的基本保障。《国家教委关于改进和加强教学研究室工作的若干意见》提出，"各级教育行政部门要从教研室（所）承担任务的实际需要出发，保证教研室的经费。除拨给经常性经费外，还应按工作需要拨给专项业务费，以保证教研工作的正常开展"。《全国省级教研室主任会议纪要》提出，"要进一步落实 1990 年国家教委《关于改进和加强教学研究室工作的若干意见》中关于教研室的编制、人员待遇及教研室的活动经费等方面的规定和要求"。《教育部关于加强和改进新时代基础教育教研工作的意见》强调,"各级教育行政部门要把教研工作经费纳入本级教育事业经费预算,保障教研工作经费随教育事业的发展逐步增加,确保教研机构日常运转和组织开展重要教研课题研究的经费需要,并对学校开展教研工作给予经费支持"。

虽然我国相关政策对教研经费提出了明确要求,但有些地方教研机构依旧经费缺乏,难以支撑重大项目和课题研究的开展,研究能力被大大削弱,指导水平和服务质量严重降低。冯志军发现,由于经费有限,人员缺编严重,地方教研机构只能开展极少量的、有限度的、面上协作式的教研活动。[1] 崔璨发现,由于没有专项教研经费,教研投资匮乏,开展教研活动所需的场地、器材、图书、多媒体等物质支持不足。许多教师希望学校能提供校本教研知识、技能及教育教学理论等方面的培训,渴望聆听高水平的专家讲座。但是,经费短缺使广大教师只能局限于学校这个"圈子",无法走出去进行层次更高、范围更广的学习交流。[2] 曾天山发现,我国教育教研经费存在长期不足的问题,主要表现在以下方面:一是实行差额拨款,经费普遍不足,人均经费和人均教研经费长期偏低;二是经费主要依靠行政拨款,其他渠道不多,主要依靠实验区(校)、项目、教材教辅等的收入;三是经费主要用于人头费,教研经费偏低;四是省域间差距较大。[3] 李幽然发现,44.1%的教研员认为经费短缺是制约教研员有效开展工作的主要因素。[4] 高丙成发现,39.8%的学前教育教研员面临经费短缺的问题。[5] 线亚威、高丙成调研发现,从2019年度教研经费的使用情况来看,"三区三州"地区79.4%的教研员教研经费在1000元以内,10.8%为1000~3000元,4.8%为3001~5000元,2.4%为5001~10000元,2.7%在10000元以上。[6] 马保平发现,由于学校没有专项经费用于校本教研,校本教研活动的开展没有一定的经费支持。[7] 王嘉琪、王帅帅发现,有的园所经费短缺,导

① 冯志军:《加强地方职业教育教研机构建设的政策研究》,载《教育与职业》,2009(18)。

② 崔璨:《新课程背景下初中校本教研现状、问题及对策的研究——以内蒙古乌海市海勃湾区为例》,硕士学位论文,内蒙古师范大学,2010。

③ 曾天山:《我国教育科研机构现状分析与发展愿景》,载《中国教育学刊》,2012(4)。

④ 李幽然:《教研员专业发展的现状、问题及改进策略研究——基于兰州市3个区的调查》,硕士学位论文,西北师范大学,2012。

⑤ 高丙成:《全国学前教育教研员满意度调查报告》,载《当代教师教育》,2018(3)。

⑥ 线亚威、高丙成:《"三区三州"基础教育教研工作现状与对策研究》,载《民族教育研究》,2020(4)。

⑦ 马保平:《农村中学校本教研实施的现状、问题与对策研究——以甘肃省Y县Z中学为例》,硕士学位论文,西北师范大学,2020。

致教师提出的对玩教具的投放建议不能很好地落实在具体的环境创设中，进而导致教研成果的实践效果大打折扣，影响教师参与的兴趣。[①] 可见，教研经费短缺已成为制约教研工作有效开展的重要影响因素之一。

为了全面了解我国学前教育教研的经费投入情况，本研究进行了以下调查。

(二)学前教育教研经费总体不足

1. "三区三州"地区教研经费占教研机构总经费的比例不足 40.0%

从"三区三州"地区教研经费占教研机构总经费的比例来看，平均占比为 37.8%。其中，23.3% 的机构教研经费占比 10.0% 及以下，16.7% 的机构教研经费占比 10.1%～20.0%，11.1% 的机构教研经费占比 20.1%～30.0%，7.8% 的机构教研经费占比 30.1%～40.0%，10.0% 的机构教研经费占比 40.1%～50.0%，10.0% 的机构教研经费占比 50.1%～60.0%，21.1% 的机构教研经费占比 60.0% 以上。(图 5-19)

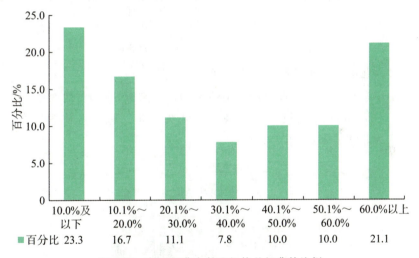

图 5-19　教研经费占教研机构总经费的比例

2. 近 60.0% 的教研机构中人均教研经费在 10000 元以内

从"三区三州"地区教研机构中人均教研经费的情况来看，人均教研经费达到 17100 元。其中，8.9% 的教研机构中人均教研经费为 0～99 元，27.4% 的教研机构中人均教研经费为 100～5000 元，20.2% 的教研机构中人均教研经费为 5001～10000 元，14.9% 的教研机构中人均教研经费为 10001～20000 元，

---

① 王嘉琪、王帅帅：《幼儿园园本教研现状问题分析及对策研究》，载《吉林省教育学院学报》，2021(11)。

7.1％的教研机构中人均教研经费为 20001～30000 元，14.9％的教研机构中人均教研经费为 30001～50000 元，6.6％的教研机构中人均教研经费为 50000 元以上。（图 5-20）

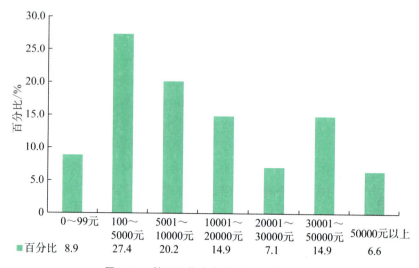

| 百分比 | 8.9 | 27.4 | 20.2 | 14.9 | 7.1 | 14.9 | 6.6 |

图 5-20　教研机构中人均教研经费的情况

3.17.4％的中小学教研员认为教研经费充足

从中小学教研员对教研经费充足情况的认知来看，4.0％的教研员认为非常充足，13.4％认为比较充足，38.0％认为一般，18.5％认为比较紧张，26.1％认为非常紧张。（图 5-21）

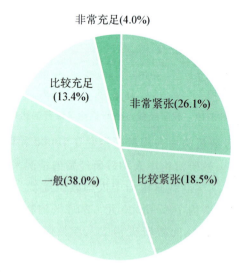

图 5-21　中小学教研员对教研经费充足情况的认知

196

4. 78.9%的中小学教研员年均教研经费不足1000元

从上年度中小学教研员能够使用的教研经费情况来看，78.9%的教研员的教研经费在1000元以内，10.4%的为1000~3000元，5.3%的为3001~5000元，2.6%的为5001~10000元，1.2%的为10001~20000元，0.3%的为20001~30000元，1.3%的在30000元以上。（图5-22）

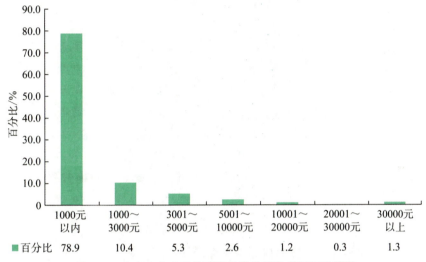

图5-22　上年度中小学教研员能够使用的教研经费情况

5. 29.2%的幼儿园园长认为教研经费充足

从幼儿园园长对教研经费充足情况的认知来看，5.3%的园长认为非常充足，23.9%认为比较充足，38.6%认为一般，14.7%认为比较紧张，17.5%认为非常紧张。（图5-23）

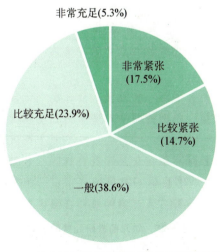

图5-23　幼儿园园长对教研经费充足情况的认知

6. 有专门教研经费的幼儿园不足 40.0%

从幼儿园有无专门教研经费的情况来看，38.9%的园长反映有，53.7%反映没有，7.4%表示不清楚。（图 5-24）

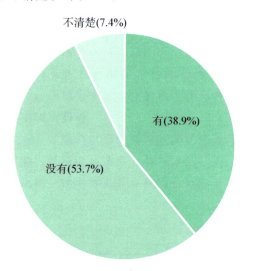

图 5-24　幼儿园有无专门教研经费的情况

7. 近 70.0% 的幼儿园教研经费来源于幼儿园自筹

从幼儿园教研经费的来源来看，69.1%的园长选择幼儿园自筹，15.1%选择教师自筹，38.9%选择上级拨款，12.3%选择公益组织捐助，25.0%选择没有经费，7.8%选择不清楚。（图 5-25）

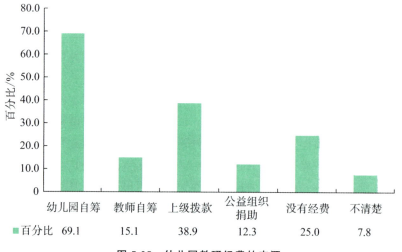

图 5-25　幼儿园教研经费的来源

8. 近年来幼儿园教研经费有所增加的不足 40.0%

从幼儿园教研经费近年来的增加情况来看，5.0%的园长反映明显增加，29.4%反映有所增加，53.2%反映变动不大，3.6%反映有所减少，8.8%反映明显减少。（图 5-26）

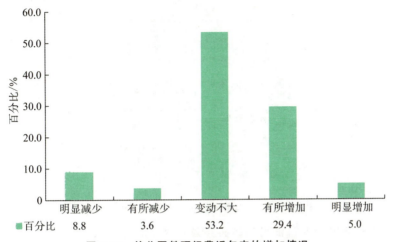

图 5-26　幼儿园教研经费近年来的增加情况

9. 近一半园长期望每年师均教研经费在 1000 元以上

从园长对幼儿园每年师均教研经费的期望来看，3.0%的园长期望为 0 元，1.8%期望在 100 元以内，6.6%期望为 100～300 元，12.8%期望为 301～500元，11.0%期望为 501～800 元，18.3%期望为 801～1000 元，18.1%期望为1001～2000 元，10.3%期望为 2001～3000 元，15.7%期望在 3000 元以上，2.4%表示无所谓。（图 5-27）

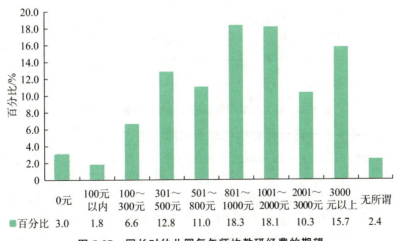

图 5-27　园长对幼儿园每年师均教研经费的期望

10. 幼儿园有教研经费管理制度的不到一半

从幼儿园有无教研经费管理制度的情况来看，46.3％的园长反映有，43.4％反映没有，10.3％表示不清楚。（图5-28）

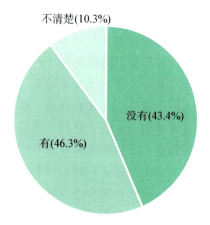

图 5-28　幼儿园有无教研经费管理制度的情况

11. 超一半的幼儿园能做到教研经费专款专用

从幼儿园能否做到教研经费专款专用的情况来看，54.5％的园长选择能，23.8％选择不能，21.7％选择不清楚。（图5-29）

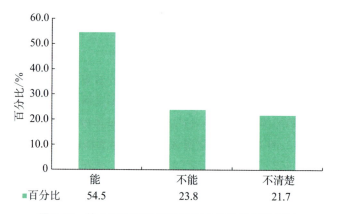

图 5-29　幼儿园能否做到教研经费专款专用的情况

（三）切实提高学前教育教研的经费保障水平

调研发现，超一半的幼儿园能做到教研经费专款专用，但学前教育教研经费总体投入不足，近70.0％的幼儿园教研经费来源于幼儿园自筹，学前教育教研经费不足已成为制约工作开展的重要因素。访谈中，多位教研员也提出："教研经费严重不足，导致一些需要经费支撑的大型活动、会议无法进行，严重制约着教研工作的开展。"《国务院办公厅关于进一步调整优化结构提高教育经费使用效益的意见》提出，要"改革完善教育经费投入使用管理体制机制，以调整优化结构为主线，突出抓重点、补短板、强弱项，着力解决教育发展不平衡不充分问题，切实提高教育资源配置效率和使用效益"。为提高学前教育教研经费的使用效益，本研究提出如下对策与建议。

1. 加大学前教育教研经费投入力度

各级教育行政部门应把学前教育教研工作经费纳入本级教育事业经费预算，通过政策设计、制度设计、标准设计带动财政投入，保障预算内学前教育教研经费稳步增加，逐步建立健全教研工作经费的稳定投入支持机制。探索建立多元化、多渠道、多层次的投入体系，健全竞争性经费和稳定支持经费相协调的投入机制，完善社会捐赠收入财政配比政策，按规定落实公益性捐赠税收优惠政策，鼓励通过社会资金的捐赠、专项基金的设立等方式支持教研工作。幼儿园要将教研工作经费纳入年度经费预算，在公用经费中确定一定比例的经费用于园本教研，为教师的教研工作提供必需的经费支持，购买必要的教研设施设备，为教师自觉参与园本教研提供经费保障。

2. 合理使用学前教育教研经费

目前我国学前教育实现了基本普及目标，迈入了高质量发展的新阶段。学前教育经费要在积极支持扩大普惠性学前教育资源的同时，加大向环境创设、保育教育、卫生保健、教师队伍等方面的倾斜力度，着力推动学前教育的质量提升和内涵发展。各地的学前教育教研经费主要用于课题研究、项目研究、课程资源开发、教研员进修学习与培训、保教质量监测与评估、重大成果奖励、优秀成果推广、课程改革等，要确保教研机构日常运转、重要教研活动组织开展的经费需要。健全教研员工资长效联动机制，核定绩效工资总量时应统筹考虑当地公务员的工资收入水平，实现与当地公务员的工资收入水平同步调整，确保教研员的平均工资收入水平不低于或高于当地公务员的平均工资收入水平，使教研员能够安心在岗从教。要保障教师教研、进修学习经费专项专用。各地教育行政部门应对教研员和专家团队进行定期考核评估，对按要求完成工作任务、成绩突出的教研员给予奖励。向教研专家团队成员划拨相应的教研津贴，由教育行政部门根据专家的贡献给予其相应的奖励。

3. 科学管理学前教育教研经费

按照深化"放管服"改革的要求，进一步简政放权，落实教研部门和幼儿园教研经费使用自主权。要建立健全"谁使用、谁负责"的教研经费使用管理责任体系。财政部门要按规定落实财政投入等政策，保障教研经费支出，加强预算管理和财政监督。教研部门和幼儿园是教研经费的直接使用者、管理者，在教研经费使用管理中负有主体责任，要会同相关部门科学规划教研工作和经费使用，依法依规、合理有效地使用教研经费。要扩大教研项目经费管理使用自主权，简化项目经费预算编制要求，教研经费使用权全部下放给项目承担单位和教研人员。要树立"花钱必问效、无效必问责"的理念，逐步将教研工作绩效管理范围覆盖所有财政教育资金，并融入预算编制、执行、监督全过程，完善细化可操作、可检查的教研经费绩效管理措施办法，建立健全体现教研工作特点的绩效管理体系。坚持财政性教研经费用到哪里，绩效评价就跟踪到哪里，加强动态绩效评价，及时削减低效、无效资金。以监审、监控、监督为着力点，建立全覆盖、全过程、全方位的教研经费监管体系。健全预算审核机制，加强预算安排事前绩效评估，加强预算执行事中监控，加强预决算事后监督，加强各级教研经费执行情况统计公告。将教研经费使用管理情况纳入教育督导范围。

三、学前教育教研的社会支持研究

加强社会支持是营造良好学前教育教研工作生态的基本要求。调研发现，超 90.0％的学前教育教研员与同事之间关系良好，超 80.0％的教研员表示与幼儿园之间的联系较多，家人也比较支持其工作，近 80.0％表示所在单位的人际关系较好；超 80.0％的园长表示家人、朋友支持其工作，超 90.0％表示与同事之间关系较好；学前教育教研员期待政府重视教研工作、专家引领教研员的发展、领导重视教研员的发展等。为进一步加大学前教育教研的社会支持力度，本研究提出如下建议：一是营造关心学前教育教研的良好社会氛围；二是单位要重视学前教育教研工作；三是亲友要支持学前教育教研工作。

（一）学前教育教研工作需要多方社会支持

习近平指出，办好教育事业，家庭、学校、政府、社会都有责任。做好学前教育教研工作，也需要广泛的社会支持。社会支持一般是指从亲人、朋友、同事、领导等社会人身上及单位、党团、家庭、工会等社会组织中得到的精神上、情感上和物质上的支持和帮助等。[①] 研究发现，社会支持与教师专业发展密切相关。许崇涛发现，中学教师在面对压力事件时，社会支持状况越差，个体越倾向于产生不良的心理认知与体验，进而降低教师群体的心理健康水平。[②] 唐文雯、苏君阳、吴娱等人研究发现，农村幼儿教师的社会支持与离职意向具有相关关系，社会支持对离职意向具有显著的负向预测效应。[③] 贾翠霞

① 闫芳芳：《城乡小学教师的职业压力、社会支持与职业倦怠的关系研究》，硕士学位论文，华中师范大学，2014。
② 许崇涛：《社会支持、人格在生活事件—心理健康关系中的作用》，载《中国临床心理学杂志》，1997(2)。
③ 唐文雯、苏君阳、吴娱等：《农村幼儿教师社会支持与离职意向的关系研究——以职业承诺为中介变量》，载《教师教育研究》，2015(6)。

的研究结果表明，幼儿园教师的职业认同与社会支持存在显著相关关系，其中，客观支持和主观支持对职业认同的影响最大。[1] 王苗苗、杨佳发现，社会支持水平不同的教师，其职业适应水平也存在显著差异，家庭支持、情感支持和同事支持对教师职业适应的预测力相对较强，而领导支持、家长支持相对较弱。[2] 曲鑫发现，幼儿教师的社会支持与心理弹性成显著正相关，社会支持既可以直接正向预测积极应对，也可通过心理弹性间接正向预测积极应对。[3] 高游的研究发现，幼儿教师的社会支持与工作投入、社会支持与心理资本两两之间的相关关系显著。[4] 刘培发现，社会支持感与职业适应成显著正相关，与职业认同成显著正相关，与离职倾向成显著负相关。[5]

已有研究发现，社会支持对教师队伍建设具有重要的影响作用；研究也发现，教师的社会支持情况总体良好，但存在一定的人口学差异。鲁小周、杨颖发现，幼儿教师的社会支持情况一般，已婚或公办园幼儿教师的社会支持情况优于未婚或民办园幼儿教师。[6] 程秀兰、高游发现，陕西省幼儿教师的社会支持情况良好，但客观支持情况和对支持的利用度一般；园所性质、地域、教龄等人口学变量对幼儿教师的社会支持具有显著影响。[7] 姜靓发现，幼儿教师在主观支持及对支持的利用度上得分均超过理论中值，但在客观支持上得分较低，公办园与民办园差异大。[8] 陈秋珠、许宽发现，幼儿教师的社会支持情况尚可，与心理感受相关的主观支持情况最好，而涉及个体主观能动性的支持利用度情况堪忧。[9] 孙琪雯发现，农村小学教师的社会支持总分高于理论中值，

---

[1] 贾翠霞：《幼儿园教师职业认同及其与社会支持的关系研究》，硕士学位论文，陕西师范大学，2017。

[2] 王苗苗、杨佳：《新疆地区随班就读教师职业适应与社会支持关系研究》，载《中小学心理健康教育》，2017(22)。

[3] 曲鑫：《幼儿教师社会支持、心理弹性、应对方式的关系研究》，硕士学位论文，沈阳师范大学，2019。

[4] 高游：《幼儿教师社会支持与工作投入的关系：心理资本的中介作用》，硕士学位论文，陕西师范大学，2019。

[5] 刘培：《社会支持感对欠发达地区教师离职倾向的影响——一个链式中介模型》，硕士学位论文，曲阜师范大学，2020。

[6] 鲁小周、杨颖：《幼儿教师社会支持与主观幸福感》，载《中国健康心理学杂志》，2014(6)。

[7] 程秀兰、高游：《幼儿园教师社会支持与工作投入的关系：心理资本的中介作用》，载《学前教育研究》，2019(12)。

[8] 姜靓：《社会支持对幼儿教师职业倦怠的影响——以厦门市幼儿园为例》，硕士学位论文，厦门大学，2019。

[9] 陈秋珠、许宽：《幼儿教师社会支持对工作投入的影响：自我效能感的中介效应》，载《海南师范大学学报(社会科学版)》，2020(3)。

农村小学教师在主观支持、对支持的利用度上得分均高于中值，在客观支持上得分低于中值；具有低社会支持水平的教师所占的比例为 15.0%。[①] 可见，已有研究虽然发现教师的社会支持情况总体良好，但也有进一步提升的空间。

虽然已有研究对教师的社会支持进行了较多探索，但从掌握的文献来看，目前对学前教育教研工作的社会支持研究还比较少。本研究对我国学前教育教研的社会支持情况进行了探索。

（二）学前教育教研的社会支持情况总体良好

1. 学前教育教研员期待获得的社会支持有政府重视教研工作、专家引领教研员的发展、领导重视教研员的发展等

从学前教育教研员期待获得的社会支持来看，选择最多的是政府重视教研工作（89.4%），其次是专家引领教研员的发展（83.4%）、领导重视教研员的发展（75.3%），接下来依次是园长支持教研工作（65.8%）、社会尊重教研员的工作（62.8%）、媒体营造良好的舆论氛围（42.2%）、亲友支持教研员的工作（25.3%）以及其他方面（1.4%）。（图 5-30）

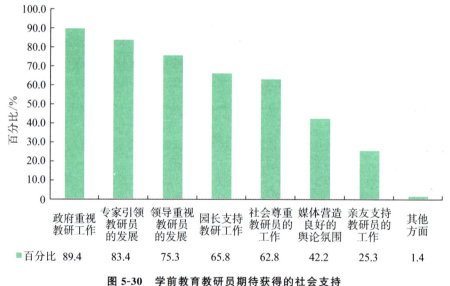

| 百分比 | 89.4 | 83.4 | 75.3 | 65.8 | 62.8 | 42.2 | 25.3 | 1.4 |

图 5-30 学前教育教研员期待获得的社会支持

不同身份的学前教育教研员期待获得的社会支持较为一致。省级、地市级和区县级教研员均期待政府重视教研工作、专家引领教研员的发展、领导重视教研员的发展等，而乡镇级教研员期待政府重视教研工作、专家引领教研员的

---

① 孙琪雯：《社会支持对农村小学教师离职意向的影响研究——以 X 县为例》，硕士学位论文，东北师范大学，2021。

发展以及园长支持教研工作。（图 5-31）

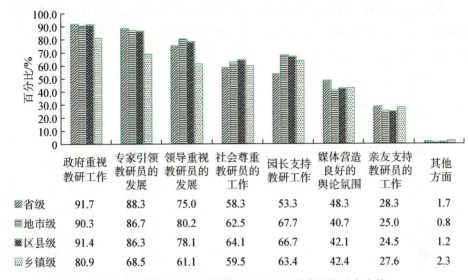

	政府重视教研工作	专家引领教研员的发展	领导重视教研员的发展	社会尊重教研员的工作	园长支持教研工作	媒体营造良好的舆论氛围	亲友支持教研员的工作	其他方面
省级	91.7	88.3	75.0	58.3	53.3	48.3	28.3	1.7
地市级	90.3	86.7	80.2	62.5	67.7	40.7	25.0	0.8
区县级	91.4	86.3	78.1	64.1	66.7	42.1	24.5	1.2
乡镇级	80.9	68.5	61.1	59.5	63.4	42.4	27.6	2.3

图 5-31　不同身份的学前教育教研员期待获得的社会支持

　　不同专兼职情况的学前教育教研员期待获得的社会支持差别不大。专职教研员、行政干部兼任教研员和兼任其他学科教研员的学前教育教研员期待政府重视教研工作、专家引领教研员的发展、领导重视教研员的发展等，而承担幼儿园工作的教研员期待政府重视教研工作、专家引领教研员的发展以及园长支持教研工作。（图 5-32）

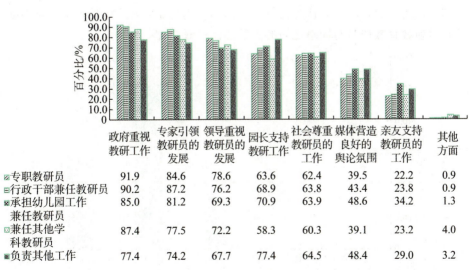

	政府重视教研工作	专家引领教研员的发展	领导重视教研员的发展	园长支持教研工作	社会尊重教研员的工作	媒体营造良好的舆论氛围	亲友支持教研员的工作	其他方面
专职教研员	91.9	84.6	78.6	63.6	62.4	39.5	22.2	0.9
行政干部兼任教研员	90.2	87.2	76.2	68.9	63.8	43.4	23.8	0.9
承担幼儿园工作兼任教研员	85.0	81.2	69.3	70.9	63.9	48.6	34.2	1.3
兼任其他学科教研员	87.4	77.5	72.2	58.3	60.3	39.1	23.2	4.0
负责其他工作	77.4	74.2	67.7	77.4	64.5	48.4	29.0	3.2

图 5-32　不同专兼职情况学前教育教研员期待获得的社会支持

2. 超 90.0％的学前教育教研员与同事之间关系良好

从学前教育教研员与同事之间的关系来看，0.4％的学前教育教研员认为非常差，0.4％认为比较差，7.3％认为一般，55.0％认为比较好，36.9％认为非常好。（图 5-33）

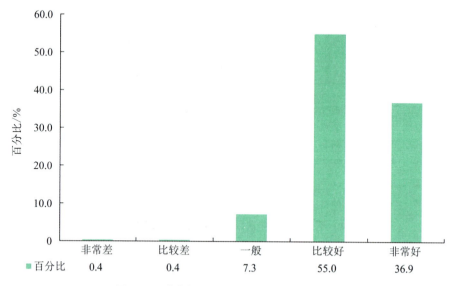

图 5-33　学前教育教研员与同事之间的关系

超 80.0％的中小学教研员与同事之间关系良好。从中小学教研员与同事之间的关系来看，0.8％的中小学教研员认为非常差，0.4％认为比较差，16.5％认为一般，52.0％认为比较好，30.3％认为非常好。可见，中小学教研员和学前教育教研员与同事之间的关系总体较好。（图 5-34）

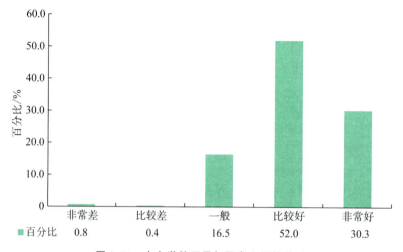

图 5-34　中小学教研员与同事之间的关系

3. 超80.0％的学前教育教研员表示家人比较支持其工作

从家人对学前教育教研员工作的支持情况来看，0.3％的学前教育教研员选择没有支持，1.5％选择较少支持，15.1％选择一般，46.1％选择比较支持，37.0％选择全力支持。（图5-35）

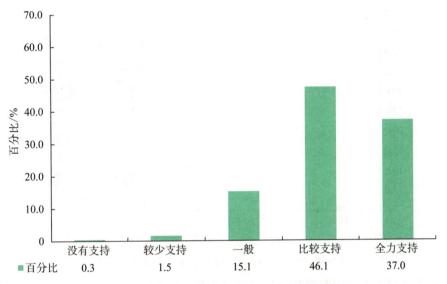

图 5-35　家人对学前教育教研员工作的支持情况

超70.0％的中小学教研员的家人比较支持其工作。从家人对中小学教研员工作的支持情况来看，1.5％的中小学教研员选择没有支持，3.1％选择较少支持，22.9％选择一般，40.7％选择比较支持，31.8％选择全力支持。（图5-36）

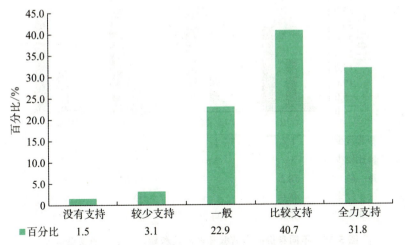

图 5-36　家人对中小学教研员工作的支持情况

207

4. 超 80.0% 的学前教育教研员与幼儿园之间的联系较多

从学前教育教研员和幼儿园之间的联系情况来看，38.5% 的学前教育教研员认为非常多，43.7% 认为比较多，13.4% 认为一般，2.9% 认为比较少，1.5% 认为非常少。（图 5-37）

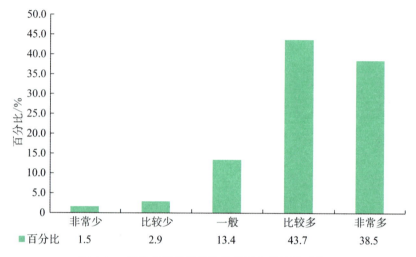

	非常少	比较少	一般	比较多	非常多
百分比	1.5	2.9	13.4	43.7	38.5

图 5-37　学前教育教研员和幼儿园之间的联系情况

不同身份的学前教育教研员在和幼儿园之间的联系上有差异。75.0% 的省级教研员联系较多，77.8% 的地市级教研员联系较多，84.2% 的区县级教研员联系较多，80.9% 的乡镇级教研员联系较多。（图 5-38）

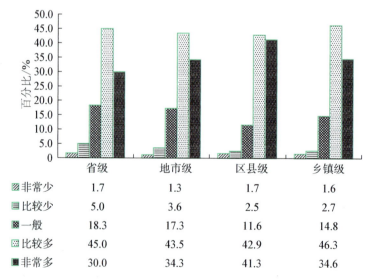

	省级	地市级	区县级	乡镇级
非常少	1.7	1.3	1.7	1.6
比较少	5.0	3.6	2.5	2.7
一般	18.3	17.3	11.6	14.8
比较多	45.0	43.5	42.9	46.3
非常多	30.0	34.3	41.3	34.6

图 5-38　不同身份的学前教育教研员和幼儿园之间的联系情况

近 40.0％的中小学教研员和学校之间的联系较多。从中小学教研员和学校之间的联系情况来看，8.5％的中小学教研员认为非常多，30.3％认为比较多，38.4％认为一般，14.3％认为比较少，8.5％认为非常少。可见，中小学教研员与学校之间的联系不如学前教育教研员与幼儿园之间的联系多。（图 5-39）

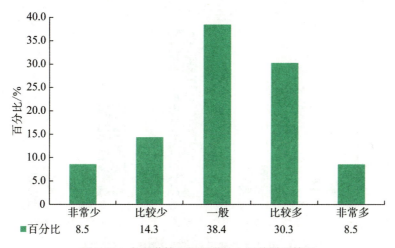

■百分比	非常少	比较少	一般	比较多	非常多
百分比	8.5	14.3	38.4	30.3	8.5

图 5-39　中小学教研员和学校之间的联系情况

5. 近 80.0％的学前教育教研员所在单位的人际关系良好

从学前教育教研员对单位人际关系的认知来看，18.5％的教研员认为非常好，58.6％认为比较好，21.1％认为一般，1.3％认为比较差，0.5％认为非常差。（图 5-40）

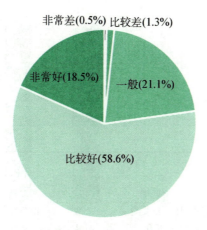

图 5-40　学前教育教研员对单位人际关系的认知

6. 不足 40.0％的中小学教研员感觉受社会尊重

从中小学教研员对受社会尊重情况的认知来看，6.8％的教研员认为非常受尊重，27.9％认为比较受尊重，50.8％认为一般，9.3％认为比较不受尊重，5.2％认为非常不受尊重。（图 5-41）

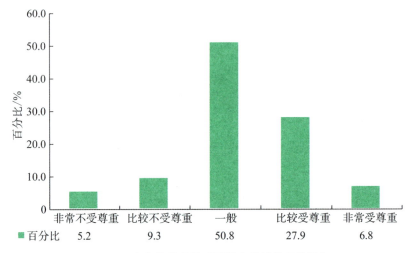

图 5-41　中小学教研员对受社会尊重情况的认知

7. 超 50.0％的中小学教研员感觉受教师尊重

从中小学教研员对受教师尊重情况的认知来看，12.2％的教研员认为非常受尊重，42.2％认为比较受尊重，41.4％认为一般，2.9％认为比较不受尊重，1.3％认为非常不受尊重。（图 5-42）

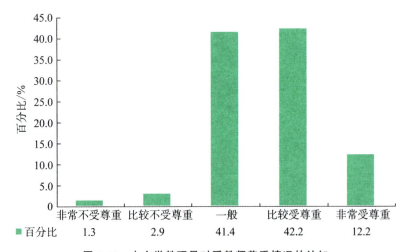

图 5-42　中小学教研员对受教师尊重情况的认知

8. 超 80.0%的园长表示家人支持其工作

从家人对园长工作的支持情况来看，39.2%的园长表示非常支持，42.1%表示比较支持，15.4%表示一般，2.2%表示比较不支持，1.1%表示非常不支持。（图 5-43）

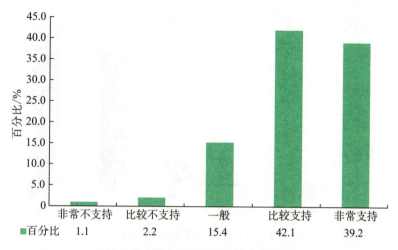

	非常不支持	比较不支持	一般	比较支持	非常支持
百分比	1.1	2.2	15.4	42.1	39.2

图 5-43　家人对园长工作的支持情况

9. 超 80.0%的园长表示朋友支持其工作

从朋友对园长工作的支持情况来看，42.0%的园长表示非常支持，41.8%表示比较支持，14.5%表示一般，1.1%表示比较不支持，0.6%表示非常不支持。（图 5-44）

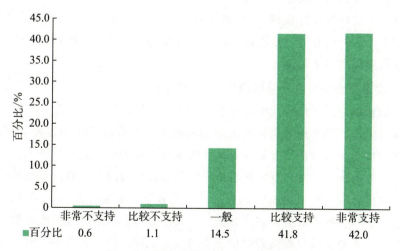

	非常不支持	比较不支持	一般	比较支持	非常支持
百分比	0.6	1.1	14.5	41.8	42.0

图 5-44　朋友对园长工作的支持情况

10. 超 90.0％的园长与同事之间关系较好

从园长与同事之间的关系来看，50.9％的园长表示非常好，42.4％表示比较好，6.5％表示一般，0.1％表示比较差，0.1％表示非常差。（图 5-45）

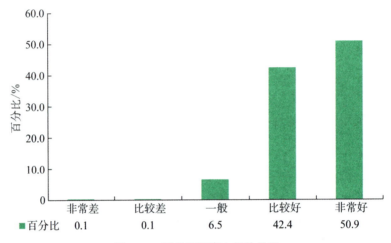

百分比	非常差	比较差	一般	比较好	非常好
百分比	0.1	0.1	6.5	42.4	50.9

图 5-45　园长与同事之间的关系

（三）大力营造全社会关心支持学前教育教研的良好氛围

具有良好社会支持的个体会有比较高的主观幸福感、生活满意度、职业认同度、工作投入度等，以及较低的消极情感、工作压力、工作负担、离职意向等。学前教育教研工作的开展离不开社会的广泛支持。《中共中央　国务院关于学前教育深化改革规范发展的若干意见》提出，"大力营造全社会关心支持学前教育改革发展的良好氛围"。调研发现，家长、朋友、同事总体而言较为支持教研工作，但仍有进一步提高的空间。为加大对学前教育教研的社会支持力度，本研究提出如下建议。

1. 营造关心学前教育教研的良好社会氛围

各地要以习近平新时代中国特色社会主义思想武装头脑，指导和推动学前教育教研工作，把学前教育教研工作纳入教育事业发展整体部署和总体规划。教育部门应会同宣传部门及新闻媒体认真遴选为开展学前教育教研工作做出突出贡献的先进个人，并广泛宣传各地开展学前教育教研工作的典型经验。对于有重大突破和应用性强的教研成果、教研经验等，要通过报刊、网络、电视、现场会或研讨会等方式进行宣传和推广，集中宣传和展示先进典型经验，大力营造全社会关心支持学前教育教研工作的良好氛围。社会各界要理解、尊重教研员的工作，正确认识学前教育教研工作的重要意义与价值，切实提高学前教育教研员的社会地位，着力营造尊师重教的良好氛围。师范院校中的专家学者要加强对教研工作的研究、指导，充分发挥在理论引领、经验提炼、政策解读、成果整合等方面的引领作用。

2. 单位要重视学前教育教研工作

他人的理解与尊重等主观支持能显著提高个体的幸福感、满意度等。教研员的工作是繁重的，在巨大的工作压力面前，如果领导摆出高高在上的姿态，不在情感上与教研员进行沟通与交流，那么不仅会影响教研员的情绪状态，也会影响工作效率和质量。单位要重视学前教育教研员的专业发展，鼓励教研员积极参加继续教育与学习，拓展教研员的专业知识，提升其专业技能，提高教研员自身的素质，促进其专业发展。领导要强化"以人为本"的管理思想，努力形成民主型的领导方式，充分尊重、理解教研员，给予教研员一定的自由空间，着力构建公平、公正、民主、合作、共同进取的和谐氛围。要注重对教研员情感上的关怀，关心教研员的困难，并给予必要的帮助，使教研员能够体会到单位带来的温暖，获得精神上的关心与尊重。要通过多种渠道宣传教研员的工作业绩、工作经验等，提升教研员的自我成就感，减轻其工作负荷。要积极开展丰富多彩的娱乐活动，如寒暑假邀请教研员外出旅游，定期举办羽毛球、排球等体育比赛，为教研员提供情感交流和情绪宣泄的机会，使教研员的身心得到放松、情感得到增进、人心得到凝聚。要通过美化工作环境、营造和谐的人文环境等途径，尽可能创设愉悦的工作环境，提高教研员的工作效率。

3. 亲友要支持学前教育教研工作

工作的成功仅靠教研员一个人付出努力是远远不够的，也需要家庭的密切配合。家人的支持既是学前教育教研员工作的强大动力，也是学前教育教研工作取得成功的有力保障。一名优秀的学前教育教研员，背后一定有深切体谅、充分理解、无怨无悔的家庭成员在鼎力支持。家人要充分理解学前教育教研工作的重要性，全力支持学前教育教研员的工作，为他们营造温馨和甜蜜的家庭氛围：当他们忙碌了一天回到家以后，给予他们家的温暖；当他们因工作原因而与家庭生活产生冲突时，对他们表示理解和宽容；当他们在工作中遇到困难和挫折时，给他们劝慰和鼓励，并给他们最大的支持。如此这般，才能让家人成为教研员的坚强后盾，让教研员安心工作，没有后顾之忧。同事作为工作岗位上朝夕相处的亲密伙伴，对教研工作中的酸甜苦辣最为感同身受，因此也应当是教研员获得社会支持的重要来源之一。同事之间要善于沟通，加深了解；要真诚地关心自己的同事，为他们提供善意的关怀和支持；要学会合作、相互尊重，追求共同成长与进步。

四、学前教育教研的督导评估研究

强化督导评估是确保学前教育教研政策落地的关键。调研发现，近60.0%的幼儿园园长觉得对教研工作的评价比较科学；近70.0%的幼儿园将教研工作作为发放绩效奖励等方面的参考依据；近60.0%的园长了解教研工作评价机制；幼儿园教研工作的考核重点应包括教研队伍建设、教研工作方向和教研工作实效等；教研工作评价中存在方式单一、内容片面等问题；学前教育教研员希望教研工作评价能够评价方法科学、评价客观公正、评价目的明确等。为了加强学前教育教研督导评估，本研究提出如下对策与建议：一是建立教研机构督导评估制度；二是完善学前教育教研工作内部评估制度；三是强化学前教育教研督导评估结果的运用。

（一）督导评估是促进教研工作开展的重要保障

教育督导在督促落实教育法律法规和教育方针政策、规范办学行为、提高教育质量等方面发挥了重要作用。中共中央办公厅、国务院办公厅印发的《关于深化新时代教育督导体制机制改革的意见》提出，"完善政府履行教育职责评价体系，定期开展督导评价工作"。教育评价事关教育发展方向，有什么样的评价指挥棒，就有什么样的办学导向。中共中央、国务院印发的《深化新时代教育评价改革总体方案》提出，"完善政府履行教育职责评价""各地根据国家层面确立的评价内容和指标，结合实际进行细化，作为对下一级政府履行教育职责评价的依据""把参与教研活动，编写教材、案例，指导学生毕业设计、就业、创新创业、社会实践、社团活动、竞赛展演等计入工作量""各地要创新基础教育教研工作指导方式，严格控制以考试方式抽检评测学校和学生"。

国家相关政策对将教研工作纳入督导评估进行了顶层设计。《教育部关于加强和改进新时代基础教育教研工作的意见》强调，"强化督导评估。教研工作要作为地方人民政府履行教育职责的重要内容，各地教育督导部门要将其纳入督导评估体系，重点督导评估教研工作方向、机构设置、队伍建设、条件保障和教研工作实效等。强化督导评估结果运用，将评估结果作为评价政府履行教育职责行为和对教研机构及教研员实施绩效奖励、评优评先等方面的重要参考依据"。各地对教研考核也做出了明确规定。例如，《广东省教育厅关于建立健全新时代基础教育教研体系的实施意见》提出，"各级教育督导机构要结合教育督导工作开展，将本地教研工作统筹纳入督导检查范围，内容包括教研机构设置、教研队伍建设、教研职责落实、教研条件保障、教研工作实效等。各级教研机构要细化学科教研员岗位职责，规范教研员工作行为，建立科学考核评价机制"。《河南省教育厅关于加强和改进新时代基础教育教研工作的实施意见》提出，"教研工作要作为地方人民政府履行教育职责的重要内容，各地教育督导部门要将其纳入督导评估体系，重点督导评估教研工作方向、队伍建设、条件保障和'两大工程''四大计划'实效等"。贵州省教育厅下发的《关于推进全省学前教育教研指导责任区工作的通知》提出，"各地要把教研指导责任区建设纳入学前教育重要工作，加强督促指导，强化责任，定期监测各教研指导责任区工作开展情况，及时提出改进措施，推进责任区工作形成长效机制。省教育厅将对各地学前教育教研指导责任区建设情况进行专项抽查，对落实不力的地方给予通报"。

各级积极探索适宜的教研机构评价指标体系。例如，《重庆市区县自治县、市教研机构建设和教研工作督导评估指标及评分表》涉及领导管理、机构建设、教研工作、工作绩效4个一级指标、23个二级指标，涵盖区县教研机构建设和教研工作的主要内容，突出了指标简明、可操作性强的特点。《山西省县级教研室建设督导评估验收标准》包括教研基本条件、教研队伍建设、教研职能发挥、组织领导和保障4个一级指标、18个二级指标。广州市天河区构建了包括教学管理、教学保障、教学过程、教学效果的学校教研组评价指标体系。[1] 吴洁琼采用文献资料法和问卷调查法，在专家访谈的基础上，构建了体育院校术科教研室评估指标体系，包括"教学管理""教学效果""师资队伍""课程建设、教学改革、科学研究"4个一级指标、11个二级指标和36个三级指标。[2] 邓建中认为，我国区县级教研机构督导评估的方向是，从教育行政部门和教育督导部门随意性、间断性的行政监督手段转向科学化、专业化与程序化的常规工作，逐步建立区县级教研机构督导评估制度，形成规范的区县级教研机构督导评估行为，教育督导评估实现从自上而下到自下而上、从行政意志到客观需求的根本转变。[3] 可见，虽然研究者对教研机构评价指标体系的结构并没有达成一致意见，但是普遍认为需要从多方面对教研工作进行评价。

为了了解我国学前教育教研督导评估的发展现状，以及教研员、幼儿园对学前教育教研督导评估的期待，本研究对我国学前教育教研督导评估状况进行了调查。

① 刘永东：《中小学教研组督导评估体系及有效教研模式之探索——基于广州市天河区的实践》，载《教育测量与评价》，2015(10)。

② 吴洁琼：《体育院校术科教研室评估指标体系构建及建设研究》，载《广州体育学院学报》，2013(1)。

③ 邓建中：《区县级教研机构教育督导评估实践探索——以重庆市区县教研机构督导评估为个案》，硕士学位论文，西南大学，2008。

(二)学前教育教研的督导评估状况有待改善

1. 学前教育教研员希望教研工作评价能够评价方法科学、评价客观公正、评价目的明确等

从学前教育教研员希望教研工作评价达到的标准来看，超 80.0％的教研员选择的是评价方法科学（82.9％）、评价客观公正（82.4％），超 70.0％选择的是评价目的明确（73.7％）、评价内容全面（70.6％），其他依次是评价制度完善（69.0％）、评价主体多元（67.7％）、评价结果公开（66.2％）、评价标准统一（63.0％）及其他标准（1.1％）。（图 5-46）

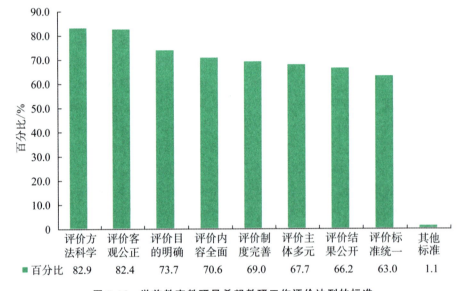

	评价方法科学	评价客观公正	评价目的明确	评价内容全面	评价制度完善	评价主体多元	评价结果公开	评价标准统一	其他标准
■ 百分比	82.9	82.4	73.7	70.6	69.0	67.7	66.2	63.0	1.1

图 5-46　学前教育教研员希望教研工作评价达到的标准

不同身份的学前教育教研员希望教研工作评价达到的标准略有差异。省级教研员希望达到的是评价客观公正（86.7％）、评价方法科学（81.7％）及评价目的明确（75.0％）；地市级教研员希望达到的是评价方法科学（85.9％）、评价客观公正（83.9％）、评价制度完善（72.6％）；区县级教研员希望达到的是评价客观公正（84.9％）、评价方法科学（84.2％）及评价目的明确（74.6％）；乡镇级教研员希望达到的是评价方法科学（75.5％）、评价目的明确（72.4％）、评价客观公正（71.2％）。（图 5-47）

不同专兼职情况的学前教育教研员希望达到的考核标准有差异。专职教研员希望达到的是评价客观公正（85.0％）、评价方法科学（83.6％）及评价目的明确（73.7％）。在兼职教研员中，若其是行政干部，希望达到的是评价方法科学（83.8％）、评价客观公正（83.4％）及评价目的明确（77.0％）；若其承担幼儿园工作，希望达到的是评价方法科学(82.7%)、评价目的明确(77.3%)及评价客观公正(76.0%)；若其兼任其他学科教研员，希望达到的是评价客观公正(82.8%)、评价方法科学(79.5%)及评价制度完善(68.9%)。（图 5-48）

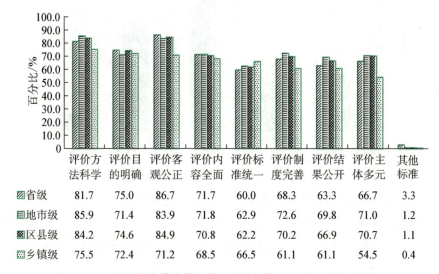

	评价方法科学	评价目的明确	评价客观公正	评价内容全面	评价标准统一	评价制度完善	评价结果公开	评价主体多元	其他标准
省级	81.7	75.0	86.7	71.7	60.0	68.3	63.3	66.7	3.3
地市级	85.9	71.4	83.9	71.8	62.9	72.6	69.8	71.0	1.2
区县级	84.2	74.6	84.9	70.8	62.2	70.2	66.9	70.7	1.1
乡镇级	75.5	72.4	71.2	68.5	66.5	61.1	61.1	54.5	0.4

图 5-47　不同身份的学前教育教研员希望教研工作评价达到的标准

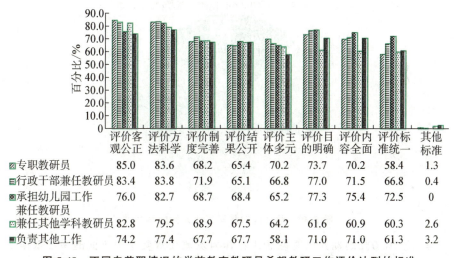

	评价客观公正	评价方法科学	评价制度完善	评价结果公开	评价主体多元	评价目的明确	评价内容全面	评价标准统一	其他标准
专职教研员	85.0	83.6	68.2	65.4	70.2	73.7	70.2	58.4	1.3
行政干部兼任教研员	83.4	83.8	71.9	65.1	66.8	77.0	71.5	66.8	0.4
承担幼儿园工作兼任教研员	76.0	82.7	68.7	68.4	65.2	77.3	75.4	72.5	0
兼任其他学科教研员	82.8	79.5	68.9	67.5	64.2	61.6	60.9	60.3	2.6
负责其他工作	74.2	77.4	67.7	67.7	58.1	71.0	71.0	61.3	3.2

图 5-48　不同专兼职情况的学前教育教研员希望教研工作评价达到的标准

2. 只有约 30.0%的中小学教研员感觉绩效工资合理

从中小学教研员对绩效工资合理性的认知来看，4.1%的教研员认为非常合理，26.2%认为比较合理，43.0%认为一般，12.7%认为比较不合理，14.0%认为非常不合理。（图 5-49）

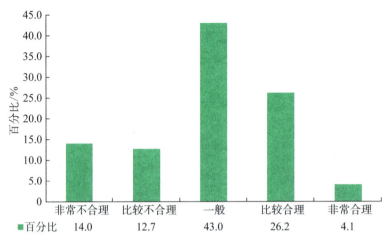

	非常不合理	比较不合理	一般	比较合理	非常合理
■百分比	14.0	12.7	43.0	26.2	4.1

图 5-49　中小学教研员对绩效工资合理性的认知

3. 近 60.0％的园长觉得对教研工作的评价比较科学

从幼儿园对教研工作评价的科学性来看，13.0％的园长觉得非常科学，44.0％觉得比较科学，39.5％觉得一般，2.9％觉得比较不科学，0.6％觉得非常不科学。（图 5-50）

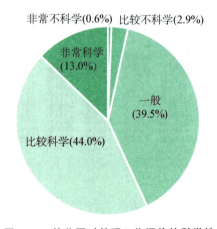

图 5-50　幼儿园对教研工作评价的科学性

4. 近 70.0％的幼儿园将教研工作作为发放绩效奖励等方面的参考依据

在教研工作是否作为幼儿园发放绩效奖励等方面的参考依据这一问题上，65.3％的园长选择是，24.9％选择不是，9.8％选择不清楚。（图 5-51）

5. 近 60.0％的园长了解幼儿园的教研工作评价机制

从园长对教研工作评价机制的了解情况来看，17.1％的园长选择非常了解，41.2％选择比较了解，32.6％选择一般，7.2％选择比较不了解，1.9％选择非常不了解。（图 5-52）

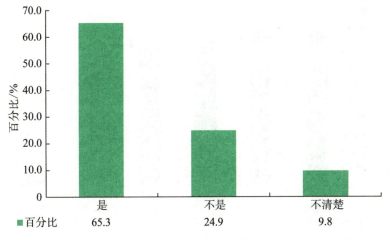

■百分比	是	不是	不清楚
	65.3	24.9	9.8

图 5-51　教研工作是否作为幼儿园发放绩效奖励等方面的参考依据

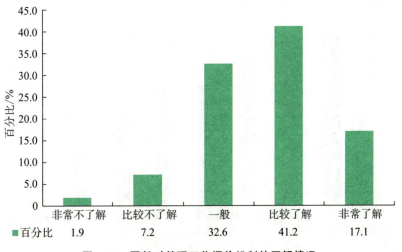

■百分比	非常不了解	比较不了解	一般	比较了解	非常了解
	1.9	7.2	32.6	41.2	17.1

图 5-52　园长对教研工作评价机制的了解情况

6. 幼儿园教研工作的考核重点有教研队伍建设、教研工作方向、教研工作实效等

从幼儿园教研工作的考核重点来看，园长选择教研队伍建设的比例最高（88.8%），其他依次是教研工作方向（87.8%）、教研工作实效（84.0%）、教研条件保障（80.2%）、教研机构设置（74.6%）以及其他内容（5.8%）。（图 5-53）

7. 幼儿园教研工作的评价主体有教师、园长、教研员等

从幼儿园教研工作的评价主体来看，园长选择最多的是教师（92.2%），其他依次是园长（90.3%）、教研员（79.1%）、专家（65.4%）、家长（63.4%）、幼儿（50.7%）、社会人员（28.5%）以及其他主体（4.5%）。（图 5-54）

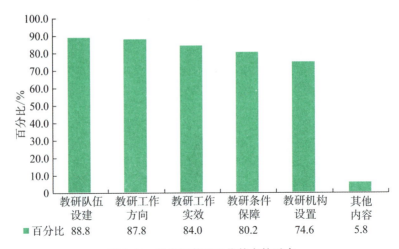

	教研队伍设建	教研工作方向	教研工作实效	教研条件保障	教研机构设置	其他内容
■百分比	88.8	87.8	84.0	80.2	74.6	5.8

图 5-53　幼儿园教研工作的考核重点

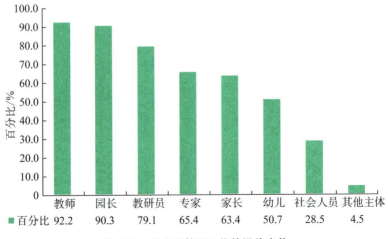

	教师	园长	教研员	专家	家长	幼儿	社会人员	其他主体
■百分比	92.2	90.3	79.1	65.4	63.4	50.7	28.5	4.5

图 5-54　幼儿园教研工作的评价主体

8. 幼儿园教师希望教研工作评价能够评价目的明确、评价内容全面等

从幼儿园教师希望教研工作评价达到的标准来看，选择最多的是评价目的明确（89.1%），其他依次是评价内容全面（86.6%）、评价方法科学（84.2%）、评价标准统一（81.8%）、评价主体多元（77.5%）、评价客观公正（77.4%）、评价制度完善（73.8%）、评价结果公开（68.7%）以及其他标准（4.9%）。（图 5-55）

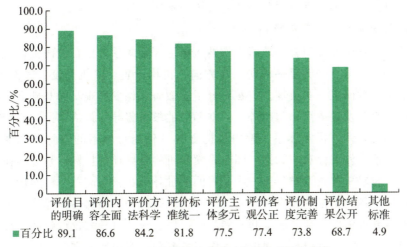

图 5-55 幼儿园教师希望教研工作评价达到的标准

	评价目的明确	评价内容全面	评价方法科学	评价标准统一	评价主体多元	评价客观公正	评价制度完善	评价结果公开	其他标准
■百分比	89.1	86.6	84.2	81.8	77.5	77.4	73.8	68.7	4.9

9. 幼儿园教研工作评价中存在方式单一、内容片面、方法不科学等问题

从幼儿园教研工作评价中存在的问题来看，园长选择最多的是方式单一（78.1％），其他依次是内容片面（66.1％）、方法不科学（51.9％）、标准不统一（48.4％）、主体单一（47.3％）、操作不透明（22.3％）、不公平公正（21.3％）及其他问题（9.8％）。（图 5-56）

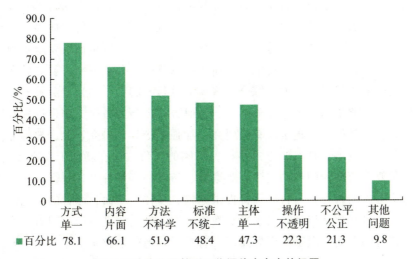

	方式单一	内容片面	方法不科学	标准不统一	主体单一	操作不透明	不公平公正	其他问题
■百分比	78.1	66.1	51.9	48.4	47.3	22.3	21.3	9.8

图 5-56 幼儿园教研工作评价中存在的问题

(三) 加强学前教育教研督导评估

调研发现，近 60.0％的幼儿园园长觉得对教研工作的评价较为科学，但教研工作评价中存在方式单一、内容片面、方法不科学等问题。为了加强学前教育教研督导评估，本研究提出如下对策与建议。

1. 建立教研机构督导评估制度

各地教育督导部门要将教研工作纳入督导评估体系，出台教研机构督导评估指标体系，重点督导评估教研工作方向、机构设置、队伍建设、经费投入、条件保障、教研工作实效等。应在充分了解教研机构发展现状的基础上，综合分析教育改革发展的形势和趋势，依据相应的教育督导与评估理论，研究制定教研机构督导评估指标体系。教研机构督导评估指标体系的设置要体现科学性、全面性、发展性和前瞻性。同时，教研机构督导评估指标体系必须抓住影响和制约教研机构建设与教研工作开展的关键环节和核心问题，科学设计评估指标，确定各级指标的权重和分值。另外，教研机构督导评估指标体系也要注重发挥督导评估的诊断、激励和发展功能，使各级政府和教育行政部门在督导评估的过程中找准教研机构建设和工作上的差距，明确努力方向，通过政策倾斜、加大投入等手段促进教研机构的改革与发展。一般说来，评估指标体系的设置要从各地教研机构的实际出发，明确教研机构建设、教研工作开展等方面的基本标准，使其具有较强的诊断性。同时，要明确教研机构在教研经费、人员编制、办公条件等方面改革与发展的方向，使其具有一定的指导性。

2. 完善学前教育教研工作内部评估制度

调研发现，学前教育教研员希望达到的评价标准是评价方法科学、评价客观公正、评价目的明确、评价内容全面、评价制度完善、评价主体多元、评价结果公开以及评价标准统一等。教研工作评价首先要内容全面。要涵盖教研工作的各个方面，而不能仅仅局限于教研工作的某个环节或方面。要对教研工作参与、教研效果等进行全面、综合、客观的分析与解释，尽量避免整齐划一的单维度评价。要加强对教研任务落实、教研方式创新等教研工作中过程性因素的评价，引导教研员注重全面育人研究，加强关键环节研究，促进教师专业发展和幼儿全面发展。其次要方式多样。不同的评价方法在功能上具有互补性，教研评价要灵活使用问卷调查法、观察法、访谈法等多种方式进行，充分发挥各种评价方法的长处，为科学评价提供完整、多样、全面、综合的信息。要建立常态化的自我评估机制，反思自身教研工作，提出改进措施；同时，有效发挥外部评价的导向、激励、引导作用，有针对性地改进教研工作。再次要标准统一。评价任何事物都要有一个衡量的尺度，教研评价标准应该能保证获得的信息是需要的、可靠的，评价结果应该具有实用价值，并且是切实可行的。最后要主体多元。教师、园长、教研员、专家、家长、幼儿、教育行政部门领导等都是教研工作的参与者，不同参与者的视角有所差异。为了保证教研工作评价的全面性、科学性和有效性，教研工作的评价人员也要有广泛性，教师、园长、教研员、专家、家长、幼儿、教育行政部门领导等都应该是教研工作的评价者。

3. 强化学前教育教研督导评估结果的运用

《教育部关于加强和改进新时代基础教育教研工作的意见》提出，"强化督导评估结果运用，将评估结果作为评价政府履行教育职责行为和对教研机构及教研员实施绩效奖励、评优评先等方面的重要参考依据"。调研发现，只有近70.0%的幼儿园将教研工作作为发放绩效奖励等方面的参考依据。因此，要进一步深化督导问责机制。第一，各级教育督导机构对教研机构的督导均要形成督导报告，并充分利用政府门户网站等载体，以适当方式向社会公开，接受人民群众的监督。第二，强化整改制度。各级教育督导机构要督促教研机构牢固树立"问题必整改，整改必到位"的责任意识，切实维护督导严肃性。对整改不到位、不及时的，要发督办单，限期整改。被督导的教研机构要针对问题全面整改，及时向教育督导机构报告整改结果并向社会公布整改情况。第三，健全复查制度。各级教育督导机构要针对本行政区域内教研工作督导事项建立"回头看"机制，对发现的问题的整改情况及时进行复查，随时掌握整改情况，防止问题反弹。第四，落实激励制度。地方各级政府要对教育督导结果优秀的教研单位及有关负责人进行表彰，在政策支持，资源配置，领导干部考核、任免、奖惩中注意了解督导结果及整改情况。

第六章 学前教育教研的回顾与展望

学前教育教研是幼儿园发展和质量提升的重要推动力量，在指导幼儿园教育实践、引领教师专业发展、服务教育管理决策等方面发挥着重要作用。我国学前教育教研取得了显著的成绩，工作体系不断完善，工作机制日臻健全，队伍建设稳步加强，保障机制更加成熟。中国特色教研制度在形成过程中积累了宝贵的中国经验：完善工作体系是基石，创新工作机制是核心，加强队伍建设是关键，健全保障机制是基础。未来我国学前教育教研的发展方向是体系完善、运转高效、队伍专业、保障有力。我国学前教育教研仍然面临着教研体系有待完善、工作机制不够健全、人员配备仍然不足、队伍素质有待提高、保障条件尚不到位等问题和挑战。为加强我国学前教育教研工作，本研究提出如下对策与建议：一是加强教研机构建设，二是创新教研工作机制，三是配齐配好教研人员，四是加强人员进修培训，五是健全经费保障机制，六是全面加强组织领导。

一、我国学前教育教研取得显著成绩

教研工作是我国教育发展中最具特色的优良传统，对我国教育质量的提高发挥着不可替代的重要作用。近年来，我国学前教育教研取得了显著的成绩，主要体现在以下方面。

（一）学前教育教研工作体系不断完善

我国一直高度重视教研工作体系建设，出台了一系列文件，要求加强教研机构建设，并明确了教研机构的职责。《中学暂行规程（草案）》对学校教研组设置提出了要求，《国家教委关于改进和加强教学研究室工作的若干意见》进一步对教研室的设置和基本职责做了规定，《教育部关于加强和改进新时代基础教育教研工作的意见》强调"完善国家、省、市、县、校五级教研工作体系"。各地认真贯彻落实国家相关要求，各地教研机构不断建设发展，逐步形成了从学校教研组到地市（或区县）级教研组织，再到省级教研组织的完整组织结构。在教研组织自身不断完善的基础上，开放的教研体系逐渐形成。各级、各地教研组织之间的联系更加紧密，区域的教研联合体形成，定期进行教研工作交流和专题合作研究。此外，教研组织与其他相关教育研究单位的联系更加密切，与高等院校的基础教育研究部门和教育学院、教育科研部门、教育考试院等的联系进一步加强。

《国务院关于当前发展学前教育的若干意见》强调"健全学前教育教研指导网络"，《中共中央　国务院关于学前教育深化改革规范发展的若干意见》强调"健全各级学前教育教研机构""加强园本教研、区域教研"。近年来，各地将健全学前教育教研指导网络作为学前教育改革发展的重要任务，省、市、县、校各级教研工作体系不断完善。北京、天津、山东等地独立设置了学前教育教研部门。50.0％的学前教育教研员感觉工作环境较好，61.9％的学前教育教研员感觉工作职责比较清晰，大部分幼儿园设置了专门的教研组（室），提供了计算机、教研资料等，76.1％的幼儿园教师感觉教研氛围较好。我国学前教育教研工作体系不断完善。

（二）学前教育教研工作机制日臻健全

我国相关政策对教研工作的指导思想、主要任务、工作方式等进行了规定。《中学教学研究组工作条例（草案）》首次对教研组的任务和工作内容提出了明确要求；《国家教委关于改进和加强教学研究室工作的若干意见》进一步明确了教研室的指导思想；《教育部关于加强和改进新时代基础教育教研工作的意见》对深化教研工作改革提出了系统要求，强调要"突出全面育人研究""加强关键环节研究""创新教研工作方式"。各地根据实际情况积极探索教研工作的新途径、新方法，教研工作内容更加聚焦，教研活动形式更加多样，教研工作质量有了很大提高，学校和教师对教研组织的依赖程度越来越高。教研工作从以编写教材为主逐渐转变为以研究、指导、监控课程实施为核心，教研员承担对一线教师进行新课程培训、教育教学实践指导的职能。

《中共中央　国务院关于学前教育深化改革规范发展的若干意见》强调"充分发挥城镇优质幼儿园和农村乡镇中心园的辐射带动作用，加强对薄弱园的专业引领和实践指导"，《"十四五"学前教育发展提升行动计划》提出"完善教研指导责任区、区域教研和园本教研制度，实现各类幼儿园教研指导全覆盖"。各地积极创新学前教育教研工作机制。例如，江苏省明确了学前教育教研工作的主要内容和实施策略，贵州省积极推进全省学前教育教研指导责任区工作，北京市建立了全覆盖学前教研体系。66.6％的幼儿园教师比较清楚教研工作指导思想，66.3％的幼儿园教师清楚教研工作原则，71.4％的幼儿园教师了解教研内容，75.7％的幼儿园教师认为教研内容符合园所实际，73.7％的幼儿园教师认为教研方式比较适宜。

（三）学前教育教研队伍建设稳步加强

国家相关政策对教研员的专业素养、遴选配备、专业发展等方面提出了具体要求和措施。《中学教学研究组工作条例（草案）》对学校教研组的人员构成提出了要求；《国家教委关于改进和加强教学研究室工作的若干意见》对教研员配备、教研员专业发展以及职务评聘等提出了要求；《教育部关于加强和改进新时代基础教育教研工作的意见》对加强教研队伍建设进行了系统设计，重点对严格专业标准、认真遴选配备、促进专业发展等提出了详细要求。各地逐渐配足配齐各学科专兼职教研员，聘请兼职教研员，逐步建立了专兼职相结合的教研队伍。

《中共中央　国务院关于学前教育深化改革规范发展的若干意见》强调"充实教研队伍"，《"十四五"学前教育发展提升行动计划》提出"遴选优秀园长和教师充实教研岗位，每个区县至少配备一名学前教育专职教研员，形成一支专兼结合的高素质专业化学前教研队伍"。各级政府把加强教研队伍建设作为促进学前教育质量提升的重要工作，严格教研员准入制度，认真遴选配备，加强教研员培训，依法依规保障教研员工资待遇，深化教研员职称和考核评价制度改革，学前教育教研队伍建设取得了显著成就。71.5％的学前教育教研员感觉自身专业素养较好，66.2％的园长认为学前教育教研员队伍专业素养较好，64.4％的园长反映所在区县配备了专职学前教育教研员，71.8％的教研员获得过地市级及以上荣誉。

（四）学前教育教研保障机制更加成熟

我国相关政策对教研工作保障机制做了明确要求。《国家教委关于改进和加强教学研究室工作的若干意见》对教研经费保障和组织保障提出了要求；《教育部关于加强和改进新时代基础教育教研工作的意见》强调要完善保障机制，并重点对加强组织领导、加大经费投入、强化督导评估等提出了明确要求。近年来，各地把学前教育教研工作摆在了更加突出的位置，将服务教研作为学前教育行政管理中的日常工作，将教研工作所需经费纳入本级财政年度预算安排，将学前教育教研工作纳入学前教育工作或作为地方人民政府履行教育职责的重要内容加强督导检查，加大对教研工作典型经验的宣传推广力度，学前教育教研保障机制不断健全。调研发现，67.6％的幼儿园教师觉得领导重视学前教育教研工作，83.1％的学前教育教研员表示家人支持其工作，82.2％的学前教育教研员与幼儿园之间的联系较多，77.1％的学前教育教研员所在单位的人际关系良好，57.0％的园长觉得对教研工作的评价比较科学，65.3％的幼儿园将教研工作作为发放绩效奖励等方面的参考依据。

二、中国特色学前教育教研经验逐步形成

教研是中国教育的独特经验和优良传统，是为了适应我国基础教育发展需求，在不断解决我国教育教学问题的过程中创立、发展起来的，是中国特色社会主义教育体系中的重要组成部分。

（一）完善工作体系是基石

按照中央、省、市、县教育行政隶属关系分级建立教育科研机构，支持、组织和协调相关学校的教研工作，因势利导地构建多级教研网络系统，既成为中国特色教研制度的骨架，也是中国特色教研制度能够保持良性运行的关键所在。中华人民共和国成立以来，我国探索建立了从国家到省、市、县并延伸至每所学校、幼儿园的五级教研体系，形成了面向基础教育教学第一线、与教育教学改革实践融为一体、上下联动开展教育教学研究的工作机制，在促进教育内涵发展、服务教育行政部门决策、推动基础教育课程改革实施、整体促进教师专业发展等方面发挥着十分重要的作用。

贵州省要求结合实际，科学合理划分教研指导责任区，充分考虑幼儿园类型、数量和布局，遵循以强带弱、民主平等、合作创新、优势互补、协同共赢的原则，以优质幼儿园为核心和引领，组建覆盖辖区内所有公、民办幼儿园的教研指导责任区。

北京市在市级统筹领导、各区行政和教研的合力推动下，初步建立了市—区—园三级教研网络，逐步形成了横向联动、纵向深入的全覆盖学前教研体系。"横向联动"指形成跨区域学前教研共同体，城郊结合、资源共享、优势互补，形成区域联动的学前教研协作机制；"纵向深入"指形成市—区—园三级教研体系；"全覆盖"指将各级各类幼儿园纳入教研体系，为学前教育质量均衡发展提供有力保障。[1]

吉林省教育学院学前研训部与各市（州）教研部门合力构建教研共同体，建立起吉林省四级学前教育教研网络，后又将各个幼儿园作为教研网络的第五层级，倡导幼儿园开展高质量园本教研，形成了"省级教研中心—市（州）级教研中心—县（市、区）联动教研组—园际教研共同体—园本教研"五级学前教育教研网络。

广东省佛山市以"动"为轴心，通过区域推动、镇街带动、全园行动的三方联动来开展区域教研活动。在区域推动方面，在原有区域推动工作机制的基础上，建立了分级分区教研指导制度以及教研经费与装备保障机制、教研工作常规管理机制等，以加强学前教育的区域教研工作。在镇街带动方面，以"镇街幼教联盟"为基点，通过各镇街专干、幼教教研员来统筹区域教研，学前教育协会理事单位、片区领衔园则作为区域教研的主要发起点，通过以名师工作室园长、骨干教师为引领，以结对子和建立连片式、视导型教研共同体等方式来开展区域教研，以此来有效促进教师的专业发展。在全园行动方面，在区、镇

---

[1] 纪秀君：《北京建立全覆盖学前教研体系》，载《中国教育报》，2019-12-01。

街两个层级的带动下，幼儿园积极开展各项与教研相关的活动，其主要内容包括重建园本教研制度、研究教研活动的开展形式等，其主要特点是从不同层面切入，构建各具特色的园本教研制度。①

辽宁省沈阳市着力构建"市级教研室—区级教研室—教研联盟组长幼儿园—教研联盟实验幼儿园—幼儿园教研组"五级教研网络。确定市级教研室为教研联盟活动的一级网络，充分发挥其职能作用，切实加强对教研联盟活动的管理和指导，引领一线教师共同发现、研究和解决教学实际问题；确定区级教研室为教研联盟活动的二级网络，负责教研联盟工作经验和理念的上传下达，指导教研联盟工作；确定教研联盟组长幼儿园为教研联盟活动的三级网络，具体负责协调与片区内协作幼儿园的关系，做好联片教研的牵头、组织和实施工作；确定教研联盟实验幼儿园为教研联盟活动的四级网络，具体负责协调与组长幼儿园的关系，确定教研联盟活动的主题、内容和形式，组织本园教师积极参与片区开展的各项教研活动；确定幼儿园教研组为教研联盟活动的四级网络，负责落实教研计划，提出教研方案，组织教师开展教研活动。②

（二）创新工作机制是核心

教研系统适应我国基础教育发展需求，围绕基础教育改革中心任务，充分发挥教学研究、指导和服务等作用，聚焦构建德智体美劳全面培养的教育体系，健全立德树人落实机制，加强对课程、教学、作业和考试评价等育人关键环节的研究，促进了幼儿德智体美劳全面发展和健康成长；同时，注重不断创新工作机制和工作方式，团结和带领广大教师创造性地开展教育教学研究工作，探索了诸如课题研究、示范观摩、课例研修、行动研究等一系列教育教学研究活动形式，形成了区域教研、园本教研等行之有效的教研模式，积累了生动、丰富的教研实践经验。

江苏省强调建立分级分区教研指导制度、教研工作集体审议制度、持续性沉浸式教研制度、专业书籍进阶阅读机制、混合式研修制度等，完善学前教育教研工作机制；同时，强调学前教育教研工作要从研究教师如何教转向研究幼儿如何学，要从集体教学现场转向幼儿日常游戏现场，要从研究教学内容转向研究幼儿游戏中发生的学习，要从研究教师的教学策略转向研究如何为幼儿游戏提供适宜的空间、环境和材料。此外，江苏省还提出学前教育教研主要包括以下内容：一是观察和解读幼儿行为；二是审议和改造课程方案；三是实现生

---

① 黄俏甜、黄虹坚：《创新学前教育区域教研的实践探索》，载《学前教育研究》，2018(3)。

② 朱璟：《沈阳市学前教育区域教研联盟教研模式的探索与实践》，载《基础教育论坛（中旬刊）》，2019(9)。

活环节的价值；四是研究采用多种活动形式；五是主动建立家园互惠关系。

江西省以创造性游戏为突破口，以江西省教育科学规划课题"幼儿园创造性游戏中的教师观察策略研究"为突破口，真真切切地开展了基于观察的有质量的园本教研，将幼儿园游戏行为观察主题教研植入每位教师和园长心中。在研究过程中，以幼儿园各类游戏为案例，以案例式教研、合作式教研、对比式教研等形式多样的园本教研为载体，运用心理学、教育学理论知识帮助教师学会对幼儿游戏行为进行观察、记录、分析与评价，并提出了具有可行性的指导策略。[1]

教育部民族教育发展中心创新了学前教研工作模式，以内蒙古、辽宁、吉林、黑龙江、湖北、湖南、广西、四川、贵州、云南、西藏、甘肃、青海、宁夏、新疆的工作坊和"学前专家工作坊""学前特级教师工作坊"两个核心团队为依托，开展了多层次、多形式的园本教研、区域教研、送教下乡等教研实践和培训活动；定期深入"三区三州"地区开展调查研究，有的放矢地为幼儿园把脉问诊、进行业务指导，研究解决幼儿园在教育实践中的真问题；通过现场指导、示范引领等多种形式，指导保教活动，发现、培养和树立典型，打造典型经验，形成品牌效应；选择研究主题和领域开展项目研究，实现了对民族地区幼儿园保教工作的全面引导、重点攻坚。[2]

吉林省综合考虑地域、园情等因素，由辖区内公办幼儿园引领，携手乡镇中心幼儿园、民办园、村办园共同营建了园际教研共同体。在共同体开展的系列教研活动中，鼓励省级示范幼儿园、市级示范幼儿园发挥表率、示范的作用；加强对农村乡镇幼儿园、薄弱园的教研指导工作，面对一些提前教授小学内容、强化知识技能训练的"小学化"倾向比较严重的幼儿园，及时予以纠正；有效利用教研共同体内的名园长、名教师资源，以问题为导向精准定位，发现园所的问题、需求和兴趣，选定相应的教研主题开展系列活动，并形成常规机制。在名园长、名教师的引领下，园际间教师共同营造了氛围积极、和谐的学习环境，取长补短、优势互补。

浙江省杭州市下城区幼儿园"俞教寓乐"名师智慧空间站暨浙江省俞春晓名师网络工作室尝试进行线上＋线下区域研修活动的新探索，建构主动自觉的学习团队，利用网络空间更有效地提升教师学习质量，以期解决区域内教师的研修困境。该"云端学习场"聚集了下城区内各级各类幼儿园中的骨干教师，除了在群内发布日常的教研活动通知、内容外，还定期进行线上网络研修＋线下实

① 卢筱红、付欣悦、毛淑娟：《幼儿游戏行为观察与研讨》，1～3页，北京，北京师范大学出版社，2020。
② 线亚威、秦旭芳、高丙成等：《民族地区学前教研工作坊的探索与实践》，1～5页，北京，北京师范大学出版社，2022。

体研修。线上与线下两者结合，不仅缓解了大家研修的工时矛盾，而且节约了时间规划、场地安排、人员组织等方面的研修成本。①

青海省在探索适合本地区教研途径的过程中，立足民族地区实际，提出了"主题活动式教研"，将幼儿教师专业生活依存的第一场域——幼儿园中的真实问题作为教研主题，让教师在真问题中学习、探索，使教研在促进幼儿教师实践能力提升和专业化发展中发挥独特的作用。"主题活动式教研"以启动、联动、能动为主线，以民族地区幼儿园教师真实的教学经验与活动为主题，以专家为引领，以发展教师反思实践能力为中心，以提高教师教育质量为目标，主张教研中的交流提问、变式探讨，引领参与者进行自我发现。②

贵州省贵阳市以提高学前教育教研责任区的实效为目标，丰富责任区的内容，积极开展了专业引领、专题合作、专家会诊、教学互访、城乡互教、开放共享、网络教研等多种形式的教研活动。

（三）加强队伍建设是关键

教研员的整体素质和工作水平直接影响着教研工作的水平，决定了我国基础教育的整体质量。据不完全统计，我国现有近 10 万名专兼职教研员。这是一支能长期深入基层学校第一线进行教育教学研究、给予教师持续性指导、为基层学校提供专业服务的专业队伍。广大教研员深入学校，根植教育教学实践一线，建立教研共同体，通过组织教学调研、上示范课、听评课、举办专题讲座、开展区域教研等形式，一方面自上而下对教育教学理论和政策进行转化，发挥"桥梁"作用，另一方面自下而上对教育教学改革经验和成果进行研究、总结、提升和分享，促进教育教学改革点上深化、面上推广。这不仅研究解决了课程与教学改革中的实际困难和问题，也全面带动并促进了教师的专业成长。

江苏省建立了专兼职学前教育教研员准入制度。各设区市按照每 1～2 个县区配备 1 名专兼职教研员的要求，组建市级教研团队；各县（市、区）按照每 1～2 个乡镇（街道）配备 1～2 名专兼职教研员的规模，组建县区级教研团队。同时强调要通过海外培训、参与式专题培训、基本功展示、领衔项目研究等方式，加强教研员队伍自身建设。

吉林省注重强化科研骨干培训工作，坚持每年对科研骨干培训一次，每三年遴选一次。采取传授式培训、参与式培训、研修式培训、专题式培训等多种培训方式相结合的形式，在提高教师科研理论水平的同时，提高教师的实践性

① 虞莉莉：《学前教育教研案例精选》，186～198 页，北京，北京师范大学出版社，2022。

② 线亚威、秦旭芳、高丙成等：《民族地区学前教研工作坊的探索与实践》，158～165 页，北京，北京师范大学出版社，2022。

学识水平，努力形成科研骨干教师群，带动学前教育科研整体水平的提高，促进教育教学水平的大幅度提升。

贵州省要求各级教研部门设置学前教育专门机构，或根据规模配备 1～3 名专职教研员，承担辖区内幼儿园教育教学指导工作。可采取聘请兼职教研员和组建指导专家团队的方式壮大教研队伍，并在实践中培养一支能引领当地幼儿园发展、为幼儿教师提供教育教学指导的骨干团队，为学前教育质量的持续提升提供技术支撑。

上海市教育科学研究院 1986 年开始设置专职幼教科研人员，1988 年建立了幼儿教育研究室。许多区教育学院科研室（组）先后设立了专职幼教科研人员，部分郊县教师进修学校（教育局）的科研室（组）也设立了专职幼教科研人员，广大基层教师踊跃参与教育科研活动，全市上下形成了一支专职、兼职科研人员和普通教师为一体的庞大的科研队伍。区（县）学前教育专职科研人员是中坚力量，每个区（县）至少有一位专职科研人员，具体对本区（县）的学前教育科研工作进行组织、指导。幼儿园的教研队伍也在逐步壮大，每所示范性幼儿园、一级幼儿园都由科研室主任（有的二级幼儿园也由科研室主任）承担与区（县）教育科研室的沟通、联系工作，负责组织幼儿园教师课题申报、中期检查与结题工作等。

宁夏回族自治区教育厅教学研究室带领宁夏各市县区学前教育教研员、各园业务园长和教研人员围绕园本教研研什么、怎么研等问题进行了相关培训与研讨。为提高教研员的教研能力，强调教研员要扎根幼儿园，结合教师的教学、进修、研究去开展教研和培训。因此，鼓励教研员到园所中间或在本区域内亲自主持开展与指导教研活动。同时，成立了由高校教授、各级教研员、示范园园长、骨干教师等 15 位专家组成的专家指导组，每个地级市安排 3 位专家对口进行专业指导，并且明确了他们的工作内容与职责。借助这样一支专业支持团队，宁夏回族自治区很好地推进了园本教研改革，加强了学前教育教研力量和教研队伍建设，形成了高效、长效的专业引领模式。

（四）健全保障机制是基础

中华人民共和国成立 70 多年的伟大实践充分证明，在教育快速发展的进程中，我国基础教育能够始终保持较高的质量和水平，很重要的原因在于我国拥有独一无二的教研体系和教研工作制度。各级政府主管部门的高度重视既是中国特色教研制度建设的先导，也是其良性运行的重要保证。重视教研作为中国基础教育最具特色的优良传统和基本经验，已经得到了世界各国的广泛认同。

江苏省要求建立学前教育教研经费与装备保障机制。将学前教育教研工作经费纳入当地教育财政预算足额保障。市、县教科研部门应配备学前教育专职教研员。要统筹解决聘用兼职教研员所需经费。专兼职教研员因工作需要产生的交通费用等，按照普通中小学教研员的标准和渠道解决。建立教研工作常规管理机制，将服务教研作为学前教育行政管理中的日常工作，相关管理人员要经常深入课程实施现场，了解课程改革进展情况，为课程改革提供支持和保障。

贵州省强调要设立专项经费，主要用于学前教育教研责任区建设、专家团队培育、下点指导等，使教研指导责任区工作顺利推进。要把教研指导责任区建设纳入学前教育重要工作中来，加强督促指导，强化责任，定期监测各教研指导责任区的工作开展情况，及时提出改进措施，推进责任区工作形成长效机制。贵州省教育厅会对各地学前教育教研指导责任区建设情况进行专项抽查，对落实不力的地方给予通报。

广东省佛山市提供全方位的区域学前教育教研条件保障。首先，建立四方协同的制度保障体系。由督导室搭建专业引领平台，通过教学评估为区域教研把脉诊断，指引区域教研的方向；由教育行政部门搭建研训激励平台，包括分期研训平台和激励共享平台；由学前教育协会搭建专业支持平台，围绕师德、教学能力、技能技巧开展基本功大赛；由幼儿园搭建操作落实平台，依托各类幼儿园教研制度，结合各园特色和实际发展需求，开展相关教研活动。其次，加强区域教研中的纵横联系。"纵"即加强幼儿园与小学教师、大学教师的教研沟通，提升幼儿教师的专业能力；"横"是指幼儿园之间的协同合作，建立教研共同体，彼此共享教研成果。再次，建立"阶梯形、台阶式"教研队伍。着力建设以专职教研员为主导、名教师为主干、教研型教师为主体的专兼职相结合的教研队伍，将教研员从传统管理者、组织者转变为教师专业发展的内容规划者、资源整合者和方法引领者。最后，整合各类区域教研资源。改变单一依靠行政资源来推动区域教研的现状，积极整合区域教研涉及的家长资源、幼儿园资源及社会资源等，为区域教研的开展提供全方位的资源保障。①

三、我国学前教育教研的未来展望

我国教研工作的发展具有明显的时代性、延展性、建构性和创新性。在全面深化基础课程教学改革、落实立德树人根本任务的背景下，我们要清楚地认

---

① 黄俏甜、黄虹坚：《创新学前教育区域教研的实践探索》，载《学前教育研究》，2018(3)。

识到教研工作面临的新挑战，更新教育观念，以新的发展理念引领教研工作。综合我国相关政策要求及学前教育教研面临的新挑战，未来我国学前教育教研的发展方向是体系完善、运转高效、队伍专业、保障有力。

（一）体系完善

教研机构健全。国家、省、市、县、校五级学前教育教研机构完善，有条件的地方独立设置学前教育教研机构，不具备条件的地方在相对统一的教育事业单位内独立设置。教研机构和教研指导网络更加健全。

工作职责明晰。明确国家级学前教育教研指导部门，地方各级教育行政部门明确教研机构的工作职责，五级教研联动机制、基层教研联系机制、常规教研活动机制基本健全。

做好园本教研。立足幼儿园实际，构建人本化的教研管理文化和制度，经常开展内容丰富、形式多样的教研活动，充分发挥自我反思、同伴互助、专家引领的作用，着力解决幼儿园实践中的"真"问题。

（二）运转高效

工作职责明确。服务幼儿园教育教学，提高保教质量；服务教师专业成长，提高教书育人能力；服务儿童全面发展，提高儿童综合素质；服务教育管理决策，提高教育决策的科学化水平。

工作重点清晰。聚焦教育教学实践问题，重点围绕幼儿园教师成长、保育教育、家园共育、儿童发展与评价、环境创设、园所文化、园所管理等主要方面，着力做好观察和解读幼儿行为、灵活运用多种活动形式、实现生活环节的价值、主动建立家园互惠关系、审议和改造课程方案等重点工作。

教研方式灵活。因地制宜采用综合教研、主题教研等多种形式以及成果展示、现场指导、项目研究等多种方式，提升教研工作的针对性、有效性和吸引力、创造力。灵活采用现场观摩、经验分享、示范引领、跟进指导、结对帮扶、专题报告、同伴互助、专家引领等方式开展教研活动。

（三）队伍专业

人员配足配好。健全专兼职教研员制度，明确各级教研员准入条件。根据幼儿园专任教师或园所数量按标准配备专职教研员。适当配备符合条件的兼职教研员，承担辖区内教研工作。

专业发展良好。建立学前教育教研员全员培训制度，加大培训力度，创新培训模式，增强培训效果，每位教研员每年接受不少于 72 课时的培训。教研员队伍素质不断提升，成为保育教育的指导者、教师成长的引领者、儿童发展的支持者、教育决策的服务者。

地位待遇较高。教研机构学前教育教研员平均工资收入水平不低于或高于当地中小学教师平均工资收入水平，专业技术高级岗位比例不低于中小学教师比例。

（四）保障有力

加强党的领导。全面加强党对学前教育教研工作的领导，把教研工作纳入教育事业发展的总体规划，及时研究解决困扰教研工作开展的体制机制、人员配备等问题，建立完善促进教研工作持续稳定发展的长效机制。

经费投入充足。各地将学前教育教研工作经费纳入本级教育事业经费预算，预算内学前教育教研经费稳步增长。将教研工作经费纳入幼儿园年度经费预算，有充足的经费用于园本教研。

督导评估有力。地方人民政府将学前教育教研机构设置、队伍建设、条件保障和教研工作实效等纳入督导评估体系。督导评估结果作为对教研机构及学前教育教研员实施绩效奖励、评优评先等方面的重要参考依据。

四、我国学前教育教研面临诸多挑战

近年来，随着学前教育事业的快速发展，教研室和教研员作为学前教育改革发展支撑力量的作用日益凸显。然而，学前教育改革发展不断深入、教师专业发展水平急需提升等对教研室的职能、教研员的工作方式和专业水平等提出了新的挑战。面对新的形势，我国的学前教育教研工作也面临着诸多挑战。

（一）教研体系有待完善

我国要求建立健全国家、省、市、县、校五级教研工作体系。但是近年来，随着机构改革的推进，诸如教研管理机制不健全，工作体系不完善，教研职能淡化、窄化、弱化等一系列问题出现，有的地方甚至直接撤销了教研机构，这影响了教育教学改革的推进和教育教学质量的全面提升。教研机构在深化课程改革中的职能职责不清晰，对支持开展教研工作的各种保障没有明确，特别是部分地区由于机构整合，教研工作被弱化和边缘化，教研机构服务课程改革的能力被严重削弱。

我国还没有独立的国家级学前教育教研机构，也没有明确的国家级学前教育教研部门，大部分地区尚没有设置专门的学前教育教研部门，国家相关政策尚未明确各级学前教育教研机构或部门的工作职责，学前教育教研部门与上下级教研部门、幼儿园、高等学校、科研院所等的协作还不够顺畅，尚未形成上下联动、运行高效的学前教育教研工作体系，也难以形成以教育行政部门为主导、以教研机构为主体、以幼儿园为基地、相关单位通力协作的学前教育教研工作格局。调研发现，"三区三州"地区 241 个教研机构中只有 10 个有专门的学前教育教研部门，31.1%的园长反映没有设置专门的教研室（组）。我国学前教育教研指导网络建设仍然任重而道远。

（二）工作机制不够健全

由于我国各级教研体系之间无直接的行政隶属关系，而只是业务指导关系，因此，各级教研机构的日常工作主要按照本地工作部署，或者根据当地教育行政部门的要求开展。而上级教研机构对下级教研机构的业务指导往往停留在工作的布置上。同时，各级教研机构之间的联系方式比较单一，没有专业上的深度对接。教研方式的科学化、专业化和规范化是教研工作取得实效的内在要求，然而，当前的许多教研方式没有充分考虑到教师作为成年人的学习特点，对一线教师缺乏必要的吸引力，教研活动的针对性、实效性和可持续性不强。对基于课程标准的教学与考试评价的关注明显不够，教研工作质量还不高，教研在学校教育教学工作中不断被虚化、弱化。

国家相关政策虽然对学前教育教研的工作机制提出了原则和要求，《教育部关于加强和改进新时代基础教育教研工作的意见》对基础教育教研的工作机制也提出了具体要求，但是，我国学前教育教研工作的重点任务和工作内容还不够聚焦。虽然综合教研、主题教研等常规教研活动开展得较多，但利用移动互联网、大数据、云计算、人工智能等现代技术开展网络教研活动的能力仍然有待提高。城镇幼儿园支持乡村幼儿园、优质园扶持薄弱园、教研员联系乡村薄弱园的体制机制尚不健全。

（三）人员配备仍然不足

专职教研员队伍建设对保证教研工作质量尤为重要。但我国对教研员的选拔和准入、考核及评价等尚没有明确的标准。由于方方面面的原因，教研员队伍中存在人数不足、结构不尽合理等问题。根据教育部基础教育课程教材发展中心的调研估算，全国有3万余个教研员编制被占用，缺编、有编不补、在编不在岗等现象依然存在。教研队伍不但在人数上严重缺乏，而且存在学科教研员配备不齐的现象，为数很少的教研员编制被有关单位挤占挪用，教研工作的专业性受到影响。

由于编制的限制以及部分地区对学前教育教研工作的重视不够，学前教育教研员人数不足，尤其是区县级教研员配备总体不足，各地区配备情况差异也较大。北京、上海等地的专职学前教育教研员配备相对较好，但是中西部地区配备明显不足。调研发现，学前教育教研员对人员配备满意度的得分最低（2.55分），广西、青海等地尚没有配备省级专职学前教育教研人员，"三区三州"地区只有14.9%的教研机构有专职学前教育教研员，学前教育专职教研员仅占专职教研员的4.3%。

（四）队伍素质有待提高

高素质专业化教研队伍是保障教育质量提升的关键，培训是促进教研员专业发展的重要途径。由于我国尚未建立教研员全员培训制度，面向教研员的培训还比较少，难以有效提高教研员队伍的整体素质，这严重制约了教研在提高教育质量上作用的发挥。再加上教研员专业发展机制、奖惩机制等没有建立起来，职称制度和福利待遇落后，教研员岗位缺乏吸引力，许多地区教研员老龄化现象日趋明显，新知识、新理念更新滞后，导致一些地方的教研队伍在教育教学改革中难以发挥好研究、指导和服务的专业作用。

培训有质量、经费有保障、领导支持等是培训重要的保障条件。但调研发现，学前教育教研员培训中存在培训机会少、内容缺乏针对性、培训经费少等问题，59.4％的学前教育教研员参加培训的频率为 1 年或以上 1 次。良好的福利待遇能够提高学前教育教研员的职业吸引力和工作积极性。调研发现，只有21.2％学前教育教研员感觉福利待遇比较好；56.8％的教研员月工资为 3001～5000 元；31.4％的教研员对职称评审不满意。

（五）保障条件尚不到位

健全保障机制是促进教研工作健康发展的基础。各级教育行政部门对教研机构的重视程度不一，对教研工作经费的投入差异较大，对教研工作的督导评估目前大部分还处于空白状态，不少教研机构存在"干多干少、干好干坏一个样"的问题。相当多的地方教研机构研究经费严重短缺，难以支撑重大项目和课题研究的开展，严重削弱了教研工作的研究能力、指导水平和服务质量。

坚强的组织领导是完成好各项工作任务的根本保证。许多地区对学前教育教研工作还不够重视，教研经费投入不足。调研发现，只有 20.8％的教研员感觉政府重视学前教育教研员的工作，89.4％的教研员希望政府能够更加重视教研工作；只有 38.9％的幼儿园园长表示有专门教研经费，只有 29.2％的幼儿园园长认为教研经费充足。

五、我国学前教育教研的对策与建议

近年来，我国学前教育教研工作取得了一定的成绩，但也存在一些突出的问题。随着社会的发展和教育的进步，特别是学前教育实现了基本普及之后，内涵发展和质量提升成为未来学前教育改革发展的重点，学前教育教研在学前教育发展中的作用更加凸显。为了进一步加强我国学前教育教研工作，建议采取如下对策。

(一)加强教研机构建设

首先，完善国家、省、市、县、校教研体系。要明确国家级学前教育教研主管部门或机构，国家级教研部门要系统谋划、整体推进、专业引领全国教研工作，确保全国教研部门凝聚共识、形成合力；省级教育行政部门要根据国家对全面深化基础教育课程改革的总体要求，对省、市、县级教研部门的职责做出明确规定，构建分工明确、各有侧重、协调配合、相互支持的工作体系；地方各级教育行政部门要重视和加强对县级教研部门的建设，确保县级教研工作的基本质量；幼儿园是园本教研实施的主体单位，要加强相应的教研组建设。

其次，重视发挥专业机构的作用。充分依托研究能力较强、教研成果显著的教研机构和高等学校、科研院所等专业机构，建立一批学前教育教研基地，集聚专业力量，围绕深化课程改革中的重点和难点问题，集中攻关，加强研究，发挥专业机构引领课程改革方向、破解课程改革难题的专业作用。

再次，深化园本教研制度建设。充分发挥教师作为园本教研主体的力量，建立平等互助的研究共同体；组织广大教师围绕课程实施中的具体问题，倡导自我反思与同伴互助，营造民主、开放、共享的研究文化，开展基于问题解决的实践性研究，提高广大教师的教研素养，提高保育教育质量。

最后，健全教研工作常规管理机制。各地要将服务教研作为教育行政管理中的日常工作，明确教研指导责任区负责人，健全责任区工作制度，建立责任区考评机制，鼓励责任区之间的交流与合作，倡导分片联合的教研活动，分享经验，共同发展。

(二)创新教研工作机制

首先，聚焦教研工作重点内容。把促进儿童健康成长、为儿童提供适合的教育作为学前教育教研工作的出发点和落脚点，不断提高研究、指导、服务的能力。要加强对用社会主义核心价值观和儿童发展核心素养统领课程建设的研究，注重根据保教质量标准对儿童发展核心素养的整体情况进行评价的研究，提高研究的引领作用。要指导幼儿园依据《3—6岁儿童学习与发展指南》，结合办学目标、学生特点与实际条件，制订满足幼儿发展需要的课程实施规划，不断提高园长的课程领导能力；要注重为教师的日常教育教学提供可持续的跟进式指导，充分发挥立足岗位实践的及时指导在促进教师专业发展中的独特作用。要聚焦深化课程改革工作中的重难点工作，尊重教育规律，深入调查研究，开展对策性研究和前瞻性研究，为教育行政部门系统谋划、整体推进课程改革提供决策咨询，为研究解决课程改革中的重点、难点与热点问题提供解决方案。

其次，改进完善教研工作方式。各级教研室要加强与当地教育科研部门、教师进修部门、督导部门以及教育行政部门有关处、科、股的协调，做到既要明确分工，又要互相支持、密切合作。要将教研工作的重心下移到幼儿园，积极调动与整合高等院校、科研院所等各种专业学术力量，构建专业支持体系，以区域教研、网络教研等多种形式，营造广泛参与、合作交流、民主开放的教研工作氛围，切实解决幼儿园教育教学中的实际问题。

最后，注重工作实践锻炼。教研员不仅要通过跟岗学习、园所观摩等深入了解幼儿园实践工作，而且要通过参加培训、自学、自我反思等积累实践经验，还要通过多参加教育教学调研、听评课、组织教研活动等不断丰富教育教学经验，不断提高自身的实践指导能力。

（三）配齐配好教研人员

首先，补足配齐专兼职教研员。各级政府要设置学前教育教研专门机构或部门，根据幼儿园数量配备专职教研员，承担辖区内教育教学指导工作。鼓励各地聘请当地学科带头人、优秀园长、骨干教师、高校或科研部门专家学者等担任兼职学前教育教研员，壮大教研队伍。

其次，合理构建教研指导网络。各地要结合实际，充分考虑幼儿园类型、数量、布局等，科学合理划分教研指导责任区，建立健全省—市—县—乡—校教研指导网络，组建覆盖辖区内所有幼儿园的教研指导责任区。

最后，健全教研员管理制度。制定学前教育教研员专业标准，完善并严格实施教研员准入制度，严把教研员入口关，建立教研员交流、退出机制。各地教育行政部门要研究制定符合教研工作特点的教研员选用和管理办法，确保教育理念先进、职业道德良好、专业知识扎实、教学实践与组织能力较强的学术带头人进入教研队伍，提升教研队伍的工作水平与整体活力。

（四）加强人员进修培训

首先，将教研员培训纳入全员培训。各级政府要根据国家相关要求，将学前教育教研员培训纳入继续教育规划，培训时间和次数不少于国家规定。领导要加强对教研员参加培训的认识和了解，建立教研员培训专项经费制度，鼓励和支持教研员参加专业培训。

其次，提高教研员培训的质量。培训单位要通过问卷调查、访谈等多种方式全面了解学前教育教研员的学习需求，根据不同层次、不同地区、不同水平教研员的需求设置与其相符的课程内容，以参与式培训为主，积极拓宽多样化的培训形式，提高教研员参与培训的积极性和主动性。

最后，提升教研员培训的组织管理水平。培训单位要制定好培训的规章制度和管理办法，切实加强培训过程管理；要建立科学合理的学前教育教研员培训质量监测和评价体系，及时收集、反馈其意见和建议；要注重了解培训后仍然存在的问题与疑惑，切实解决培训后参训教研员存在的问题。

(五)健全经费保障机制

首先，提高教研员的待遇。依法保证学前教育教研员平均工资水平不低于或高于当地公务员的平均工资水平，并逐步提高。要按国家有关规定缴纳社会保险，使其依法享受社会保险待遇。

其次，加强教研的经费保障。各级政府要加大对学前教育教研的投入力度，安排教育教研专项经费，切实保障教研员培训、工资待遇等方面的经费投入；加强经费监管，确保专款专用，提高经费使用效益。

再次，深化教研员职称制度改革。各地根据学前教育教研员的岗位职责和工作特点，研究符合教研员实际的职称评定标准，探索实行领导、同事、专家、社会等多方参与的职称评审评价办法，推进教研员职称制度改革。

最后，完善教研员表彰奖励制度。各地要完善重师德、重能力、重业绩、重贡献的学前教育教研员考核评价标准。开展教师表彰奖励工作时，要制定教研员表彰奖励标准。在评优评奖时，教研员要占一定的比例。

(六)全面加强组织领导

首先，加强党的全面领导。各级党委和政府要把教研工作摆在优先发展的位置，进一步优化理顺教研工作管理体制，建立健全教研工作相关政策、制度与规范，建立推进教研工作的长效机制；要定期对教研工作情况进行全面督导考核，将教研工作绩效、教研机构建设和教研队伍建设情况纳入同级政府教育工作督导考核之列。

其次，营造良好的工作环境。各级领导要加强对学前教育教研工作的认识和了解，营造和谐的单位文化，建立以人为本的管理制度，构建科学合理的用人机制，打造良好的办公条件，为教研员工作和专业发展搭建平台。

最后，强化学前教育教研督导评估。各地教育督导部门要将教研工作纳入督导评估体系，出台教研机构督导评估指标体系，重点督导评估教研工作方向、机构设置、队伍建设、经费投入、条件保障、教研工作实效等。学前教育教研评价要涵盖教研工作的各个方面，而不能仅仅局限于教研工作的某个环节或方面。强化督导评估结果的运用，将评估结果作为评价政府履行教育职责行为和对教研机构及教研员实施绩效奖励、评优评先等方面的重要参考依据。

附录　相关调查问卷及访谈提纲

序号	名称	请扫描二维码阅读
附录1	学前教育教研员工作与专业发展状况调查问卷（学前教育教研员卷）	
附录2	教研机构发展状况调查问卷（教研机构负责人卷）	
附录3	中小学教研员工作状况调查问卷（中小学教研员卷）	
附录4	幼儿园教研状况调查问卷（园长、教师卷）	
附录5	学前教育教研状况访谈提纲	